Frank Jehle

Hans Wildberger (1910–1986)

T V Z

Frank Jehle

Hans Wildberger (1910–1986)

Eine theologische Biographie

TVZ

Theologischer Verlag Zürich

Bibliografische Informationen der Deutschen Nationalbibliothek
Die Deutsche Nationalbibliothek verzeichnet diese Publikation in der Deutschen Nationalbibliografie; detaillierte bibliografische Daten sind im Internet über http://dnb.d-nb.de abrufbar.

Umschlaggestaltung
Simone Ackermann, Zürich

Unter Verwendung einer Foto von Hans Wildberger © Familienarchiv

Druck
ROSCH-BUCH GmbH, Schesslitz

ISBN 978-3-290-17792-8

www.tvz-verlag.ch

Hans Wildberger, gemalt von seiner Frau Hedwig, um 1950 (Familienbesitz)

Dieses Buch ist den Kindern, Grosskindern und Urgrosskindern Hans Wildbergers gewidmet:

Veronika, Marianne und Hannes

Katharina, Markus, Dieter, Christoph, Andreas, Conrad, Ariane, Cyrill und Rebecca

Lucas, Michael, Pierre, Flavia, Nicolas, Riccardo und Enrico

Inhalt

Einleitung

Hans Wildberger gehörte nicht zu den ganz Grossen unter den Vertretern der alttestamentlichen Wissenschaft wie – im 19. Jahrhundert – Julius Wellhausen und – in neuerer Zeit – Albrecht Alt, Martin Noth oder Gerhard von Rad. Und doch wird man sagen können, dass es sich lohnt, seine Biographie zu schreiben, da sich in ihm eine ganze Epoche mit ihren Stärken und Aporien spiegelt. Unter dem Eindruck des Neuaufbruchs der Theologie nach dem Ersten Weltkrieg, der unter der Bezeichnung Dialektische Theologie in die Geschichte eingegangen ist, wollte Wildberger die Bibel nicht nur als historisches Dokument und philologisch lesen (das natürlich auch), sondern darüber hinaus und besonders als Offenbarungszeugnis. Hier ereigne sich die «Selbstoffenbarung Gottes», schrieb er 1960.[1]

Karl Barth, bei dem Wildberger im Sommersemester 1932 in Bonn studierte, begann seinen Römerbriefkommentar von 1919 mit den Sätzen: «Paulus hat als Sohn seiner Zeit zu seinen Zeitgenossen geredet. Aber *viel* wichtiger als diese Wahrheit ist die andere, dass er als Prophet und Apostel des Gottesreiches zu allen Menschen aller Zeiten redet.»[2] Barth wollte mit dieser Aussage die historisch-kritische Exegese nicht ausser Kraft setzen. Er bejahte sie und arbeitete als guter Harnack-Schüler sein Leben lang mit der historisch-kritischen Methode. (Die theologiegeschichtlichen Exkurse in seiner Dogmatik hätte er in ihrer historischen Differenziertheit sonst nicht schreiben können.) Aber er wollte nicht dabei stehen bleiben. Seine ganze Aufmerksamkeit, sagte er an der gleichen Stelle, sei «darauf gerichtet, durch das Historische *hindurch*zusehen in den Geist der Bibel, der der ewige Geist ist».[3] «*Kritischer* müssten mir die Historisch-Kritischen sein!», wie Barth im Vorwort zur zweiten Auflage seines Römerbriefkommentars formulierte.[4]

Entsprechend heisst es in Wildbergers Vorwort zu seiner Dissertation «Jahwewort und prophetische Rede bei Jeremia», geschrieben in der Adventszeit 1941: «Wenn es mir gelungen ist, zu zeigen, dass und wie der Prophet sich in seinem Reden auf klar umrissene Offenbarung, die ihm zuteil geworden ist, beruft und dass seine Botschaft, auch wo er selbst das

1 Hans Wildberger: Jahwe und sein Volk. Gesammelte Aufsätze zum Alten Testament. (Theologische Bücherei 66.) München 1979, S. 74. Fortan zitiert als «Jahwe und sein Volk».

2 Zitiert nach: Karl Barth: Der Römerbrief (Zweite Fassung) 1922. Herausgegeben von Cornelis van der Kooi und Katja Tolstaja. (Gesamtausgabe 47) Zürich 2010, S. 3.

3 A. a. O.

4 A. a. O., S. 14.

Wort ergreift, in strengstem Sinne auf das Offenbarungswort bezogen ist, soll es mir genug sein.»[5]

Vor allem in seinem Hauptwerk, dem Jesajakommentar, dessen 1753 Seiten zwischen 1965 und 1982 erschienen, blieb er dieser Absicht treu. Es entsprach seiner theologischen Grundhaltung, wenn die Auslegungen der einzelnen Perikopen von Jesaja 1–39 durchwegs mit dem Abschnitt «Ziel» enden, der die «Botschaft» herauszuarbeiten versucht (nachdem es vorher um «Text», «Form» und «Wort» gegangen ist). Die «Mitte der jesajanischen Botschaft» sei «heute so aktuell wie zu des Propheten Zeit», schrieb er im Vorwort zum ersten Teilband des Jesajakommentars im Juli 1971.[6] Er meine – so das im August 1981 entstandene Vorwort zum dritten Teilband –, «dass es in der geistigen Krise der Gegenwart besonders fruchtbar und hilfreich [sei], gerade das Buch Jesaja anzuhören».[7]

So sehr Wildberger darauf achtete, zwischen «echten» und «unechten» Texten im Buch Jesaja zu unterscheiden, und so sehr es ihm wichtig war, den «historischen Jesaja» zu rekonstruieren (worauf in den auf Wildberger folgenden Generationen in der Forschung eine Zeitlang weniger oder überhaupt kein Wert mehr gelegt wurde; neuerdings hat sich das Rad wieder gedreht),[8] so sehr fällt auf, dass er sich intensiv darum bemühte, auch in «sekundären» Texten und Nachinterpretationen einen Sinn zu ermitteln sowie eine Botschaft zu hören. Etwa das viele Generationen nach dem ursprünglichen Jesaja entstandene Spottlied auf den Sturz des Königs von Babel (Jesaja 14,2–23) legte er mit der gleichen Sorgfalt und Liebe aus wie die nach seinem Dafürhalten «echten» Texte. Dieses Lied – «eine der grossartigsten Dichtungen im Alten Testament» – war für ihn «ein immer aktueller Protest gegen jede Tyrannei und zugleich ein selten eindrückliches Zeugnis der Gewissheit des Glaubens, dass Gewalttätigkeit an ihrer eigenen Masslosigkeit scheitern muss».[9] Auch in dieser Formulierung wird deutlich, dass Wildberger die Bibel nicht nur aus historischem Interesse las. Er liess sich von ihren Aussagen persönlich ansprechen.

---

5 Hans Wildberger: Jahwewort und prophetische Rede bei Jeremia. Zürich 1942. Vorwort nicht paginiert.

6 Hans Wildberger: Jesaja. 1. Teilband, Jesaja 1–12. Neukirchen-Vluyn 1972. 2. Teilband, Jesaja 13–27. Neukirchen-Vluyn 1978. 3. Teilband, Jesaja 28–39. Neukirchen-Vluyn 1982. (Biblischer Kommentar, Altes Testament, IX,1–3.) Fortan abgekürzt mit: «Jesaja 1», «Jesaja 2» oder «Jesaja 3». Zitat: Jesaja 1, S. VI.

7 Jesaja 3, S. VII.

8 Vgl. Matthias Köckert, Uwe Becker, Jörg Barthel: Das Problem des historischen Jesaja, in: Irmtraud Fischer (und andere Herausgeber): Prophetie in Israel. Beiträge des Symposiums «Das Alte Testament und die Kultur der Moderne» anlässlich des 100. Geburtstags Gerhard von Rads (1901–1971), Heidelberg, 18.–21. Oktober 2001. Münster: ATM 11, 2003, S. 105–135. Für diesen Hinweis danke ich Konrad Schmid.

9 Jesaja 2, S. 562f.

Ein menschlich berührender Text ist die Tischrede Gerhard Ebelings, die dieser an einem von der Theologischen Fakultät Zürich veranstalteten Nachtessen für die drei fast gleich alten Jubilare Hans Wildberger (geboren am 2. Januar 1910), Arthur Rich (geboren am 21. Januar 1910) und Victor Maag (geboren am 17. Februar 1910) hielt – der Anlass fand am 11. Februar 1980 statt:

> «Was ist der Generalnenner für das, was Du in den mehr als 25 Jahren Deiner Lehrtätigkeit an unserer Fakultät gewirkt hast? Man sollte sich dazu einmal die Anzahl der gehaltenen Vorlesungen, Seminare und Übungen errechnen (schätzungsweise rund 6000 Unterrichtsstunden). Man sollte sich alle die Studenten und Studentinnen möglichst einmal gleichzeitig versammelt vorstellen, die im Lauf der Zeit bei Dir gehört und mit Dir gesprochen haben und die von Dir geprüft worden sind. Man sollte die Sitzungen und Verwaltungsarbeiten addieren, welche kostbarste Zeit gefressen haben. Man sollte last but not least das asketische Studieren am Schreibtisch in Erinnerung rufen, diese einsame und oft genug von innen her angefochtene Lebensweise des Wissenschaftlers. Wenn ich für all das im Blick auf Dich nach einem Generalnenner suche, so ist die Antwort nicht schwer: Was all dies zusammenhält und durchwirkt, ist bei Dir die selbstverständliche Verbindung nüchterner, ich möchte fast sagen: handwerklich gediegener Gelehrsamkeit und schlichter kirchlicher Frömmigkeit. Die langen Jahre Deiner pfarramtlichen Tätigkeit sind für Dein akademisches Wirken nicht etwa verlorene Zeit. Und die noch nicht abgeschlossenen Jahre, in denen Du seit 1965 mit Beharrlichkeit und Akribie Lieferung auf Lieferung Deines grossen Jesaja-Kommentars herausbringst, wirst Du ebenso wenig als vertan empfinden, weil Du folgendes weisst: Obwohl die heute brennenden Aufgaben in Kirche und Politik nach ganz anderem zu rufen scheinen als nach subtiler Interpretation eines uralten Textes, hängt doch das Geschick nicht nur der Christenheit, sondern der Menschheit überhaupt mit daran, dass wir die Fähigkeit zur Stille und zur Konzentration, zu sorgfältigem, kritischem Lesen und zu aufmerksamem, andächtigem Hören nicht verlieren. Nach der Seite der Kirche hin hast Du auch im akademischen Amt vor allem durch den Dienst in der Konkordatsprüfungsbehörde Deine Bereitschaft zur Mitverantwortung bewiesen und intensiv betätigt. Und im Blick auf die Menschheit insgesamt hat Dein Teilnehmen an der religionswissenschaftlichen Arbeit, unterstützt von den grossen Reisen in die Länder des Islams und des Hinduismus, Deiner Theologie die erforderliche weltoffene Weite gewährleistet. Für all das sind wir Dir aufrichtig dankbar.»[10]

In dieser Publikation geht es vor allem darum, von Hans Wildberger möglichst nüchtern zu erzählen, unter Konzentration auf das Theologische. Nach einem relativ kurzen ersten Kapitel über seine Herkunft und Jugend geht es um sein Studium der evangelischen Theologie in Zürich, Marburg

---

10 Gerhard Ebeling: Gruss an Hans Wildberger zum siebzigsten Geburtstag. Typoskript von drei Seiten, in Familienbesitz (fortan abgekürzt mit F.). Hier und in den folgenden Zitaten wurde die Orthographie behutsam an die heutigen Vorgaben angepasst. Offensichtliche Flüchtigkeitsfehler wurden stillschweigend korrigiert und wenig gebräuchliche Abkürzungen aufgelöst.

und Bonn. Ludwig Köhler, Emil Brunner, Rudolf Bultmann und Karl Barth waren seine wesentlichsten Lehrer. Es folgen die Jahre im Pfarramt, zuerst in Wilchingen-Trasadingen und dann in Luzern, zugleich Jahre intensiver theologischer und religionswissenschaftlicher Weiterbildung. 1951 beginnt die Zeit als Professor für Altes Testament und Allgemeine Religionsgeschichte an der Theologischen Fakultät der Universität Zürich. Darzustellen sind seine Vorlesungen und Seminare, seine Publikationen, seine Reisen, aber auch sein Einsatz in der Theologischen Konkordatsprüfungsbehörde ab 1959, während 18 Jahren als deren Präsident. Ein Kapitel soll dem Jesajakommentar gewidmet werden.

Im Lauf dieses Berichts wird sich zeigen, wie Wildberger selbst an Grenzen stiess. In der Jesaja-Forschung gingen andere über ihn hinweg. Immer weniger fragte man nach dem «historischen Jesaja». Die neuere Prophetenforschung entfernte sich – ob zur Recht oder zu Unrecht – «vom klassischen Bild der Propheten als geistbegabte, genialische Einzelpersonen, die den ihnen unmittelbar mitgeteilten, bisweilen auch aufgenötigten Gotteswillen unbedingt und kompromisslos gegenüber ihren Adressaten vertreten».[11] In der Pentateuchforschung wurden neue Wege beschritten. Das von Julius Wellhausen eingeleitete Paradigma fiel dahin. Wildberger erlebte, wie sein früherer Assistent und später sein Nachfolger auf dem Lehrstuhl, Hans Heinrich Schmid, 1976 mit der Publikation «Der sogenannte Jahwist. Beobachtungen und Fragen zur Pentateuchforschung» den Grundkonsens mehrer Generationen von Alttestamentlern in Frage stellte, wenn nicht sogar über den Haufen warf.[12]

Durch seine Beschäftigung besonders mit den Religionen Südostasiens (aber auch mit dem Islam) wurde es Wildberger immer fraglicher, ob der während Jahrhunderten erhobene Absolutheitsanspruch des Christentums aufrechterhalten werden kann. Ist der Allah des Islams der gleiche Gott wie derjenige des Judentums und des Christentums? – Vielleicht ist aber gerade dies das Bemerkenswerteste an diesem theologischen Lebenslauf, dass vieles ins Rutschen geriet, was lange selbstverständlich gewesen war. Es gibt keine *theologia perennis*.

In einem Brief an den Verfasser schrieb Wildberger am 2. Oktober 1984: «Es ist klar, dass die von Alt, Noth und von Rad aufgestellte Konzeption als überholt gelten muss.» Immerhin: Auch wenn man nicht mehr von einer «Amphiktyonie» (d. h. von einem sakralen Zwölfstämmebund)

11 Konrad Schmid: Jesaja, Band I: Jes 1–23. Zürich 2011, S. 8. (Zürcher Bibelkommentar AT 19.1.)

12 Hans Heinrich Schmid: Der sogenannte Jahwist. Beobachtungen und Fragen zur Pentateuchforschung. Zürich 1976.

reden könne,[13] so werde «doch der Jahweglaube es gewesen sein, der das Band um die Stämme» gebildet habe.[14]

Schmerzlich war für Wildberger, als sein Marburger Kollege Otto Kaiser (*1924) ihm 1981 die fünfte, «völlig neubearbeitete Auflage» seines Jesajakommentars zusandte (ungefähr gleichzeitig, als er die letzte Lieferung seines eigenen Kommentars an die Buchdruckerei abschickte). Kaiser stellte in dieser Neubearbeitung das ganze bisherige Forschungsparadigma auf den Kopf.[15] Im Geleitwort zu seinem neuen Kommentar schrieb Kaiser: «Die vorliegende Erklärung beschreitet einen konsequent redaktions- und tendenzkritischen Weg. Sie ist auf ihm im Laufe eines Jahrzehntes zu einer fundamental von der bisherigen literarischen Bewertung des Prophetenbuches abweichende Sicht gelangt.» «Wesentliche Bearbeitungsgänge» würden von Kaiser «jetzt in vorhellenistische Zeit» hinunterdatiert. Etwa die «sogenannte Denkschrift des Propheten Jesaja über seine Wirksamkeit in der Zeit des syrisch-efraimitischen Krieges (6,1–9,6)» werde jetzt als «eine der Bewältigung des Exilsgeschickes dienende Komposition» gesehen – also weit weg vom «historischen Jesaja»![16] Ja, dieser rückte für Kaiser «in das Zwielicht der Legende», «in deren Glanz er zum Symbol der Gotteshilfe für sein Volk und seine Stadt geworden ist».[17]

Otto Kaiser schrieb Wildberger:

> «Hoch verehrter, lieber Herr Kollege Wildberger, meinen neuen Kommentar […] wollte ich Ihnen nicht ohne ein paar persönliche Worte übersenden […]. Ob Sie an dem Inhalt dieses Buches Vergnügen haben werden, wage ich nicht zu prophezeien, ich vermute eher, dass dies nicht der Fall sein wird, zumal wenn Sie an den gemeinsamen Ausgangspunkt zurückdenken, an dem wir uns vor nun fast zwanzig Jahren das erste und leider auch einzige Mal (in Bonn) begegnet sind. Wir haben also beide über zwanzig Jahre oder eine halbe biblische Generation dem Studium dieses Buches gewidmet und ihm, wie man so zu sagen pflegt, die besten Jahre unseres Lebens

---

13 Begründet wurde diese während Jahrzehnten von vielen, auch von Wildberger, akzeptierte und als Arbeitsgrundlage verwendete Theorie von Martin Noth: Das System der zwölf Stämme Israels. Stuttgart 1930.

14 Hans Wildberger an Frank Jehle, handschriftlicher Brief vom 2. Oktober 1984, F. Vgl. zu dieser Fragestellung das Kapitel «Zur Theologie des Alten Testaments».

15 Vgl. Matthijs J. de Jong: Isaiah among the Ancient Near Eastern Prophets. A Comparative Study of the Earliest Stages of the Isaiah Tradition and the Neo-Assyrian Prophecies. Leiden 2007. (Vetus Testamentum, Supplements, 117.) Hier S. 5f.: «Whereas Hans Wildberger's commentary on First Isaiah, focusing on Isaiah as a prophet-theologian, can be characterised as the culmination of the earlier approach, Otto Kaiser's revised edition of his commentary on Isaiah 1–12 principally shifted the focus to the history of development of the book Isaiah, away from the eighth-century prophet.» Vgl. dazu unten S. 169ff.

16 Otto Kaiser: Das Buch das Propheten Jesaja. Kapitel 1–12. 5., völlig neubearbeitete Auflage. Göttingen 1981. (ATD 17.) Hier: S. 9.

17 A. a. O., S. 24.

geopfert. [...] Wenn Sie mir in vielen Punkten nicht werden folgen können, hoffe ich doch, dass Sie den theologischen Ernst dieser redaktionskritischen Arbeit nicht verkennen. Was davon Bestand haben wird, muss die Zukunft lehren. Wir scheinen uns ja in einem grossen Umbruch unserer Wissenschaft zu befinden, der einen manchmal bedauern lässt, dass man nicht mehr dreissig ist, um die offenen Fragen zu lösen und das neue Kanaan eines in sich stimmigen Gesamtbildes der Entstehung des Alten Testaments zu erleben, von dem sich meines Erachtens die Konturen langsam abzeichnen. [...] Nehmen Sie aber [...] diese Zeilen als ein Zeichen meines hohen Respektes vor Ihrer Arbeit, und lassen Sie sich auch noch mit solcher Verspätung [d. h. anderthalb Jahre nach Wildbergers siebzigstem Geburtstag] ein gutes Lebensjahrzehnt wünschen.»[18]

18 Otto Kaiser an Hans Wildberger, maschinengeschriebener Brief, nicht datiert (offenbar Sommer 1981), F.

Herkunft, Kindheit, Jugend

Hans Wildberger war Bürger des Städtchens Neunkirch im Kanton Schaffhausen und verbrachte hier seine Kindheit. Neunkirch in seiner heutigen Form wurde kurz nach 1260 von Eberhard von Waldburg, dem damaligen Bischof von Konstanz, als militärischer Stützpunkt seiner Klettgauer Besitzungen gebaut. Die Stadtmauern entstanden auf einem Rechteck von 256 × 138 m. Inwenig wurden die Häuser angebaut.[1]

1525 verkaufte Hugo von Hohenlandenberg, ebenfalls Bischof von Konstanz, den Ort an die Stadt Schaffhausen. Diese führte 1529 die Reformation ein. «Dem Städtchen fehlten – ausser der Ummauerung – alle Merkmale der mittelalterlichen Stadt, insbesondere das Marktprivileg. Die Einwohner waren gezwungen, den Wochenmarkt in Schaffhausen zu benutzen.»[2] Erst am Neujahr 1798 war es so weit, dass der Rat von Schaffhausen die Leibeigenschaft aufhob. Trotzdem ging kurz danach von Neunkirch die Initiative zum Umsturz des Schaffhauser Stadtstaats aus: Auf dem «Kongress zu Neunkirch» nötigten 22 Gemeinden den Schaffhauser Rat, «die Freiheit und Gleichheit von Stadt und Land zu proklamieren». Der letzte Landvogt musste seinen Amtssitz verlassen.[3]

Anders als es bei den Alemannen die Regel war, wohnten die Bauern nicht verstreut je auf ihrem eigenen Land, sondern in der Stadt. Vor der Güterzusammenlegung im 20. Jahrhundert (mitorganisiert von Hans Wildbergers Vater) hatten die einzelnen Familien Wiesen, Äcker und Baumgärten in den verschiedensten Himmelsrichtungen. Für die Feldarbeit musste man teilweise einen weiten Weg zurücklegen. (Man fuhr mit Pferd und Wagen oder mit dem Fahrrad.) Wildbergers Elternhaus stand mitten im Städtchen bei der Kirche. Es war geräumig, Scheune und Stall waren integriert. Tradition war, dass verschiedene Generationen das Gebäude miteinander teilten. Es gab auch zwei Küchen.

Der Familienname Wildberger kommt in Neunkirch häufig vor. Wie man der von Oberlehrer Wilhelm Wildberger 1917 publizierten Stadtgeschichte[4] entnehmen kann, lieferte das Geschlecht dem Gemeinwesen seit Generationen wichtige Figuren. 1577 gehörte der «Stabhalter» Heinrich Wildberger zu denjenigen, die eine Beschwerde an den Rat von Schaffhausen unterschrieben.[5] 1595 wird ein Philipp Wildberger, «Untervogt

1 Vgl. Eric De Pizzol: Neunkirch (Gemeinde), in: Historisches Lexikon der Schweiz, http://www.hls-dhs-dss.ch/textes/d/D1262.php (14.05.2013).

2 A. a. O.

3 A. a. O.

4 Wilhelm Wildberger: Geschichte der Stadt Neunkirch. Schaffhausen 1917.

5 A. a. O., S. 122.

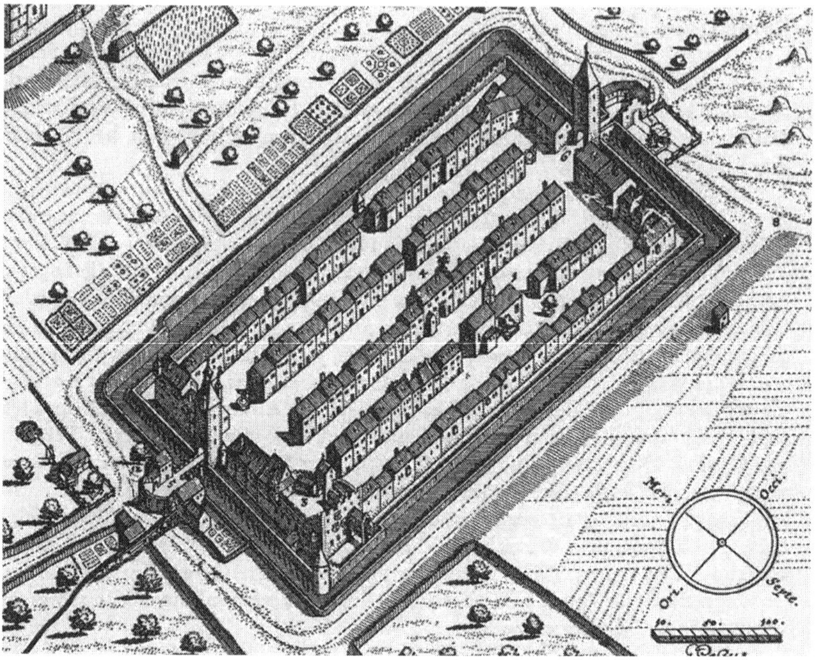

Matthaeus Merian: Topographia Helvetiae, Rhaetiae et Valesiae, 1654. Ausschnitt. Das Haus Wildberger in der gleichen Häuserzeile wie die Kirche, unmittelbar links

zu Nüwkilch», erwähnt.[6] 1622 tritt der Gerber Caspar Wildberger als Grundbesitzer in Erscheinung.[7] Der Chirurg Johannes Wildberger war ein Anhänger der Aufklärung.[8] 1790 unterzeichnete der Untervogt Hans Jakob Wildberger eine Petition an die Regierung in Schaffhausen, die – ein Echo auf die Französische Revolution – Freiheit verlangte.[9] Kantonsrat Wildberger war 1813 einer der Gründer der Oberschule.[10] 1814 gehörte Johann Wildberger, «St. Niklausenpfleger» (vielleicht war er mit dem eben erwähnten Kantonsrat identisch), zu denjenigen, die sich für eine gute Schule engagierten.[11] «Adam Wildberger, Schreiber, Sohn des Chirurg Wildberger», wurde 1818 gebüsst, weil er gegen eine zu hohe Grundsteuer Stimmung machte.[12]

---

6 A. a. O., S. 25.
7 A. a. O., S. 149.
8 A. a. O., S. 234f.
9 A. a. O., S. 241.
10 A. a. O., S. 297.
11 A. a. O., S. 305.
12 A. a. O., S. 337.

Haus Wildberger von hinten, in der Bildmitte unter dem Dach das Wappen des Bischofs von Konstanz (Foto Hannes Wildberger)

Die Eltern Hans Wildbergers, nicht nur der Vater, Johann Georg (1880–1953), sondern auch die Mutter, Elise (1887–1985), ebenfalls eine geborene Wildberger, waren entfernt miteinander verwandt. Elise, eine stark von Pietismus und Erweckungsbewegung geprägte Frau, hatte eine stattliche Mitgift in die Ehe gebracht, u. a. einen grossen Acker gleich ausserhalb des westlichen Stadttors. Im Stall standen zwei Pferde, acht Kühe, ein Mutterschwein sowie einige Rinder und Kälber. Wichtiger waren die fruchtbaren Getreide- und Kartoffeläcker in ebenem Gelände, das Wiesland und ein umfangreicher Baumgarten am Hang unterhalb der Bergkirche.

Für die damaligen Verhältnisse war die Familie wohlhabend und gehörte zur ländlichen Oberschicht. In der geräumigen Wohnstube standen auch der Schreibtisch des Familienvaters sowie ein Klavier, an dem vor allem die Tochter, Lydia (1914–2013), spielte. Johann Georg war Asthmatiker. Die konkrete landwirtschaftliche Arbeit überliess er weitgehend seiner Frau, einem Knecht, Tagelöhnern und später seinem zweiten Sohn Richard (1912–1989). Er selbst war Dorf- und Kantonspolitiker. Sein Engagement für die Güterzusammenlegung wurde bereits erwähnt. Er sass im Gemeinderat und im Kantonsparlament (für die Bauernpartei, eine Vorläuferin der 1956 gegründeten Bauern-, Gewerbe- und Bürgerpartei), war

Elise und Johann Georg Wildberger, um 1950 (Foto Familienarchiv)

häufig abwesend und trug oft wie ein «Herr» einen schwarzen Anzug.[13] Der Landwirtschaftsbetrieb blühte unter der Leitung seiner tatkräftigen Frau. Diese war für ihre Generation bemerkenswert emanzipiert. Als 1971 das Frauenstimmrecht eingeführt wurde, sagte sie: «Endlich!»

Über das Kind Hans Wildberger ist wenig überliefert. Zu seinem jüngeren Bruder Richard, der später den Hof übernehmen sollte, gesellte sich noch die bereits erwähnte kleinere Schwester Lydia. Alles spricht dafür, dass Hans ein begabter Schüler war. Schon früh wurde beschlossen, dass er Pfarrer werden sollte. Wichtige Anstösse für dieses Projekt kamen von Jakob Hallauer (1897–1943), der 1922–1928 Pfarrer in Neunkirch war, bevor er ans Schaffhauser Münster berufen wurde. Hier wirkte er bis zu seinem frühen Tod. (Wie eng die Beziehung der Familie Wildberger zu Pfarrer Hallauer war, geht auch daraus hervor, dass dieser Taufpate von Wildbergers Tochter Marianne, geboren 1937, wurde.)

Der in Schaffhausen aufgewachsene und später als Alttestamentler an der Universität Lausanne tätige Theologe, Missionar, Religionswissenschaftler und Mystikforscher Carl-Albert Keller (1920–2008) erzählte über Hallauer (und Hans Wildberger hätte fast wörtlich das Gleiche erzählen können): «Jakob Hallauer hatte in Islamologie doktoriert mit einer Dissertation über einen der ersten Sufis. Er machte uns bekannt mit der mittelalterlichen deutschen Mystik, auch ein wenig mit dem Sufismus. Er

13 In der Todesanzeige der Familie von 1953 wird er «Georg Wildberger, alt Kantonsrat» genannt. F.

Konfirmation in Neunkirch im Frühling 1925, oben rechts Pfarrer Jakob Hallauer, links neben ihm Hans Wildberger (Foto Familienarchiv)

hat mich ermutigt, neben der Theologie auch orientalische Sprachen zu studieren und hat mich persönlich während meiner Studienjahre begleitet, bis zu seinem viel zu frühen Tod.»[14]

Hallauer hatte sich schnell mit Hans Wildbergers Eltern angefreundet. Und der Sohn besuchte bei ihm an der Realschule den Religions- und danach den Präparanden- und Konfirmandenunterricht. Dass Wildberger ein Gymnasium absolvieren sollte, war ohnehin klar.[15] Hallauer erteilte ihm Privatunterricht in Latein und Griechisch. Der gelehrte Pfarrer war nun offenbar der Ansicht, dass für seinen Schützling nur das Beste in Frage komme – nicht die Kantonsschule in Schaffhausen (obschon diese einen guten Namen hatte und Hallauer nach seinem Weggang von Neunkirch hier selbst als Religionslehrer wirken sollte), sondern das berühmte Humanistische Gymnasium in Basel. Eng mit der Universität Basel verbunden, der ältesten der Schweiz, wirkten als Lehrer der obersten Klassen hier auch

14 Carl-Albert Keller: Von Karl Barth zu Dionysius Areopagita. Mein theologisches Werden. Vortrag gehalten vor den liberalen Schaffhauser Pfarrern, 11. März 2004. (17.05.2013.)

15 Dass Wildberger ein vorzüglicher Schüler war, geht daraus hervor, dass er im August 1951, als er Universitätsprofessor wurde, ein Glückwunschschreiben von der Realschule Neunkirch erhielt. In deren Auftrag schrieb ein Emil Walter: «Sehr geehrter Herr Professor! Im Namen der Realschule Ihrer Heimatgemeinde, die Sie nach den Notierungen der Schulberichte1923–1925 als Musterschüler durchliefen, gratuliere ich Ihnen zu Ihrer ehrenvollen akademischen Berufung.» Emil Walter an Hans Wildberger, Poststempel vom 10. August 1951. F.

Maturaklassen (IV A und B) des Humanistischen Gymnasiums Basel im Frühling 1929. Hans Wildberger, stehend in der zweiten Reihe mit hellem Anzug und Schlapphut (Foto Familienarchiv)

Universitätsprofessoren wie – vor Wildbergers Zeit – Jacob Burckhardt und Friedrich Nietzsche.

In Basel erschloss sich dem Gymnasiasten Wildberger eine völlig neue Welt. Wichtige Impulse empfing er im Haus, in dem er als Pensionär lebte: Er wohnte bei der Familie des Arztes Georg Mattmüller (1893–1951), der der religiös-sozialen Bewegung um Leonhard Ragaz angehörte. Er war Pazifist und Dienstverweigerer und hatte sich von Jugend auf in der Abstinenzbewegung (Blaues Kreuz, Sozialistischer Abstinentenbund) engagiert. Als Vertreter der Sozialdemokratischen Partei sass er später (1941–1944) im baselstädtischen Kantonsparlament. Bekannt wurde sein Sohn, der Historiker Markus Mattmüller (1928–2003), der die Biographie von Leonhard Ragaz schrieb.[16] Und noch ein Basler Detail: Der berühmte Alttestamentler Bernhard Duhm (1847–1928) erteilte bis zu seinem plötzlichen Tod an den Folgen eines Verkehrsunfalls am 1. September 1928 als über Achtzigjähriger am Humanistischen Gymnasium den Hebräischunterricht und öffnete seinen Schülern «in grosszügiger Weise die Tür in die Gedankenwelt des

16 Nach: Bernard Degen: Mattmüller, Georg, in: Historisches Lexikon der Schweiz, http://www.hls-dhs-dss.ch/textes/d/D23026.php (14.05.2013).

Bernhard Duhm (Gemälde von Hermann Meyer im Theologischen Seminar Basel, Foto Hannes Wildberger)

Alten Testaments».[17] «Duhm überforderte […] die Schüler nicht mit Grammatik und Vokabeln, sondern ging schnell ins Alte Testament hinein und machte dessen Lektüre […] spannend […].»[18] Ein Keim war hier gelegt, aus dem später Wildbergers eigene Forschungstätigkeit herauswuchs.

17 Hans Wildberger in seinem Curriculum vitae – aus Anlass seiner Doktorprüfung – 1941. F.

18 Rudolf Smend: Deutsche Alttestamentler in drei Jahrhunderten. Göttingen 1989, S. 121.

Theologiestudium

Im Frühling 1933 meldete sich Hans Wildberger für die Abschlussprüfung seines Theologiestudiums an, das sogenannte Theologicum. Der Prüfungsbehörde musste er einen Lebenslauf überreichen. Dieser sei hier ungekürzt zitiert, da er in dem, was er über Wildbergers Kindheit, Jugend und Studienzeit erzählt, und in dem, was er verschweigt, ein überaus charakteristisches Dokument ist. (Anschliessend wird es nötig sein, ihn zu kommentieren.)

«Lebenslauf

Am 2. Januar 1910 wurde ich in Neunkirch geboren als Sohn des Georg Wildberger und der Elise geborene Wildberger. Die Jugendzeit verbrachte ich im elterlichen Hause. An meinem Heimatort besuchte ich die Elementar- und Realschule. Zur Vorbereitung auf ein Gymnasium hatte ich Latein- und Griechischstunden bei Herrn Pfarrer Hallauer, bei dem ich auch im Frühjahr 1925 konfirmiert wurde. In dieser Neunkirchner Zeit wuchs ich mit einer gewissen Natürlichkeit in das religiöse Leben meiner Umgebung hinein. Es war ein Christentum, das mit Selbstverständlichkeit hingenommen und gelebt wurde, kirchentreu, aber gänzlich unpietistisch.
Auf Wunsch meiner Eltern besuchte ich dann während vier Jahren das städtische Gymnasium in Basel bis zur Maturität im Frühling 1929. Ich war ein guter Schüler, aber ohne bestimmte Neigung zu einem besonderen Fach und besonderen Berufe. Immerhin entschloss ich mich doch, am fakultativen Hebräischunterricht teilzunehmen.
In der neuen Umgebung stand ich anfangs der Kirche ziemlich fremd, wenn auch nicht gleichgültig, gegenüber. Hin und wieder besuchte ich auch den Gottesdienst der Evangelischen Gemeinschaft. Durch Schulkameraden angeregt, trat ich im zweiten Jahr in den Jünglings-Bund des Blauen Kreuzes ein, und hier war mir während meiner Basler Zeit ein Milieu gegeben, wo man sich unter Kameraden aussprechen konnte über religiöse Fragen. In dieser Hinsicht verdanke ich manches Hans Métraux, jetzt Pfarrer in Mettmenstetten,[1] und Herrn Pfarrer Th. Kachel.[2] Zwar eine gewisse enge pietistische Frömmigkeit, wie sie sich in diesen Kreisen ausbreitet, sagte mir nicht zu. Vor allem wurde ich hingewiesen auf die soziale Not der Menschheit, und von hier aus fand ich zunächst meinen Weg zum Verständnis der Aufgabe der Kirche und des Pfarrers. Von hier aus gewann ich auch Verständnis für den Sozialismus, der mir von Haus aus recht ferne liegt. Auch heute, nach vielen Wandlungen im Einzelnen, bin ich der Meinung, dass sich in der Stellungnahme zur sozialen Frage im weitesten Sinne und damit auch in gewissem Sinne zum Sozialismus das Menschheitsschicksal entscheiden wird. Aber was ich damals dunkel fühlte, ist mir im Laufe des Studiums immer klarer geworden, dass nämlich die Antwort auf diese Frage nur von Jesus Christus her gegeben werden kann.

1 Hans Métraux (1899–1978).
2 Theophil Kachel (1903–1990).

So entschloss ich mich dann – etwas zaghaft und unsicher – zum Theologiestudium. Und ich könnte nicht sagen, dass ich heute meinen Weg sicher wüsste. Ich möchte das zu Anfang meiner Ausführungen über mein Studium ausdrücklich gesagt haben. Die ersten vier Semester studierte ich in Zürich. Der Streit der theologischen Richtungen hatte mich bis dahin noch nicht sehr bewegt. Ich wollte mich grundsätzlich offen halten. Bestimmend wurde zunächst für meinen Gang eine Vorlesung über die Synoptiker von Professor A. Meyer. Hier brachen die Voraussetzungen meiner bisherigen rationalen und doch biblizistischen Orthodoxie zusammen. Ich glaubte keine andere Möglichkeit zu haben als die eines sehr weiten theologischen Liberalismus. Bei aller Anerkennung dieser Sachlage, vor allem bei jeglicher Anerkennung der Ergebnisse der Bibelkritik, eröffnete sich mir doch das Verständnis für den Inhalt des christlichen Glaubens unter dem Einfluss von Barths ‹Auferstehung der Toten› und Brunners ‹Mittler›. Brunner wurde nun mein Lehrer, wenn auch mit manchen Vorbehalten, wie sie sich mir ergaben etwa von Tillich aus oder dann auch nach dem propädeutischen Examen in meinem fünften Semester von Bultmann in Marburg her. Wenn ich bei Brunner Verständnis für die Christologie gewonnen hatte, so bei Bultmann für die Theologie der Paulusbriefe. Das sechste Semester brachte ich wieder in Zürich zu. Mein Interesse galt hier besonders der Ethik Brunners und dem Studium Kierkegaards. Zum Abschluss wollte ich nun noch nach Bonn gehen. Karl Barth las über die Trinitätslehre. Die Stellungnahme zu ihm machte mir so zu schaffen, dass ich – ich litt zudem sehr an Kopfweh und anderem – das geplante Examen verschieben musste. Gerade darum, weil Barth alles auf den Glauben abstellt, ist es so schwer, ein Glaubender zu sein. Ich wollte wieder zurück zu Brunner. Aber inzwischen war durch den Anschluss Brunners zur Oxfordgruppenbewegung die Öffnung Barth–Brunner [d. h. die Entzweiung zwischen Barth und Brunner], die mich in Bonn beschäftigt hatte, noch mehr manifest geworden. Jedenfalls konnte ich bis jetzt zur Oxfordbewegung kein Verhältnis finden. Vielleicht ist doch die Theologie K. Barths die einzige sinnvolle Möglichkeit, als Christ und Theologe von Gott zu sprechen.

Damit glaube ich Ihnen mein Werden als Theologe in seinen Hauptzügen dargelegt zu haben. In den letzten Jahren wenigstens war dieses Werden zugleich mein Lebensgang. Ich möchte nur noch hinzufügen, dass mein wissenschaftliches Interesse besonders dem Alten Testament gilt. Ich glaube, dass heute die Bedeutung des Alten Testaments für uns Christen besonders unklar – man darf vielleicht auch sagen: vernachlässigt – ist. Nach der Arbeit und den Ergebnissen der historischen und religionsgeschichtlichen Schule ist es dringend nötig, das Alte Testament auch theologisch-systematisch und nicht nur historisch zu untersuchen. Vielleicht dass es mir einmal beschieden sein wird, neben den theologischen Fragen im engeren Sinne, gerade diesen Problemen nachzugehen. Zur Vorbereitung darauf, aber auch aus rein philologischem Interesse, habe ich mich mit Arabisch beschäftigt.

Hans Wildberger
Klusdörfli 11, Zürich VII»[3]

Man lernt viel aus diesem Text, auch wenn man einzelne Selbsteinschätzungen des gut dreiundzwanzigjährigen Autors hinterfragen muss. Um damit

3 Der handgeschriebene Text liegt im Staatsarchiv Zürich, Signatur T 30.7 (Teil 73).

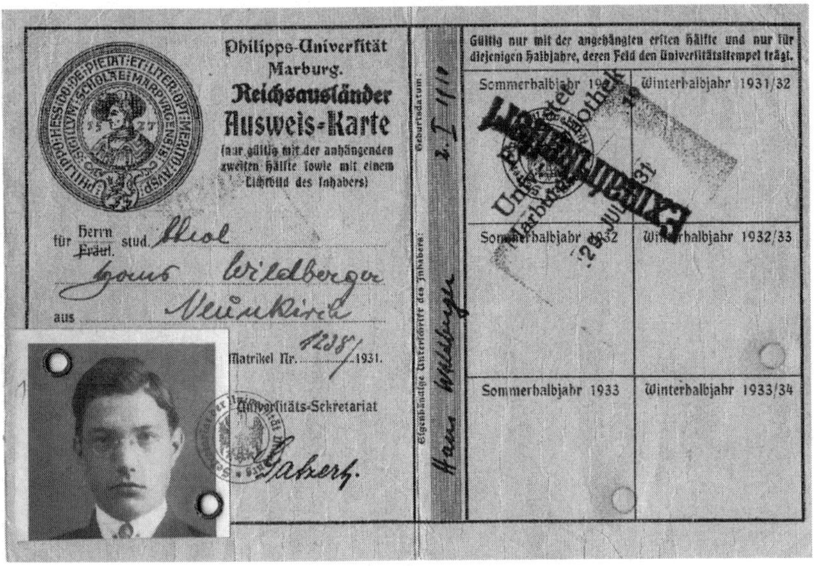

Wildbergers Studentenausweis in Marburg (Familienarchiv)

anzufangen: Das pietistische Milieu, in dem Wildberger in Neunkirch aufwuchs und das besonders seine Mutter in einer sympathischen und glaubwürdigen Art vertrat, wird in diesem Lebenslauf beinahe unter den Teppich gekehrt. Offenbar wollte der Kandidat in den Augen der Prüfungsbehörde nicht allzu frömmlerisch erscheinen. Dabei erzählt er in seinem Lebenslauf selbst, dass er in Basel auch Gottesdienste der Evangelischen Gemeinschaft besuchte – und dies offensichtlich freiwillig. Ebenso steht es mit dem Jünglings-Bund des Blauen Kreuzes, in dem er gute Freunde gewann.

Merkwürdig ist, dass er die Familie Mattmüller nicht erwähnt, obwohl deren Einfluss wichtig für ihn war, was auch in seinem vorsichtigen Bekenntnis zum Sozialismus zum Ausdruck kommt. Von diesem schreibt er, dass er ihm von Haus aus eher fern lag. Wach geworden war er für die «soziale Not der Menschheit», und er dachte, dass sich das Menschheitsschicksal in der Stellungnahme zur sozialen Frage und damit auch in gewissem Sinne zum Sozialismus entscheiden werde. Wie er dem Verfasser persönlich erzählte, gehörte er in jungen Jahren zu den «antimilitaristischen» Pfarrern. Auch die Blaukreuzarbeit blieb ihm während Jahren ein Anliegen, obschon er kein konsequenter Abstinent war.

Bemerkenswert sind die Professoren, die in seinem Lebenslauf genannt sind. Zunächst ist es der zu Wildbergers Studienzeit bereits am Ende seiner Laufbahn stehende Neutestamentler Arnold Meyer (1861–1934), der ihn in die synoptische Frage einführte. Obschon von seinem Elternhaus und offenbar auch vom Humanistischen Gymnasium nicht darauf vorbe-

Emil Brunner als Professor (Foto Familienarchiv)

reitet (der Hebräischunterricht bei Duhm[4] war offenbar zu kurz), eignete Wildberger sich die historisch-kritische Betrachtung der Bibel nach einem anfänglichen Schock vorbehaltlos an. Sie wurde völlig selbstverständlich für ihn. Von Rudolf Bultmann wurde er in seinem Marburger Semester im Sommer 1931 mit der Theologie des Apostels Paulus konfrontiert, was einen bleibenden Eindruck hinterliess.[5] Bultmanns geniale und klassisch gewordene Paulusdarstellung erschien in Buchform erst 1953.[6] In seinen

4 Vgl. oben S. 20ff.

5 Gemäss dem Curriculum Vitae, das Wildberger im Zusammenhang mit seiner Doktorprüfung 1941 schrieb (F.), behandelte Bultmann im Sommersemester 1931 den 2. Korintherbrief. Ausserdem besuchte Wildberger in Marburg ein «Seminar über grundlegende Fragen der christlichen Ethik» beim Sozialethiker Georg Wünsch (1887–1964), beim Kirchenhistoriker Heinrich Hermelink (1877–1958) «eine Vorlesung über Theologiegeschichte seit der Reformation», beim Theologen und Religionsphilosophen Theodor Siegfried (1894–1971) eine weitere «über systematische Theologie» sowie beim Systematiker und Religionswissenschaftler Heinrich Frick (1893–1952) eine andere «über vergleichende Religionsgeschichte». Ebenfalls nahm er am homiletischen Seminar des berühmten Praktischen Theologen Friedrich Niebergall (1866–1932) teil.

6 Rudolf Bultmann: Theologie des Neuen Testaments. Tübingen 1953.

Vorlesungen und Seminaren hatte er sie aber jahrelang vorbereitet und entfaltet. Auch Bultmanns RGG-Artikel «Paulus» von 1930 stand dem jungen Wildberger natürlich zur Verfügung.[7]

Auffallend ist, dass Wildberger offensichtlich stark systematisch-theologisch interessiert war. Neben Paul Tillich erwähnt er besonders Karl Barth und Emil Brunner, deren Publikationen «Die Auferstehung der Toten» und «Der Mittler» ihn fesselten.[8] Im erhaltenen Exemplar Wildbergers von «Der Mittler» wimmelt es von Unterstreichungen, die belegen, wie intensiv er das Buch studierte. Hervorgehoben wurden von ihm Sätze wie: «Nur im Mittler wird der Wille Gottes, also das Gute, erkannt als die Liebe.»[9] Intensiv beschäftigte sich Wildberger mit Brunners Ausführungen zum Ostergeschehen. Christi Auferstehung sei kein «historisches» Ereignis. Das Historische daran sei «nur der Rand des Loches, der an sich gar nichts sagt».[10] Sie sei zwar Faktum, aber nicht ein «einreihbares», und – die folgenden Wörter wurden vom jungen Wildberger mit Blaustift unterstrichen – «ebenso wenig einreihbar in die Kette der geschichtlichen Ereignisse als Schöpfung und Sündenfall, Inkarnation und Versöhnung». Sie sei – ebenfalls blau unterstrichen – «Urgeschichte und Endgeschichte».[11] Und ein weiteres Mal mit blauer Unterstreichung: «Von Auferstehung weiss der Glaube und sonst niemand.»[12] «[...] als Ereignis unserer Zeitreihe wäre der Anbruch der Ewigkeit nicht Anbruch der Ewigkeit. Die Ewigkeit ist ebenso wenig die Fortsetzung der Zeit, als sie das ist, was der Zeit vorausgeht. Ewigkeit und Zeit sind inkommensurabel. Unsere Zeitlichkeit ist ein verkrümmtes Fragment der Ewigkeit.» Zu diesen behaltenswerten Formulierungen Brunners setzte Wildberger zusätzlich zu den gewöhnlichen Unterstreichungen einen dicken Doppelstrich – ebenfalls in blau – an den Seitenrand. – Indem er den folgenden Satz wellenförmig unterstrich, hob er etwas anderes hervor, was ihm an Brunner gefiel und worin dieser sich von Barth unterschied: «[...] solange noch eine Spur von Humanität im Menschen übrig ist, lieg ein Schimmer des göttlichen Ebenbildes über ihm [...].»[13] Brunners Neigung zur «natürlichen Theologie», die Wildberger teilte, wird hier sichtbar.

---

7 Rudolf Bultmann: Artikel «Paulus» in RGG, 2. Auflage, Bd. 4, Tübingen 1930, Sp.1019–1045.

8 Karl Barth: Die Auferstehung der Toten. Eine akademische Vorlesung über I. Kor. 15. München 1924, seither viele Auflagen. – Emil Brunner: Der Mittler. Zur Besinnung über den Christusglauben. Tübingen 1927. Wildberger besass die zweite Auflage von 1930. Diese ist in Familienbesitz. Fortan abgekürzt mit «Mittler».

9 Mittler, S. 549.

10 A. a. O., S. 530.

11 A. a. O., S. 531.

12 A. a. O., S. 524.

13 A. a. O., S. 447.

Auch alle andern Publikationen Brunners schaffte Wildberger sofort an. Besonders wichtig wurde ihm Brunners Ethik «Das Gebot und die Ordnungen»[14] von 1932, erschienen in seinem letzten Studienjahr und unverzüglich durchgearbeitet, wohl in den Sommerferien.[15] Auch dieses Buch trägt kräftige Gebrauchsspuren. Hier benutzte Wildberger neben dem gewöhnlichen Bleistift sowohl einen grünen als auch einen roten Farbstift. Später sagte er zusammenfassend über Brunner, dessen «Bücher und Vorlesungen» hätten ihm gezeigt, dass «sich sehr wohl auch auf dem Boden einer kritischen Bibelwissenschaft eine kirchliche Theologie aufbauen» lasse.[16] Und doch machte Wildberger in seinem an dieser Stelle erstaunlich offenen Lebenslauf (er musste ja damit rechnen, dass Brunner ihn lesen würde) kein Hehl aus seinen Bedenken wegen Brunners Engagement für die Oxfordgruppenbewegung![17]

Aber auch mit Karl Barth war der junge Wildberger nicht völlig im Reinen. Er erwähnt, dass er ihm Kopfweh machte. (Aus einem Brief seiner Braut im Juni 1932 geht hervor, dass er ihr offenbar geschrieben hatte, das Studium drohe ihm über den Kopf zu wachsen, er brauche mehr Zeit zum Arbeiten und zum Nachdenken, die auf den Herbst geplante Abschlussprüfung seines Studiums müsse er ein halbes Jahr verschieben.)[18] Und doch war er von Barth fasziniert und neigte ihm – jedenfalls im Frühling 1933, als er seinen Lebenslauf schrieb, – mehr als Brunner zu. Abgeschreckt davon, dass Barth «alles auf den Glauben» abstellte, fühlte er sich überfordert. Es sei «so schwer, ein Glaubender zu sein».

Bei Barth hatte Wildberger dessen Dogmatikvorlesung gehört (den Anfang des wegen des Kirchenkampfs mit grosser Verzögerung erst 1938 herausgegebenen zweiten Bands der «Kirchlichen Dogmatik» mit dem Titel «Die Lehre vom Wort Gottes»; in den Anfangskapiteln geht es um Christologie und Pneumatologie).[19] Wohl noch wichtiger war das Semi-

14 Emil Brunner: Das Gebot und die Ordnungen. Entwurf einer protestantisch-theologischen Ethik. Tübingen 1932. Auch dieses Buch befindet sich in Familienbesitz.

15 Das Buch war im Buchhandel ab Juni 1932 erhältlich. Vgl. Caren Algner: Kirchliche Dogmatik im Vollzug. Karl Barths Kampf um die Kirche im Spiegel seiner und Charlotte von Kirschbaums Korrespondenz mit Eduard Thurneysen 1930–1935. Neukirchen-Vluyn 2004, S. 79.

16 Curriculum vitae von 1941 (F.).

17 Vgl. dazu Frank Jehle: Emil Brunner. Theologe im 20. Jahrhundert. Zürich 2006, S. 273ff.

18 Brief von Hedwig Kägi an Hans Wildberger an der Ritterhausstrasse 12 in Bonn vom 14. Juni 1932. F. Hedwig Kägi (1912–1976) hatte die Höhere Töchterschule in Zürich besucht und absolvierte 1932 eine Haushaltungsschule in Runkel an der Lahn. Einmal besuchte sie Hans Wildberger, um zusammen mit ihm an einem studentischen Ball in Bonn teilzunehmen. Gemeinsam besichtigten sie Köln.

19 Karl Barth: Die Kirchliche Dogmatik I/2, Zollikon-Zürich, 1. Auflage, 1938.

Karl Barth mit seinen Studenten im Sommer 1932, Hans Wildberger schräg links hinter Karl Barth, Einziger mit Brille (Foto Familienarchiv)

nar über Albrecht Ritschls «Unterricht in der christlichen Religion».[20] Da Wildbergers Handexemplar erhalten geblieben ist,[21] lässt sich nachvollziehen, wie intensiv er sich auf die Seminarsitzungen vorzubereiten pflegte. Es wimmelt von Unterstreichungen, Hinzufügungen und Randbemerkungen, die vor allem Barths, von Wildberger geteilte, Vorbehalte gegenüber Ritschl spiegeln. Ritschls Bemerkung, in der Versöhnung mit Gott seien die Glieder der christlichen Gemeinde «nicht mehr auf den allgemein sündigen Willen gestellt» – also davon befreit –, wird von Wildberger kritisch hinterfragt mit der etwas schnippischen Bemerkung: «oder auch nicht».[22] Gegen Ritschls These, das Reich Gottes sei das gemeinschaftliche Produkt der durch Gottes Offenbarung in Christus gestifteten Gemeinde schreibt Wildberger an den Rand: «nein Gottes Produkt».[23] Ritschls Aussage, anders als in Heidentum und Judentum zeichne die christliche Weltansicht sich durch das Zartgefühl aus, «welches uns davon zurückhält, einem Menschen seine

20 Vgl. Eberhard Busch: Karl Barths Lebenslauf. Nach seinen Briefen und autobiographischen Texten. München, 2., durchgesehene Auflage, 1976, S. 232.

21 Albrecht Ritschl: Die christliche Vollkommenheit. Ein Vortrag. [Und:] Unterricht in der christlichen Religion. Kritische Ausgabe von D. Cajus Fabricius, Professor in Berlin. Leipzig 1924. F.

22 A. a. O., S. 55.

23 A. a. O., S. 33.

besonderen Leiden als göttliche Verdammungsstrafen anzurechnen», hält Wildberger entgegen: «Sehr richtig, aber dass sie [d. h. die Leiden] nicht Folgen der Sünde seien, ist damit nicht bewiesen.»[24] Im Zusammenhang mit Christi Opfertod am Kreuz wirft Wildberger Ritschl vor, er habe vergessen, darüber zu schreiben, dass Gott sich in Christus selbst geopfert habe.[25] Ebenso habe Ritschl die Eschatologie vollständig vergessen.[26] Wildberger meldet seine Zweifel daran an, dass das ewige Leben «als das in der Gemeinschaft zu erreichende eigentümliche Ziel eines jeden» – und zwar «bedingt durch die Übung der Gerechtigkeit und die Heiligung» – «in der Welt» erreicht werden könne. In die gleiche Richtung zielt die Randbemerkung, nicht die Gemeinde – «in ihrem gegenseitigen sittlichen Handeln» – sondern Gott selbst – und zwar Gott allein – sei das «Subjekt des Reiches Gottes».[27] – Aus allem geht hervor, dass Wildberger im Sommer 1932 als treuer Schüler Barths dem kulturprotestantischen Optimismus in Bezug auf die menschlichen Möglichkeiten[28] mit grosser Reserve gegenüber stand. Diese Ritschl-Kritik hat sich in der heutigen Theologie durchgesetzt. Das Reich Gottes setzt sich gemäss dem Neuen Testament nicht in einer innergeschichtlichen Entwicklung und insofern als Menschenwerk durch, sondern es ist die Neue Welt Gottes, die allein von Gott gewirkt wird. Es ist nicht präsentisch, sondern «seinem Wesen nach futurisch».[29] Es ist dies, was der junge Wildberger mit seiner Randbemerkung andeuten wollte, nämlich, dass Ritschl die Eschatologie «vergessen» habe.[30]

Zurück in Zürich, fragte er sich – so sein Lebenslauf –, ob vielleicht nicht doch die Theologie K. Barths die einzige sinnvolle Möglichkeit sei, als Christ und Theologe von Gott zu sprechen. Wie der Verfasser aus zahlreichen Gesprächen mit Wildberger weiss, schwankte er zeit seines Lebens zwischen Brunner und Barth. Besonders zu schaffen machte ihm, als Barth Brunner im Oktober 1934 sein «Nein!» entgegenschleuderte.[31] Letztlich –

---

24 A. a. O., S. 66.

25 A. a. O., S. 75.

26 A. a. O., S. 77.

27 A. a. O., S. 102. Bemerkenswert ist, dass im Sommer 1932 Karl Barth und seine Schüler die Auffassung vertraten, dass Gott selbst – und nicht etwa die Gemeinde – in der Taufe mit Wasser am Täufling handle. A. a. O., S. 114.

28 Vgl. a. a. O., besonders S. 33ff.

29 Nach: Gerd Theissen / Annette Merz: Der historische Jesus. Ein Lehrbuch. Göttingen 1996, S. 223.

30 Gemäss dem Curriculum Vitae von 1941 (F.) besuchte Wildberger in Bonn neben Barths Lehrveranstaltungen Karl Ludwig Schmidts (1891–1956) Vorlesung «Einleitung ins Neue Testament», sowie eine «über alttestamentliche Theologie» des Privatdozenten Martin Thilo (1876–1950) und eine andere «über orthodoxe Kirchenväter» des damals noch jungen Schweizer Theologen und Slawisten Fritz Lieb (1892–1970).

31 Karl Barth: Nein!: Antwort an Emil Brunner. Theologische Existenz heute; Heft 14. München 1934. Abgedruckt in: Walther Fürst (Herausgeber): «Dialektische

Ludwig Köhler (um 1950)

wenn auch schweren Herzens – war er dennoch der Meinung, Barth sei Brunner überlegen.

Wildberger wurde nicht Systematiker, sondern Alttestamentler und Religionswissenschaftler. Seltsam berührt in diesem Zusammenhang, dass er in seinem Lebenslauf Professor Ludwig Köhler (1880–1956), seinen späteren Doktorvater, nicht erwähnt, obschon er mit diesem persönlich eng verbunden war und sein Wohlwollen genoss.[32] Aber doch zeigt er deutlich, dass er sich zu dessen Disziplin hingezogen fühlte.[33]

Theologie» in Scheidung und Bewährung 1933–1936. (Theologische Bücherei 34.) München 1966, S. 208ff.

32 Vgl. verschiedene Briefe im Familienarchiv. – Es fehlt auch Jakob Hausheer (1865–1943), der andere – bedeutende – Alttestamentler an der Universität Zürich, dessen Lehrstuhl Wildberger später übernehmen sollte.

33 Die Foto von Ludwig Köhler stammt aus der Festschrift zu seinem 70. Geburtstag mit einer Glückwunschadresse von Walter Baumgartner, Basel, und Beiträgen aus dem Gebiete der Alttestamentlichen Wissenschaft von Albrecht Alt, Leipzig; Otto Eiss-

Im Jahr 1933 wurde das Alte Testament besonders in Deutschland aufs Heftigste in Frage gestellt. Alfred Rosenberg, Chefideologe des Nationalsozialismus, hatte in seinem Buch «Der Mythus des zwanzigsten Jahrhunderts», das 1930 erschien, die Forderung aufgestellt: «Abgeschafft werden muss ein für allemal das Alte Testament als Religionsbuch.»[34] Er polemisierte gegen die «Zuhälter- und Viehhändlergeschichten» des Alten Testaments, denen er – gemäss einer Formulierung von Hans-Joachim Kraus – «die nordischen Sagen und Mären in ihrer Klarheit und Reinheit» gegenüberstellte. Der Gott Israels sei «ein tyrannischer Dämon, der dem wirren religiösen Denken der Juden entsprungen» sei. In diesem Moment war es bemerkenswert, wenn ein junger Theologe sich für die alttestamentliche Wissenschaft entschied und zur «Vorbereitung darauf, aber auch aus rein philologischem Interesse», angefangen hatte – hier mochte der Mentor Jakob Hallauer seine Hand im Spiel gehabt haben[35] – das Arabische zu erlernen.[36] Wildbergers Hinwendung zum Alten Testament hatte offensichtlich eine stark theologische Komponente – und zwar im engeren Sinn. Nach der Arbeit und den Ergebnissen der historischen und religionsgeschichtlichen Schule sei es dringend nötig, das Alte Testament auch theologisch-systematisch und nicht nur historisch zu untersuchen. Der junge Wildberger zeigte hier, dass er wirklich im Bann der Dialektischen Theologie stand.

feldt, Halle; Victor Maag, Zürich; Salomon Speier, Zürich; Walther Zimmerli, Zürich, und der Praktischen Theologie von Ernst Frick, Zürich; Werner Kasser, Bern; Gotthard Schmid, Zürich; Karl Zimmermann, Zürich. Bern 1950, Frontispiz.

34 Dieses und die folgenden Zitate nach: Hans-Joachim Kraus: Geschichte der historisch-kritischen Erforschung des Alten Testaments von der Reformation bis zur Gegenwart. Neukirchen Kreis Moers 1956, S. 393.

35 Vgl. oben S. 18f.

36 «Schon während meines theologischen Studiums nahm ich Vorlesungen bei Prof. Hausheer und Hess über arabische Sprache, bei Dr. Häfeli erlernte ich die Anfangsgründe des Syrischen.» Curriculum Vitae von 1941 (F.). Mit «Dr. Häfeli» meint Wildberger den Theologen Leo Haefeli (1885–1948). In F. befinden sich Aufzeichnungen zum Kurs «QUR'AN-Lektüre» von Johann Jakob Hess-von Wyss (1866–1949), Professor für orientalische Sprachen, im Wintersemester 1931/32 in Zürich.

Vikar in Osterfingen und Pfarrer in Wilchingen-Trasadingen

In der Woche nach Ostern, am Donnerstag, dem 20. April 1933, bestand Wildberger das theologische Staatsexamen. Im Vorfeld der Prüfung war er nervös. Er war ehrgeizig und erstrebte einen guten Abschluss. (Deshalb hatte er das Examen vom Herbst 1932 auf den Frühling 1933 verschoben!) Hedwig Kägi, mit der er inoffiziell verlobt war, schrieb ihm am 10. April, also zehn Tage vor der Prüfung, er solle nur drei Stunden am Stück arbeiten und grosse Spaziergänge machen. «[...] es ist wirklich keine Phrase, wenn ich Dir sage: nur Mut! Denk Dir, nur noch eine Woche, und dann hast Du Ruhe.»[1] Die angehende Schwiegermutter stiess ins gleiche Horn: «Ich hoffe, dass Sie trotz der schweren Aufgabe, die Ihnen nächste Woche bevorsteht, doch frohe Festtage haben werden. Und zum 20. desselben wünschen wir Ihnen herzlich Glück, in Gedanken werden wir bei Ihnen sein. Mein Mann hat erst kürzlich erzählt, wie mutlos er vor dem Examen war und wie gut dann alles gegangen sei.»[2]

Aber dann, noch am Abend des 20. Aprils 1933, konnte Hedwig Kägi schreiben: «Ich gratuliere! Eigentlich hätte ich es beinahe lieber gehabt, wenn Du nicht so mit Glanz abgeschlossen hättest, es wird mir ganz unheimlich zu Mut [...].»[3] Und in der Tat: Als einziger seiner Prüfungsgruppe hatte Wildberger mit dem Gesamtprädikat I a (mit höchster Auszeichnung) abgeschlossen. Mit Ausnahme der schriftlichen Ethikarbeit (Note 2, d. h. gut), standen in seinem Zeugnis neun blanke Einser![4] Er konnte hoch zufrieden sein. Der Familienrat beschloss, jetzt Verlobungsanzeigen zu versenden.[5] Das Verlobungsfest fand an Auffahrt 1933 statt.

1933 gab es noch keine Vikariatskurse für angehende Pfarrer in der deutschsprachigen Schweiz, geschweige denn Predigerseminare wie in Deutschland. 1923 hatte man ein sechsmonatiges Vikariat bei einem bewährten Pfarrer und eine weitere Prüfung für obligatorisch erklärt.[6] Der Schaffhauser Kirchenrat wies Wildberger dem kurz vor seiner Pen-

1 Hedwig Kägi an Hans Wildberger, cand. theol., in Neunkirch, bei der Kirche, am 10. April 1933. F.

2 Pauline Kägi-Erb (1888–1967) an Hans Wildberger am 15. April (Karsamstag) 1933. F. Ihr Mann, Henri Kägi (1879–1961), war Lehrer in Meilen am Zürichsee und hatte das Seminar in Küsnacht absolviert.

3 Hedwig Kägi an Hans Wildberger am 20. April 1933. F.

4 Notenblatt im Staatsarchiv Zürich, Signatur T 30.7 (Teil 73).

5 Hedwig Kägi an Hans Wildberger am 1. und am 4. Mai 1933. F.

6 Bei dieser «Praktischen Prüfung» wurden ein schriftliches «Predigtschema» und ein schriftliches «Katechetisches Schema» verlangt sowie eine Probepredigt und eine Probekatechese vor der Prüfungsbehörde. Noten wurden keine erteilt.

Wilchingen, links von der Kirche das Pfarrhaus (Foto Hannes Wildberger)

sionierung stehenden Pfarrer Hans Huber (1866–1947) von Osterfingen als Vikar zu. Der junge Theologe bezog für ein halbes Jahr ein Zimmer im dortigen Pfarrhaus, dessen Ruhe und Freundlichkeit er schätzte.[7] Huber führte seinen «Lehrling» in die Berufsgeheimnisse ein. Er liess ihn Gottesdienste sowohl in Osterfingen als auch an der psychiatrischen Klinik in Schaffhausen halten, wo er Spitalseelsorger war. Er diskutierte mit Wildberger dessen Predigtentwürfe und liess ihn im Religionsunterricht hospitieren. Auch schwierige Seelsorgefälle besprach er mit ihm.

Huber liess Wildberger grosse Freiheit. Bald zeichnete sich ab, dass der Vikar nach praktischer Prüfung und Ordination Pfarrer in Wilchingen-Trasadingen werden würde, wo die Pfarrstelle vakant war. (Die Gemeinde hatte den bisherigen Pfarrer hinausgeekelt, indem sie ihm z. B. Wasserverschwendung vorwarf, weil er die neu eingerichtete Wasserspülung der Toilette im Pfarrhaus jedes Mal benutzte!)[8] Bereits als Vikar hielt Wildberger

7 Diese und die folgenden Angaben nach Hans Wildberger: Bericht über das Lernvikariat in Osterfingen und Wilchingen. Typoskript vom 4. September 1933, Staatsarchiv Zürich, Signatur T 30.7 (Teil 73).

8 Hedwig Wildberger-Kägi mündlich. Die Einzelheit wird hier erzählt, weil sie zeigt, dass das Leben in einer kleinen Landgemeinde für eine junge Pfarrfamilie damals gelegentlich Schwierigkeiten mit sich bringen konnte.

Hof des Pfarrhauses in Wilchingen mit Ziehbrunnen (Foto Hannes Wildberger)

regelmässig Gottesdienste auch in Wilchingen (noch nicht in Trasadingen). Er übernahm neun Beerdigungen, hielt alle zwei Wochen die Kinderlehre, erteilte den Präparandenunterricht und jede Woche die Sonntagsschulvorbereitung. Auch machte er Kranken- und Hausbesuche.

In seinem Vikariatsbericht unterstreicht er, dass er – in einem Zeitalter ohne Radio und Fernsehen – Zeit zur wissenschaftlichen Weiterbildung hatte. Zusammen mit Kollegen las er Plato («Parmenides» und «Sophistes») in der Ursprache. Den zweiten Band von Calvins «Institutio» – die Christologie – arbeitete er selbstständig durch,[9] ebenso den Psalmenkommentar des Alttestamentlers Hermann Gunkel (1862–1932), den ihm seine angehenden Schwiegereltern zur Verlobung geschenkt hatten.[10] Von der form- bzw. gattungsgeschichtlichen Betrachtungsweise der Bibel war er fasziniert. Weiter betont er, dass er sich «mit der Literatur des Oxfordgrup-

9 In seinem Nachlass findet sich ein Typoskript mit einer eigenen Übersetzung von Abschnitten aus der «Institutio» Calvins vom Lateinischen ins Deutsche sowie ein anderes über Augustins Trinitätslehre. F.

10 Hermann Gunkel: Die Psalmen übersetzt und erklärt. 4. Auflage. Göttingen 1926. (Göttinger Handkommentar zum Alten Testament; Abt. 2, Bd. 2.) Hier findet sich vorn die handschriftliche Bemerkung: «H. Wildberger, Juni 1933, angeschafft aus dem Verlobungsgeschenk der Eltern Kägi.» F.

penbewegung bekannt gemacht» habe.[11] Auch – so immer noch der Vikariatsbericht – «mit schöner Literatur» habe er sich beschäftigen können.

Am 31. Oktober/1. November 1933 fand die praktische Prüfung statt. Wildberger erlangte die Wahlfähigkeit. Am folgenden Sonntag, dem 5. November 1933, wurde er nachmittags in Neunkirch ordiniert. Er predigte über 1Kor 4,1–2: «Dafür halte uns jedermann: für Christi Diener und Haushalter über Gottes Geheimnisse. Nun sucht man nicht mehr an den Haushaltern, denn dass sie treu erfunden werden.»[12] Er möchte ja wirklich, führte er aus, «ein heutiger Mensch sein und zu heutigen Menschen reden». Er wisse, dass es eine gewagte Sache sei, in diesen Dienst zu treten. «Wer weiss, wie lange wir noch eine Kirche haben, in der wir dieses Amt unangefochten tun dürfen! Am allerwenigsten hat heute die christliche Kirche Ursache zu triumphieren.» Der Pfarrer von heute sei oft ein einsamer Mensch, das erschwere ihm seine Lage ungeheuer. «Denn man kann nicht für sich allein ein Glaubender und noch weniger ein treuer Diener Christi im besondern Sinne sein. Es braucht eine Gemeinde hinter ihm [...].»[13] Es waren dies eindrückliche Erwägungen eines jungen Theologen. – Noch im November 1933 bezog er das Pfarrhaus von Wilchingen, ein burgartiges Anwesen hoch über dem Dorf oberhalb des Rebbergs neben der Kirche.

Am Sonntag, dem 12. November 1933, wurde Wildberger in Wilchingen in einem feierlichen Gottesdienst installiert. Ein Chor wirkte mit. Am Sonntag, dem 26. November, wurde die Einsetzung auch in Trasadingen vollzogen. «Die stimmungsvolle, von kundiger Hand geschmückte Kirche war fast bis auf den letzten Platz besetzt, und unsere Bürgermusik liess es sich nicht nehmen, mit zwei Chorälen mitzuwirken, so dass sich der ganze Anlass zu einer kleinen Feier gestaltete.»[14] Der selbst gewählte Predigttext war Phil 3,12–14: «Nicht, dass ich's schon ergriffen habe oder schon vollkommen sei; ich jage ihm aber nach, ob ich's auch ergreifen möchte, nachdem ich von Christo Jesu ergriffen bin. Meine Brüder, ich schätze mich selbst noch nicht, dass ich's ergriffen habe. Eines aber sage ich: Ich vergesse, was dahinten ist, und strecke mich zu dem, was da vorne ist, und jage nach dem vorgesteckten Ziel, nach dem Kleinod, welches vorhält

11 Eine Rolle spielte hier sein Lehrer Emil Brunner (vgl. oben S. 27f.) sowie die Tatsache, dass Hedwig Kägi im Sommer 1933 an Veranstaltungen der Oxfordgruppenbewegung teilnahm, was sie seelisch in Unruhe versetzte. (Gemäss verschiedenen Briefen Hedwig Kägis an Hans Wildberger. F.) Wildberger konnte sich nicht wirklich dafür begeistern. In einem Brief an seine Braut schrieb er von Brunners «Dämonie», lange habe er sich davor gefürchtet. (Hans Wildberger an Hewig Kägi am 28. November 1933. F.)

12 Lutherbibel von 1912.

13 Ordinationspredigt am 5. November 1933. F.

14 Zeitungsausschnitt (Herkunft nicht eruierbar) über den Gottesdienst in Trasadingen. F.

die himmlische Berufung Gottes in Christo Jesu.»[15] Die programmatische Predigt ist nicht nur charakteristisch für den jungen, bereits aber auffallend selbstbewussten Theologen Wildberger selbst, sondern zugleich ein Zeitdokument. So hörte sich eine Predigt im Umfeld der Dialektischen Theologie an; sie war eine für einen knapp vierundzwanzigjährigen Menschen erstaunlich nachdenkliche und reife Leistung:

Beeindruckend ist, dass Wildberger den Dienst des Pfarrers gegen den Schluss der Predigt im besten Fall als einen «Wegweiserdienst» bezeichnete. Der Wegweiser könne nur weisen, wo ein Ziel gegeben sei, und könne nie auf sich selber zeigen. Denn er selber stehe ja nie am Ziel. Dieses Bild erinnert an Karl Barths häufige Erwähnung des übergrossen Zeigefingers Johannes des Täufers auf dem Isenheimer Altar.[16] In jugendlichem Überschwang mag Wildberger den Mund etwas zu voll genommen haben, wenn er der Gemeinde versprach, immer Zeit für sie zu haben. Wichtiger war die Reflexion über die Grenzen des Pfarrers: Er halte sich kaum für fähig, das Pfarramt zu verwalten, und sehe sich als «Anfänger im Glauben». Er betonte, dass alles, was er auf der Kanzel sage, zuerst auch an ihn selber gerichtet sei. «Ihr solltet eben nie das Gefühl haben, als rede da euer Pfarrer von oben herab.» Als Pfarrer müsse er seine Person ganz in den Hintergrund stellen, «dass nur Gott reden kann». Das Evangelium sei keine Sache für Leute, die es bequem haben wollten. «Es könnte für gemütliche Leute auch einmal höchst ungemütlich werden.» Nachdrücklich wies er darauf hin, dass Enttäuschungen auf Seiten des Pfarrers und auf Seiten der Gemeinde unvermeidbar seien. «Wenn einmal etwas schief geht, und das wird ja nicht ausbleiben, dann wollen wir uns immer wieder sagen, dass es ja nicht daran hängt, was wir da leisten [...].» Die Predigt schliesst mit einer beharrlichen Zuversicht: Trotz «all dem Bangen und all der Schwäche» wage er getrost und freudig, das Pfarramt zu übernehmen – im Wissen darum, dass wir ja von Christus bereits ergriffen worden seien.

Seine Braut beschäftigte sich indessen intensiv mit den Hochzeitsvorbereitungen. Möbel und Vorhänge wurden ausgewählt, als besonderes Prunkstück ein grosses Mahagoniklavier (fast so klangvoll wie ein Flügel). Eine wichtige Anschaffung war der Tafelservice aus englischem Steinzeug, bedruckt mit hellblauen Landschaften in holländisch-chinesischem Stil (Royal Dalton). 24 grosse Essteller gehörten dazu (heute noch erhalten), damit man – wie der Schwiegervater befand – die Konfirmanden zum Essen einladen könne. Ein Wunschzettel wurde verschickt. Die Hochzeit fand am 25. Januar 1934 in Wilchingen statt.

Bereits Ende 1934 wurde die älteste Tochter Veronika geboren.

---

15 Lutherbibel von 1912.

16 Vgl. z. B. Karl Barth: Die Kirchliche Dogmatik I/1, Zollikon-Zürich, 7. Auflage, 1955, S. 115. (Erstauflage 1932.)

Hochzeitsfoto (Familienarchiv)

Aus der Wilchinger Zeit (November 1933 bis Ende Februar 1939) sind wenige Einzelheiten überliefert. Wenn man die Protokolle des «Kirchenstandes»[17] durchgeht, wird deutlich, dass sich der junge Pfarrer und die Gemeinde – jedenfalls von aussen gesehen – gut vertrugen. Es ging recht nüchtern her und zu. Auf der Traktandenliste figurieren meistens Kleinigkeiten. In finanziellen Fragen war man kleinkariert. Der Frau des Pfarrers wurde erlaubt, in der Kirche an der Orgel zu üben – gegen eine jährliche Entschädigung von zehn Franken! Die Gemeinde übernahm aber die Kosten für die Reinigung des Unterrichtszimmers im Pfarrhaus, wofür vorher die Pfarrfamilie zuständig gewesen war. Die politischen Behörden wurden offiziell ersucht, dem Pfarrer Neuzuzüger mitzuteilen, denen man dann ein Begrüssungsschreiben zustellte. Persönliches wurde kaum diskutiert, nicht einmal die Vermählung des Pfarrers im Januar 1934. Es wird kein Hochzeitsgeschenk erwähnt. Allerdings: Als Wildberger am 1. November 1938 mitteilte, dass er nach Luzern berufen worden sei und Wilchingen Ende Februar 1939 verlassen werde, nahm der Kirchenstand es «zu sei-

17 «Kirchenstand» ist die Schaffhauser Bezeichnung für den Kirchgemeinderat. Die Protokolle befinden sich heute im Archiv der politischen Gemeinde Wilchingen. Der Autor dankt Alfred Hedinger, Wilchingen, für die Ermöglichung des Zugangs zu diesem Archiv am 3. Juli 2013.

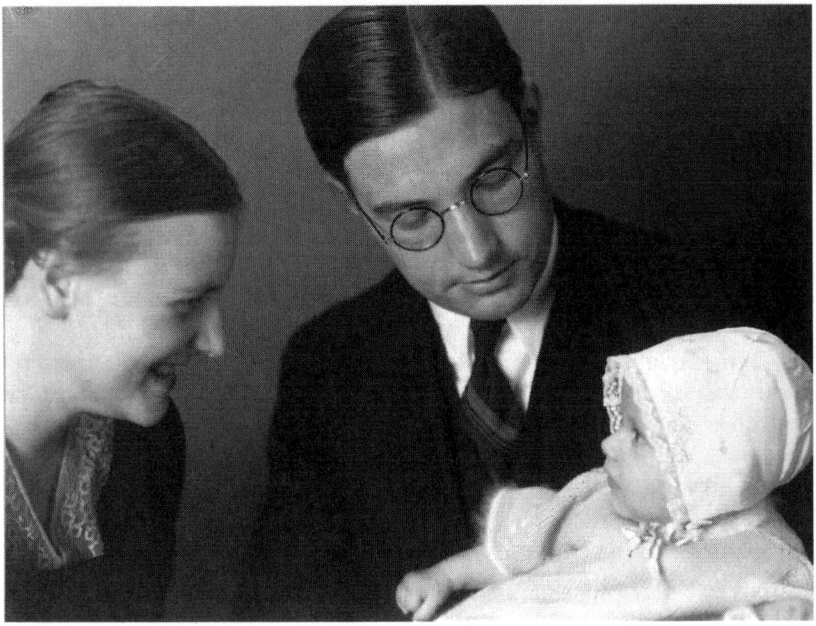

Hedwig und Hans Wildberger mit Veronika, geb. am 30. Dezember 1934 (Familienarchiv)

nem grossen Leidwesen» zur Kenntnis. An der Sitzung vom 17. Februar 1939 dankten der Präsident sowie ein weiteres Mitglied «dem Scheidenden [...] für seine Hingabe und Treue, für die Arbeit an der Jugend und an allen Kirchgenossen durch Predigt und Seelsorge». – In den ersten Amtsjahren erteilte Wildberger auch Lateinunterricht an der Realschule. Und im November 1936 wurde er mit 192 von 202 Stimmen als Schulpräsident gewählt.[18] – Als 1941 in Luzern sein jüngstes Kind, der Sohn Hannes, geboren wurde, gratulierten verschiedene ehemalige Gemeindeglieder aus Wilchingen und Trasadingen herzlich. Sogar ein Korb mit Bohnen wurde geschickt. In Wilchingen hatte man die Wildbergers nicht vergessen.

Über seine Predigttätigkeit in Wilchingen kann man sich gut informieren. Offensichtlich sah er selbst im Predigen das Wichtigste an seinem Beruf (was bereits seine Antrittspredigt[19] zeigt). Oft musste er an einem Wochenende mehr als einen Gottesdienst halten, in Wilchingen und Trasadingen und gelegentlich in einer der Nachbargemeinden. An hohen Feiertagen fand nicht nur am Vormittag, sondern auch am Nachmittag ein Gottesdienst statt (am Morgen mit Abendmahl). Wildberger investierte

18 Brief der Gemeindekanzlei Wilchingen vom 16. November 1936. F.

19 Vgl. oben S. 36f.

viel Zeit und Kraft in die Vorbereitung, die zugleich seiner persönlichen theologischen Weiterbildung diente. Während all der Jahre, in denen er predigte (auch noch als Professor in Zürich), ging er technisch immer gleich vor: Er schrieb den Text mit Schreibmaschine auf halbe A4-Seiten (sehr wahrscheinlich nach einem nicht mehr erhaltenen handschriftlichen Entwurf). Auf der Rückseite notierte er sich die wichtigsten Stichwörter, um die Predigt dann mehr oder weniger frei zu halten. (Gemäss der Erinnerung seiner Kinder pflegte er am Sonntagmorgen um 6 Uhr die Predigt laut zu memorieren.) Auch der liturgische Ablauf wurde festgehalten, besonders die Lieder. Ab 1936 sind diese Predigten fast lückenlos erhalten. Sie geben einerseits Einblick in den Stil der Verkündigung im Einflussbereich der Dialektischen Theologie. Aber auch von Wildbergers Persönlichkeit und von seiner geistigen Welt vermitteln sie einen Eindruck. Jahre später brachte er diesen Sachverhalt auf den Punkt: «Jede Predigt will ja errungen sein, und jede gute Predigt ist immer ein Bekenntnis, eine Preisgabe des eigenen Inneren!»[20]

In der Auswahl der Predigttexte ging er unterschiedlich vor. Vor allem an den kirchlichen Feiertagen wählte er die traditionellen Perikopen, etwa an Weihnachten Lk 2 oder Joh 1,14: «Und das Wort ward Fleisch und wohnte unter uns […].»[21] Oft sind die Texte kurz, gewissermassen Merksätze oder Sentenzen, am Erntedankgottesdienst 1937 Ps 67,7–8: «Das Land gibt sein Gewächs. Es segne uns Gott, unser Gott. Es segne uns Gott, und alle Welt fürchte ihn!»[22] In diesem Fall entstand so eine Themapredigt.

In andern Fällen hielt er sich an den klassisch reformierten Brauch (seit Zwingli und Calvin) der *lectio continua*, d. h., dass ein biblisches Buch fortlaufend ausgelegt wird. Im Jahr 1937 ging es – wenn auch nicht lückenlos – um den Römerbrief des Apostels Paulus. Wildberger hielt mindestens 22 Predigten über diesen Brief, besonders über die wichtigsten Abschnitte aus Röm 1–8 sowie – als Ouvertüre – über Röm 11,33: «O welch eine Tiefe des Reichtums, beides, der Weisheit und Erkenntnis Gottes! […].»[23] Einige Schlüsselsätze in dieser Predigt lauten so: «Gott bleibt immer grösser als wir. […] Je mehr wir […] in Gott eindringen, desto grösser und unergründlicher und geheimnisvoller wird er uns. Desto mehr merken wir, dass wir gleichsam nur einen Zipfel seines Gewandes erhascht haben. […] Gott ist nur dann Gott, wenn er unbegreifbar ist.»[24] – 1938 folgte eine Predigtserie über Texte aus dem Lukasevangelium.

20 Briefentwurf an Pfarrer Bernhard Frischknecht vom 26. Januar 1986. F.
21 Lutherbibel von 1912.
22 Lutherbibel von 1912.
23 Lutherbibel von 1912.
24 Predigt vom 23. Mai 1937. F.

Wie bereits angedeutet, stehen viele Predigten im Bann der Dialektischen Theologie (und des religiösen Sozialismus). Bereits in seiner Antrittspredigt hatte Wildberger angekündigt, dass es manchmal «ungemütlich» werden könnte.[25] Er mutete seiner Gemeinde (und sich selbst) oft viel (wenn nicht sogar zu viel) zu. «O, nein, Gott ist ein heiliger Gott. Und darum muss er zürnen mit uns Menschen, wie könnte es anders sein!», sagte er am 30. Mai 1937, fügte dann aber hinzu: «Auch in diesem Zorn ist göttliche Liebe.»[26] «Barthianisch» tönt es in der bereits erwähnten Predigt über Röm 11,33: «Dieser Gott, der sich uns da offenbart, bleibt uns immer der schlechthin Überlegene. Je näher wir ihm tatsächlich kommen, desto grösser, gewaltiger, geheimnisvoller, tiefer und reicher wird uns dieser Gott.» – «Ein erforschbarer Gott ist kein Gott.»[27]

Inhaltlich fällt auf, dass Wildberger relativ selten in einer Predigt Anleihen bei der historisch-kritischen Exegese machte. Am 12. September 1937 erlaubte er sich eine Ausnahme: Im Zusammenhang mit der Adam-Christus-Typologie in Röm 5 liess er den zukünftigen Alttestamentler aus dem Sack: «Historisch genommen» sei «Adam eine fragliche Figur». Die Adamsgeschichte in Gen 2 und 3 sei ein Versuch, die Anfänge der Menschheit darzulegen, und dürfe nicht an der heutigen Wissenschaft gemessen werden. Adam heisse auf Deutsch ganz schlicht Mensch. Adam sei das Urbild des Menschen überhaupt. Was an dieser Gestalt gezeigt werde, gelte für den Menschen allgemein. «Er hat die Freiheit verloren, er ist aus dem Paradies vertrieben, er steht unter dem Zorn Gottes und hat den Fluch der Sünde zu tragen. Was wir sind, das sehen wir an der Gestalt Adams, er ist der Typus des jetzigen Menschen, wie Christus das Urbild des erlösten Menschen ist.»[28] – Grundsätzlich prägte Wildberger seiner Gemeinde immer wieder ein, dass es darum gehe, wirklich auf das Wort der Bibel zu hören und nicht unsere eigenen Gedanken in sie hineinzutragen.[29]

Anspielungen auf Aktuelles bilden eher eine Ausnahme. Wildberger teilte offenbar die Meinung Karl Barths, es sei nicht nötig, immer à jour sein zu wollen und Bezug auf das Allerneuste und Sensationellste zu nehmen. Man müsse nicht voraussetzen, «dass die Gemeinde (besonders wenn es eine Landgemeinde ist) so weltfremd und lebensfern» sei, dass sie die Nöte der Gegenwart nicht kenne. «Sie kennt das Leben ganz genau und braucht wirklich keine Orientierung durch den Pfarrer.»[30]

---

25 Vgl. oben S. 37.

26 Predigt vom 30. Mai 1937. F.

27 Predigt vom 23. Mai 1937. F. Vgl. oben.

28 Predigt vom 12. September 1937. F.

29 Predigt vom 18. Juli 1937. F.

30 Karl Barth: Homiletik. Wesen und Vorbereitung der Predigt. Zürich 1970, S. 97f. (Es handelt sich um eine Vorlesung, die Barth 1932/33 in Bonn hielt.)

Mehrfach spielte Wildberger aber auf den Spanischen Bürgerkrieg an, der ihn offenbar stark bewegte und den er – theologisch reichlich kühn – als «Zorngericht Gottes» titulierte.[31] Am 1. August 1937 sagte er: «Wie war in Spanien auf einmal der Bürgerkrieg da. Und nun wütet er schon seit mehr als einem Jahr, und noch ist kein Ende abzusehen. […] Das heutige Spanien zeigt uns, wie es auch bei uns kommen könnte, was für Katastrophen auch über unser Land dahinbrausen könnten.»[32] Es ist dies eine charakteristische Denkfigur: Das Ereignis in der Ferne soll uns in der Nähe warnen. Wir sollen es auf uns selbst beziehen.

Im Herbst 1938 spricht der Prediger vom Münchner Abkommen vom 29./30. September dieses Jahres zwischen Chamberlain, Daladier, Mussolini und Hitler, das die Tschechoslowakei zertrümmerte. Wenn man habe «mitansehen müssen, wie ein Staat einfach gegen seinen Willen zerstückelt worden» sei, «ohne auch nur mitsprechen zu können», dann sei «so ein Friedensschluss […] wahrhaftig ein schlechter Trost».[33] Er erwähnt die Unterdrückung des Christentums in der Sowjetunion und im Dritten Reich und den Kampf der Bekennenden Kirche. Ein bekanntes Schlagwort im heutigen Deutschland sei: «Recht ist, was mir selber nützt […].»[34] Im heutigen Russland habe man versucht, alles gleich zu machen, und im heutigen Deutschland versuche man, alles, sogar das Denken der Menschen, gleichzuschalten.[35]

Befremdend ist, wie Wildberger mit der Verfolgung der Juden in Deutschland umging (womit er sich damals allerdings in «guter» Gesellschaft befand, da die meisten damaligen Pfarrer dieselbe Ansicht vertraten).[36] Vom «Schicksal des jüdischen Volkes» sagte er am 12. Februar 1939 (drei Monate nach der sogenannten Reichskristallnacht vom 9./10. November 1938), «bis auf den heutigen Tag» sei es «ein einzigartiger Beweis dafür, dass, wer auf diesen Stein [den Eckstein Jesus][37] fällt, der wird zerschellen, und auf wen er fällt, den wird er zermalmen». «Sie haben

31 Predigt vom 3. Mai 1937. F. Der Spanische Bürgerkrieg dauerte von 17. Juli 1936 bis zum 1. April 1939.

32 Predigt vom 1. August 1937. F.

33 Predigt vom 1. Advent (27. November) 1938. F.

34 Predigt vom 6. Juni 1937. F.

35 Predigt vom 11. Juli 1937. F.

36 Man vergleiche u. a. den auch von Karl Barth und Emil Brunner mitunterzeichneten «Weihnachtsbrief an die Juden in der Schweiz» von 1942 mit den bekannten Sätzen: «Wehe der Christenheit, wenn sie sich vom heidnischen Denken ins Schlepptau des Antisemitismus einfangen liesse! Wehe der Judenschaft, wenn sie sich jetzt im Widerstand gegen Christus versteifen würde!» Nach: Peter Aerne: «Wehe der Christenheit …, Wehe der Judenschaft ….» Der Weihnachtsbrief an die Juden in der Schweiz von 1942 (Teil I), in: Judaica, Beiträge zum Verstehen des Judentums, 58. Jahrgang, Heft 4, Dezember 2002, S. 235.

37 Vgl. Mt 21,42 und Parallelstellen.

den Sohn getötet. Aber sie haben nicht mit Gott gerechnet, der ihn auferweckt und ihm einen Namen gegeben hat, der über alle Namen[38] ist.»[39] Aus heutiger Sicht ist diese Geschichtsdeutung nicht haltbar.[40]

Allerdings fügt Wildberger sogleich hinzu – und darauf kommt es ihm in erster Linie an:

> «Aber gerade, weil wir am Schicksal der Juden so deutlich sehen, wie sich Jesu Wort erfüllt, haben wir allen Grund, zu erschrecken im Gedanken an uns selber. Wenn jene an diesem Eckstein zerschellen, wird es dann der Christenheit so viel besser gehen können? An Jesus Christus werden doch alle widergöttlichen Mächte zerschellen. Wenn es sich dort so klar zeigt, dass ein Fluch auf denen liegt, die ihn verworfen haben, liegt dann nicht derselbe Fluch auch auf uns, wenn wir ihn verwerfen? Dass doch die heutige Christenheit verstehen könnte, dass die sogenannte Judenfrage eine sehr ernste Frage ist an die Christenheit: Wie stehst du zu Jesus Christus? […] Lieber Mitchrist, wie kannst du heute der Katastrophe, die über das jüdische Volk gekommen ist, zusehen, ohne mit Beben dessen gedenken zu müssen, dass dasselbe Gericht auch uns treffen muss, wenn wir uns von ihm, der der Sohn ist, trennen?»

Die Behauptung, dass ein Fluch auf den Juden laste, hinderte Wildberger nicht daran, sich für jüdische Flüchtlinge zu verwenden. An Christi Himmelfahrt 1936 empfahl er – als dies noch keineswegs selbstverständlich war[41] – eine Kollekte für die Flüchtlingshilfe.[42]

Im Spätherbst 1938 litt Wilchingen unter der Maul- und Klauenseuche. Ganze Ställe waren leer, weil das Vieh eingegangen oder notgeschlachtet worden war. Andere Bauernhöfe standen unter Quarantäne. Ein grosser Teil des öffentlichen Lebens war eingestellt worden (auch der Missionsverein konnte nicht zusammenkommen). Die Schulkinder mussten zu Hause bleiben. Einzig die Sonntagsgottesdienste wurden abgehalten. Am 20. November 1938 hielt der junge Pfarrer eigens eine – wie er sie selbst überschrieb – «Seuchenpredigt».

In dieser Predigt geht Wildberger auf die Nöte in der Gemeinde ein. Ausführlich beschreibt er, was geschehen ist. Er spricht vom «Bild des Jammers, der heute über unserm Dorf ist».[43] Er drückt sein Mitgefühl mit den betroffenen Bauern aus, aber auch mit den Tieren. Diese seien «eben doch auch Lebewesen […], die empfinden». Es sei «gewiss nur in der Ordnung,

38 Vgl. Phil 2,9.

39 Predigt vom 12. Februar 1939. F. Hier auch die folgenden Zitate.

40 Vgl. unten S. 55.

41 Vgl. Marianne Jehle-Wildberger: Das Gewissen sprechen lassen. Die Haltung der Evangelisch-reformierten Kirche des Kantons St. Gallen zum Kirchenkampf, zur Flüchtlingsnot und zur Flüchtlingspolitik 1933–1945. Zürich 2001, passim.

42 Predigt an Auffahrt 1936. F.

43 «Seuchenpredigt» am 20. November 1938. F. Hier auch die folgenden Zitate.

dass wir in den Tieren unsere Mitgeschöpfe sehen». Darum sei der Verlust, den die Seuche verursacht, nicht bloss mit Zahlen zu bewerten.

Wildberger fordert «Volksverbundenheit» bzw. Solidarität, wie sie ja auch den Arbeitlosen gegenüber spielen müsse. Von grösster Wichtigkeit sei es nun aber, «dass wir dieses schwere Unglück, das uns betroffen hat, so sehen und so tragen, wie es sich für einen Christenmenschen geziemt». Und hier zitiert er als eigentlichen Predigttext Apg 21,14b: «Des Herrn Wille geschehe.»[44] Auf dem Hintergrund dieses Wortes suchte er nach tröstlichen Gedanken. Zunächst: «Es sind [glücklicherweise] keine Menschenleben, die auf dem Spiel stehen [...].» Und es «könnte ja wohl sein, dass wir gerade an diesem Beispiel wieder einmal zu lernen haben, dass irdische Güter vergänglich sind und es gefährlich ist, an sie sein Herz zu hängen». «Die Menschheit ist zum Sklaven des Besitzes geworden, statt dass sie Herr ist über den Besitz.»

Weiter sagte Wildberger, es habe «gewiss keinen Wert, dass wir uns die Dinge noch schwerer machen, als sie ohnehin schon sind. Und dass wir sie uns durch das Geschwätz, die Angst, das Misstrauen [und] gegenseitige Verdächtigungen schlimmer gemacht haben, daran kann kein Zweifel sein.» Man könne «nur wünschen, dass es doch auch unter uns Männer und Frauen gibt, die imstande sind, [...] ihre Ruhe zu bewahren und mit aller stillen Besonnenheit, die nicht viele Worte macht, anderen Menschen zu zeigen, was es heisst, als Christenmensch» mit dem Unglück umzugehen, im Wissen darum, dass alles aus Gottes «väterlicher Hand uns zukommt».

Die Predigt wirkt glaubwürdig und sympathisch, weil man die tiefe Verbundenheit des Seelsorgers mit seiner Gemeinde spürt. Er spricht von «uns» und nicht von «euch». Und doch lehnte er sich theologisch weit aus dem Fenster: Im Schlussteil der ungewöhnlich langen Predigt fragt er kühn nach Gottes Absicht. Gott habe «uns wieder einmal ein Stück unserer Selbstsicherheit zerschlagen». «Wir sind wieder einmal gewarnt [...].» «Möchten wir diese Mahnung beherzigen. Es ist eine Mahnung an uns zur Busse und zur Umkehr. Möchte es nun auch wirklich unter uns zur Busse kommen.» Und dann kommt Wildberger zum kritisch zu hinterfragenden Satz, «diese Seuche sei für uns ein Gericht [bzw.] eine Strafe». Er nimmt hier auf, was offenbar im Dorf geredet wurde, fügt allerdings umgehend hinzu: «Das darf natürlich nicht so verstanden werden, als ob nun die, die in persönlicher Weise betroffen worden sind, in besonderer Weise solche Strafe verdient hätten.» Wir alle hätten göttliche Strafe verdient, und wenn wir in diesem Fall nicht davon betroffen worden seien, so könnten wir an einem anderen Punkte betroffen werden.

Die «Seuchenpredigt» schliesst mit den Worten:

44 Lutherbibel von 1912.

«Liebe Mitchristen. Da kann man nur seufzen: Dass wir doch alle den Ernst der Sprache verstünden, die jetzt Gott zu uns redet. Ich wäre ein schlechter Seelsorger, wenn ich nur beschwichtigen wollte – dass ja alle Dinge zum Besten dienen müssten,[45] dass, was Gott tue, wohlgetan sei;[46] das kann nur der Glaubende aussprechen – und damit den Ernst verdecken wollte, der hinter diesen Ereignissen steht. Gott redet eine zu deutliche Sprache, und die Zeiten sind entscheidungsschwer. Möchte ein jedes unter uns seinem Gott die rechte Antwort geben können.»

Dank der persönlichen Sprache kann man sich vorstellen, dass die Predigt bei manchen in der Gemeinde offene Ohren fand, jedenfalls zur Besinnung anregte. – Erst viele Jahre später fand Wildberger in Auseinandersetzung mit dem biblischen Buch Hiob, wo die Frage nach Gottes Gerechtigkeit aufbricht, die folgende – bescheidenere! – Formulierung: Die Schau des Hiobbuches bleibe «für alle Zeiten bedeutsam als inständige Mahnung, Gott nicht in ein System einfangen zu wollen, sondern in seiner ganz unfasslichen Grösse und Macht und seiner undurchdringlichen Weisheit als Herrn über sich anzuerkennen».[47] Damals – im Jahr 1938 – identifizierte Wildberger innerweltliche Ereignisse zu undifferenziert mit dem Willen Gottes. (Dieselbe Sicht steht auch hinter seinen damaligen Aussagen über das Schicksal der Juden sowie hinter der Bezeichnung des Spanischen Bürgerkriegs als «Zorngericht Gottes».)[48]

Dass Wildberger als Bauernsohn sich gut in die Situation der in der Landwirtschaft Tätigen einfühlen konnte und deshalb auch die richtige Sprache für sie fand (was bereits die eben besprochene «Seuchenpredigt» dokumentiert), kommt in seiner Predigt am Erntedankfest vom 17. Oktober 1937 besonders schön zum Ausdruck – und theologisch weniger problematisch. Man wird sich vorstellen dürfen, dass die Kirche mit Feldfrüchten, Obst, Gemüse (und auch mit Blumen, z. B. Astern) reich geschmückt war. Der Pfarrer dankte den dafür verantwortlichen Bäuerinnen herzlich. Ein Chor wirkte mit zwei Gesangseinlagen mit. Das festliche Eingangswort lautete: «Danket dem HERRN; denn er ist freundlich, und seine Güte währet ewiglich. […] er sättigt die durstige Seele und füllt die hungrige Seele mit Gutem.»[49] Dann sang die Gemeinde das Lied «Lobe den Herren, den mächtigen König der Ehren!»[50] Predigttext war, wie bereits erwähnt,[51] der

45 Vgl. Röm 8,28.

46 Vgl. Lied 684 im Gesangbuch der Evangelisch-reformierten Kirchen der deutschsprachigen Schweiz, Basel und Zürich 1998.

47 «Jahwe und sein Volk», S. 17.

48 Vgl. oben S. 42ff.

49 Ps 107,1 und 9, Lutherbibel von 1912.

50 Lied 242 im Gesangbuch der Evangelisch-reformierten Kirchen der deutschsprachigen Schweiz, Basel und Zürich 1998.

51 Vgl. oben S. 40.

Doppelvers Ps 67,7f.: «Das Land gibt sein Gewächs. Es segne uns Gott, unser Gott. Es segne uns Gott, und alle Welt fürchte ihn!»

Für Wildbergers Verhältnisse ausführlich, beginnt die Predigt mit einem Rückblick auf das sich seinem Ende zuneigende Landwirtschaftsjahr. Die Herbstarbeiten seien bald beendet, «und der Bauer kann zurückblicken auf das vergangene Jahr, um festzustellen, ob es ihm seine Erwartungen erfüllt hat».[52] Es gab einen guten Heuet und prächtiges Erntewetter. Mit einer gewissen Wehmut werde der Bauer «daran denken, wie die Reben auch dieses Jahr wieder ein Sorgenkind gewesen sind und wie das Hagelwetter manche schöne Hoffnung zerstörte». Es werde dabei gehen wie jedes Jahr: «Manche sind zufrieden und manche nicht. Mancher fühlt sich gedrungen, zu danken, und mancher glaubt, Grund zu haben, zu schimpfen.» Wildberger spricht an dieser Stelle der Predigt den Zuhörenden als «lieber Mitchrist» an, womit er mit einem rhetorischen Marker in die religiöse Sphäre hinüberwechselt. Ob man dankbar sei oder nicht, werde «nicht einmal in erster Linie davon abhangen, wie die Ernte dieses Jahr gewesen ist, sondern hängt doch vor allem von unserer inneren Einstellung ab». Auch wenn es eine magere Ernte gewesen wäre, was man doch kaum werde behaupten wollen, hätten wir als christliche Gemeinde das Erntedankfest zu feiern. «Gott hat uns die Bitte ums tägliche Brot erfüllt.»

In der Folge lässt sich der Prediger die Stichworte von seinem Predigttext geben. Es geht um die Dialektik, dass es einerseits die Erde ist, der wir den Ertrag verdanken und damit zu einem guten Teil unserer eigenen Arbeit, anderseits ist die Ernte der Segen Gottes, weshalb wir diesen immer neu darum bitten müssen.

> Einerseits: «[Der] Ertrag des Landes fällt [...] keinem in den Schoss. [...] Wenn ein Bauer im Herbst einen schönen Ertrag einheimsen kann, dann ist das [...] wirklich nicht unabhängig von treuer, unverdrossener Arbeit durch manche saure Wochen hindurch. Es wäre ja töricht und auch ungerecht, das nicht anzuerkennen.»
> Anderseits – und das ist die Perspektive des christlichen Glaubens und deshalb nicht selbstverständlich: Es ist Gott – «unser Gott» –, von dem der Segen ausgeht. Nicht alle spüren dies, weil es eine Glaubensaussage ist. Denn erst im Glauben «sind uns die Augen geöffnet, um die Güte Gottes schauen zu können».
> «Es gibt Leute, die sind farbenblind und können dann eben die schönsten Farbenzusammenstellungen nicht recht geniessen. Es gibt Leute, die haben kein Verständnis für Musik und müssen sich langweilen, wenn sie das schönste Konzert besuchen. Aber das liegt dann nicht an den Farben und nicht an der Musik, sondern immer an den Menschen selber. Und so gibt es glaubenslose Leute, und die sehen dann nichts von Segen und Güte Gottes, sondern nur den Ertrag ihres Ackers und ihrer Arbeit.»

52 Predigt zum Erntedankfest 1937, wohl am 17. (allenfalls am 24.) Oktober 1937. F. Hier auch die folgenden Zitate.

Nachdem der Prediger seiner Gemeinde die Liebe Gottes und seine Güte vor die Augen gemalt hat, gibt er seinen Ausführungen eine Wende: Fromme Reden seien nicht ausreichend.

> «[…] es genügt nicht, dass wir am Erntedankfest teilgenommen haben. Ob wir wirklich wissen, dass es ein Segen ist, das wird sich […] zeigen an der Art und Weise, wie wir mit diesem Ertrag des Ackers umgehen. Man kann sehr schön vom Segen reden und an mehr als einem Erntedankfest teilgenommen haben und dann doch durch sein Verhalten beweisen, dass man keineswegs etwas davon weiss, dass es sich nicht um den Lohn für seine Arbeit handelt, sondern um göttliche Gabe. Wie geizig können dann manchmal doch gerade diejenigen sein, die am meisten vom Segen reden. Oder wie versessen sind dann manchmal gerade diese Leute darauf, aus ihren Produkten einen Preis zu schlagen, der der gelieferten Qualität nicht entspricht. Wie zugeknöpft kann man dann sein, wenn man andern Anteil an diesem Segen geben soll.»

An dieser Stelle äussert sich eines der zentralsten theologischen Anliegen Wildbergers (besonders in seinen Anfangsjahren, aber in einem gewissen Sinn auch noch in seinem Jesajakommentar): Der echte Glaube hat praktische Konsequenzen. Mit Dietrich Bonhoeffer, der in jenen Jahren ähnlich dachte: «Nur der Gehorsame glaubt.»[53] Um auf diesen Aspekt hinzuweisen – so Wildberger –, ende der kurze Bibeltext, der der Predigt zu Grunde gelegt ist: «Und alle Welt fürchte ihn!» Wildberger kommentiert den Halbvers: «Nur dann also kannst du Gott recht Dank sagen für den Segen der Ernte, wenn du dich durch ihn zur Gottesfurcht leiten lässest.» Gott fürchten bedeute hier nicht: «Angst haben vor Gott.» Denn: «Wie könnte man Angst haben vor dem Gott, der so sichtbar segnet! Unbedingte Ehrfurcht vor dem Herrn der Schöpfung, der so reich und gütig ist, ist da gemeint. Wo Ehrfurcht ist, da muss ja gewiss auch Gehorsam sein. Und wo Ehrfurcht vor Gott ist, da ist auch Ehrfurcht vor seinen Gaben.» «Erntdankfest feiern verpflichtet.» Es gilt, an andere zu denken, denen es weniger gut geht, und vom Empfangenen einen Teil an andere zu verschenken. – Es war dies eine der gelungensten Predigten des damals knapp 28-Jährigen. Seine Theologie verschränkte sich hier in glücklicher Weise mit den Erfahrungen seiner Kindheit in einer Bauernfamilie im Klettgau.

Wildberger war ein überaus ernsthafter junger Pfarrer. Er reagierte mit grosser Sensibilität auf die damalige besorgniserweckende Weltsituation. Dass der Begriff Evangelium wörtlich übersetzt Frohbotschaft heisst, ist in seinen Predigten zwar nicht abwesend, bildet jedoch nicht den Mittelpunkt. (Bis zu einem gewissen Grad bewegte er sich hier im Zeitstil, man vergleiche Predigten im Umfeld Dietrich Bonhoeffers sowie solche Emil

53 Dietrich Bonhoeffer, Nachfolge. Herausgegeben von Martin Kuske und Ilse Tödt. (Gesamtausgabe 4) München 1989, S. 36. «Nachfolge» erschien zuerst 1937.

Brunners.)[54] Er wollte in seiner Gemeinde etwas bewegen und bewirken. Offensichtlich litt er darunter, dass von den Früchten seiner Verkündigung wenig in Erscheinung trat. Im Mai 1936 sprach er vom «Bankrott des Christentums».[55] An Pfingsten 1937 hörte man: «Und wie sollten wir uns da etwa nicht betroffen fühlen, wenn wir an unsere tote Kirche denken, an ihre gewaltigen Versäumnisse, aber auch an die Engherzigkeit und den pharisäerhaften Stolz so vieler christlicher Kreise? Aber auch an die geistliche Öde, ja die geistlichen Wüsten in unserem eigenen Leben?»[56] Einige Wochen später spricht Wildberger von der «praktischen Gottlosigkeit [...] auch mitten in den christlichen Kirchen».[57] Noch später heisst es, «das Elend, die Armut und tiefe Not unserer Kirche» bestehe darin, dass sie die Taufe zu wenig ernst nehme. Die «grosse Mehrheit unserer Kirchenchristen scheint das vergessen zu haben».[58]

Laut einem Brief des damals in Oberhallau als Pfarrer tätigen Neutestamentlers Werner Bieder (1911–1999) hatte Wildberger an der Sommersynode von 1938 ausgesprochen kirchenkritische Gedanken vorgetragen. Bieder fand diese überzogen.[59] Wildberger liess sich jedoch wenig beirren. Zwar wolle er die Kirche nicht verlassen und so etwas wie eine Bekenntniskirche gründen, antwortete er dem Kollegen. Er habe aber «den Eindruck, dass unsere Arbeit ungeheuer dadurch belastet» sei, «dass wir Volkskirche sein sollen und wollen». Es scheine ihm «fraglich zu sein, ob es nicht überhaupt ein Irrweg war, dass die Kirche Volkskirche geworden» sei. Wo

54 Siehe z. B.: Die Finkenwalder Rundbriefe. Briefe und Texte von Dietrich Bonhoeffer und seinen Predigerseminaristen 1935–1946. Gesammelt von Eberhard Bethge. Zum Druck vorbereitet durch Otto Berendts. Herausgegeben von Ilse Tödt. Gütersloh 2013. – Zu Brunner vgl. Uwe Lüdemann: Denken – Glauben – Predigen. Eine kritische Auseinandersetzung mit Emil Brunners Lehre vom Menschen im Widerspruch. Frankfurt am Main und andere Orte 1998. Lüdemann hat zahlreiche Predigten Brunners aus den Dreissigerjahren transkribiert. Hier auf S. 423 eine charakteristische Passage aus Brunners Predigt vom 3. Februar 1935: «Gott aber duldet keine Schmarotzer, keine blossen Mitläufer. Es ist nicht beides zusammen möglich: Gott das Herz geben und doch der alte Mensch bleiben, Gottes Liebe empfangen und doch lieblos bleiben. Gerade das ist das Unmögliche, gerade wie Feuer und Wasser nicht zusammenbleiben kann. Entweder das Feuer erlischt oder das Wasser verdampft. Entweder geht die Gottesgemeinschaft verloren, oder es muss der alte Mensch in der Gottesgemeinschaft ein neuer werden, sich von Gott umbilden lassen. Wer in die neue Form des Gottesreichslebens hinein will, der muss sich umschmelzen lassen: die alte Form passt nicht hinein. Wer nicht will sich umschmelzen lassen, der muss wieder hinaus. Ganz hinaus. Er hat mit Gott frevles Spiel getrieben. Über diesen bricht Gott den Stab – es sei denn, dass er sich doch noch umschmelzen, umformen lasse.»

55 Predigt vom 17. Mai 1936. F.

56 Predigt an Pfingsten 1937. F.

57 Predigt vom 30. Juni 1937. F.

58 Predigt vom 26. September 1937. F.

59 Werner Bieder an Hans Wildberger am 8. Juli 1938. F.

das Wort nicht auf eine bekennende Gemeinde treffe, gebe es «nur zwei Möglichkeiten: Entweder wird das Wort wirkungslos, weil unglaubwürdig, oder der Prediger unterliegt der Gefahr, sich seiner jeweiligen Zuhörerschaft anzupassen». «Warum hört die heutige Welt nicht auf das Wort der Kirche? Wie soll die Welt das Wort der Kirche hören, wenn diese Kirche nicht selber sich zunächst unter dieses Wort stellt? Unser Wort wird doch einfach nicht ernst genommen, so gut wie z. B. die Taufe einfach nicht ernst genommen wird, solange wir ohne Unterschied alles taufen, was geboren wird. Wenn die Kirche das tut, und solange sie es tut, muss sie sich dann wundern, wenn die Taufe zu einem blossen Brauch wird? Da nützen alle noch so guten Vorträge und Predigten über die Taufe nicht viel.»[60] Es gehe nicht nur um die Rechtfertigung, sondern auch um die Heiligung. «Gerechtfertigt sein» heisse «nicht bloss der Sünde gestorben sein, sondern nun eben auch mit Christus leben». – «Ich wollte, ich wäre ein scharfsinnigerer Theologe und könnte es noch deutlicher sagen.»[61]

«Seid aber Täter des Worts und nicht Hörer allein»,[62] zitierte er in einer weiteren Predigt den Jakobusbrief. «Für einen Christen ist Hören und Tun eins.»[63] Gerade auch in der Friedensfrage hätten wir als Christenheit wieder einmal jämmerlich versagt. «Dass die Menschen Höllenmaschinen fabrizieren, um sich zu vernichten, dass ungeheure Werte an Zeit und Geld geopfert werden [...], wie kann ein Christ dem zuschauen und darunter nicht leiden?» – «Wir müssen uns beugen lernen unter die Wahrheit Gottes.»[64] – Ein gutes Jahr später wirbt und bittet der Prediger: «Der biblische Glaube ist [...] eine Herzenssache. [...] da weiss er sich in den Lebensbereich Gottes hineingenommen, ja hineingezogen. Glauben, das heisst immer auch Hingabe seines ganzen Wesens an Gott.»[65]

Eindringlich redete er seine Konfirmandinnen und Konfirmanden an deren Konfirmation am 26. Februar 1939 an (es war seine zweitletzte Predigt in Wilchingen, am Nachmittag folgte noch seine Abschiedspredigt, deren Typoskript leider verloren gegangen ist). Anlässlich ihrer Konfirmation mussten die Konfirmanden einem Glaubensbekenntnis zustimmen (wohl dem Apostolikum oder der Antwort auf die erste Frage des Heidelberger Katechismus). «Wenn ihr euch heute zu Jesus Christus als zu eurem Herrn

60 Karl Barth hatte schon damals die gleiche ablehnende Sicht in Bezug auf die Kindertaufe, wie aus dem Schreiben Bieders an Wildberger hervorgeht. Und auch Emil Brunner schrieb 1938: «Die heutige Praxis der Säuglingstaufe kann nicht wohl anders als skandalös genannt werden.» In: Emil Brunner: Wahrheit als Begegnung. Berlin 1938, S. 140. Der Satz ist in Wildbergers Handexemplar (F.) mit rotem Farbstift unterstrichen.

61 Hans Wildberger an Werner Bieder am 25. Juli 1938. F. (Antwort auf Bieders Brief vom 8. Juli 1938. F.)

62 Jak 1,22 (Lutherbibel von 1912).

63 Predigt vom 17. Mai 1936. F. Hier auch die folgenden Zitate.

64 Predigt vom 10. Mai 1936. F.

65 Predigt vom 25. Juli 1937. F.

bekennen wollt», sagte der Pfarrer, «so lasst euch das gleich zum vornherein sagen: Dieses Bekenntnis hat nichts zu sagen, es ist unwahr und verwerflich, wenn ihr nicht im Leben dazu steht.»[66] Gerade heutzutage sei es schwer, als Christ durchs Leben zu schreiten. «Ihr wisst ja nicht, was euch bevorsteht in eurem Leben. Aber so viel ist sicher, dass es für euch wie für alle Menschen schwere Enttäuschungen bringen wird, harte Kämpfe, grosse Rückschläge.»

Auch wenn diese Predigt für heutige Ohren ernst tönt, fehlt es nicht an ermutigenden Sätzen, die Wildberger den Konfirmandinnen und Konfirmanden mit auf ihren Lebensweg gab:

> «Dass ihr dabei immer wüsstet – dass wir alle es wüssten: Ich bin ein Christ. Ich darf guter Zuversicht sein. Denn Gott hat sich mir geoffenbart. In Jesus Christus hat er sich mir gezeigt als der Gott, der für mich ist, der Gott, dessen Gunst ich mich erfreuen darf. Lasst euch also nicht entmutigen, wenn des Lebens Nöte über euch kommen. Werdet aber auch nicht lässig im Kampf [...].» – «Also dessen dürft ihr gewiss sein: Gott wird euch die Treue halten. Er wird euch nicht im Stich lassen. Wenn alles bricht, Gott verlässt uns nicht. Schreitet jetzt mit dieser Gewissheit ins Leben hinaus: Gott wird sein Werk an mir vollbringen. Da brauche ich keine Angst zu haben, wenn ich nur mit ganzem Herzen an ihn glaube. – Ein Christ kann guter Zuversicht sei, weil er auf Gott vertraut, auf sein Werk schaut, mit seiner Gnade rechnet, auf seine Erlösung hofft.»

Berührend ist der folgende Abschnitt aus einer Predigt am 15. August 1937:

> «Wir haben als Christen [...] nicht die Verheissung, dass wir vor Not, Krankheiten und Tod verschont bleiben werden, wohl aber haben wir die Verheissung, dass Gott uns nahe ist, auch in der tiefsten Not, und segnet, auch im schwersten Leiden, und errettet, auch wenn wir in den Banden des Todes liegen. Es ist uns nicht verheissen, dass nicht auch wir durchs dunkle Tal wandern müssen, wohl aber ist uns verheissen, dass Gott bei dir ist, sein Stecken und Stab trösten dich.[67] Es ist uns nirgends verheissen, dass der Herr die Seinen mit grossen Reichtümern überschüttet, wohl aber ist ihnen verheissen, dass denen, die Gott lieben, alle Dinge zum Besten dienen müssen.[68] Es ist nirgends gesagt, dass wir nicht auch in Anfechtungen hineinkommen könnten, wohl aber, dass der, der die Anfechtung erduldet, die Krone des Lebens empfangen wird, nachdem er bewährt ist.[69] Es ist nicht verheissen, dass wir, auch nicht, wenn wir gläubige Christen sind, alle Probleme lösen können, wohl aber ist uns verheissen, dass Gott sie alle lösen oder beseitigen wird,[70] wenn einst sein Reich kommt.»[71]

---

66 Predigt vom 26. Februar 1939. F. Hier auch die folgenden Zitate.
67 Vgl. Ps 23,4.
68 Vgl. Röm 8,28.
69 Vgl. Jak 1,12.
70 Vgl. Apk 21,4.
71 Predigt vom 15. August 1937. F.

Dennoch fällt auf, wie oft der junge Pfarrer in düsteren Tönen malte. Er übte Gesellschaftskritik, Kirchenkritik und Kritik am Einzelnen. Indem er diese drei Richtungen seiner Kritik miteinander verband – Kritik geht zutiefst und zuletzt immer auch mich selber an, mich selber sogar zuerst –, versuchte er Selbstgerechtigkeit und liebloses sich Entrüsten über diejenigen, die abwesend sind, zu vermeiden. Einige besonders prononcierte kirchenkritische Aussagen wurden bereits zitiert.[72] Auffallend oft setzte Wildberger sich allgemein mit der Befindlichkeit der Gesellschaft auseinander, vor allem im eigenen Land. Im Zusammenhang mit der Weltwirtschaftskrise von 1929, die auch in der Schweiz die Zahl der Arbeitslosen in die Höhe schnellen liess,[73] fragte er (religiös-soziales Gedankengut klang hier an, das er bei der Familie Mattmüller kennengelernt hatte):[74]

> «Ist nicht etwa die ganze Wirtschaftskrise mit der Arbeitslosigkeit ein gewaltiges Gericht Gottes über uns eigenmächtige Menschen und über all die soziale Ungerechtigkeit? Es hätten wahrhaftig alle genug Arbeit und auch alle genug zum Leben, wenn man nur die Arbeit und den Arbeitsertrag richtig verteilen wollte. [...] Ist diese unheimliche Unsicherheit, in der wir uns heute in währungspolitischer Hinsicht befinden,[75] eben nicht auch eine Folge davon, dass wir dem Götzen Geld verfallen sind? Auch die Schweizer sind in seiner Macht.»[76]

In der Predigt zum Nationalfeiertag am 1. August 1937 sprach Wildberger von seiner «tiefen Besorgtheit [...] darüber, dass unser Volk sich mehr und mehr von Gott zu entfremden» scheine. Unser Volk sei daran, «ein glaubensloses, unchristliches Volk zu werden, ein Volk, das gar nicht nach der Ehre Gottes fragt [...].» Der Geist dieser Zeit habe Macht gewonnen über unser Volk und könne sozusagen ohne Widerspruch regieren. Wir sollten erschrecken im Gedanken an das göttliche Gericht, das auch über unser Volk ergehen müsse. Auch heute könne der Ruf nur lauten: «Schweizervolk erwache!»[77]

---

72 Vgl. oben S. 48f.

73 Im Jahr 1936 gab es offiziell 124 008 Arbeitslose in der Schweiz (6,4 Prozent). Nach: Bernard Degen,: Arbeitslosigkeit, in: Historisches Lexikon der Schweiz, http://www.hls-dhs-dss.ch/textes/d/D13924.php (09.08.2014.) Für den Hinweise auf diesen Artikel danke ich Alfred Meier.

74 Vgl. oben S. 20.

75 Im Jahr 1936 war der Schweizer Franken um 30 Prozent abgewertet worden. Vgl. Mauro Cerutti,: Abwertung 1936, in: Historisches Lexikon der Schweiz, http://www.hls-dhs-dss.ch/textes/d/D45078.php (04.08.2014).

76 Predigt vom 3. Mai 1937. F. (Sprachlich redigiert.)

77 Anspielung auf das nationalsozialistische Propagandalied «Deutschland erwache» von 1937.

Am Schluss dieses Kaptitels seien Wildbergers zwei Predigten (am Vormittag und am Nachmittag) vom Eidgenössischen Dank-, Buss- und Bettag 1938 relativ knapp vorgestellt. Man darf sich ausmalen, dass die geräumige Kirche bis zum letzten Platz besetzt war – jedenfalls am Vormittag, als auch das Abendmahl gefeiert wurde. Die Predigten sind ein Zeitdokument – ein Fallbeispiel (viele Pfarrer predigten damals in einem ähnlichen Stil). Sie lassen etwas davon spüren, was die Schweiz knapp ein Jahr vor Ausbruch des Zweiten Weltkriegs bewegte, und sie sind für die Gemeinde Wilchingen, die Wildberger fünf Monate später verlassen sollte, so etwas wie sein Vermächtnis.

Am Morgen predigte Wildberger über das Gleichnis vom Pharisäer und vom Zöllner im Lukasevangelium,[78] während er in der Nachmittagspredigt Psalm 119,52 auslegte: «Herr, wenn ich gedenke, wie du von der Welt her gerichtet hast, so werde ich getröstet.»[79]

Aus beiden – für heutige Begriffe langen – Predigten seien die Schlussabschnitte zitiert. So endete die Predigt am Vormittag:

> «Bettag feiern kann also wirklich nicht bedeuten, dass wir heute vor Gott treten, um uns dessen zu rühmen, was für ein tüchtiges und braves und gerechtes Volk wir seien. Wenn wir mit offenen Sinnen die Gegenwart und jüngste Vergangenheit betrachten, dann können wir nur bekennen: Wir leben aus der Gnade Gottes, die uns in unverdienter Weise geschenkt worden ist. Sollte uns aber diese Erkenntnis nicht in die Busse treiben – und zugleich auch ins Gebet im Blick auf die Zukunft unseres Schweizer Landes? Wenn Gott nicht auch weiter Geduld mit uns hat, ist es aus mit unserer Schweizer Herrlichkeit, mit unserer Unabhängigkeit, unserer Freiheit im Innern und unserm Frieden – wenn es schon Leute gibt, die von einer ewigen Schweiz reden. Ewig ist allein Gott, und bestehen wird die Schweiz in ihrer Eigenart nur, solang Gott es will. Es wäre aber gefährlich, damit zu rechnen, dass Gott ja schon für uns sorgen werde. Wenn wir die Gaben nicht zu schätzen wissen, die er uns mit unserm Vaterland gegeben hat, dann kann er sie uns auch wieder nehmen. Und wenn er sie uns nehmen will, dann wird uns auch das modernste Heer mit tausend und mehr Flugzeugen[80] nicht mehr helfen können.
> Das heutige Gleichnis soll uns zur Warnung dienen. Jesus sagt: Dieser, d. h. der Zöllner, ging gerechtfertigt in sein Haus vor jenem. Und wer sich selbst erhöht, der wird erniedrigt werden. Dieses Gesetz gilt auch für ein Volk. Auch ein Volk kann nicht leben aus sich selber, sondern nur aus der Gnade Gottes. Dass wir nicht in selbstgerechter Weise uns selber vertrauten, sondern es lernten, nach dem Heile Gottes Ausschau zu halten! Und wenn wir jetzt dann die Feier des heiligen Abendmahles begehen wollen, dann geschehe es mit der flehentlichen Bitte: Gott, sei uns

78 Luk 18,9–14.

79 Ps 119,52 (Lutherbibel von 1912).

80 «Die Schweizer Flieger- und Fliegerabwehrtruppen mobilisierten am 28. August 1939, drei Tage vor Kriegsausbruch. Sie verfügten über 86 Jagd- sowie 121 Beobachtungs- und Erdkampfflugzeuge.» (04.08.2013)

und unserm Schweizer Volk gnädig, und ziehe deine rettende Hand nicht von uns. Amen.»[81]

Und so lautet der Schluss der Nachmittagspredigt:

«Seht, liebe Mitchristen, das ist nun auch so ein Dienst, den wir als christliche Gemeinde unserm Vaterland erweisen müssen, dass wir in solch unruhigen Zeiten, wie es heute sind, wo Gottes Gerichte durch die Welt gehen, ganz ruhig und getrost in die Zukunft unseres Landes schauen. Ruhe ist die erste Bürgerpflicht, so hat Friedrich der Grosse anschlagen lassen beim Ausbruch eines Krieges. Und das ist wahr. Wir können unserem Vaterland nicht besser dienen, als dass wir in aller Unruhe unserer Zeit mit aller Ruhe tun, was unsere Pflicht ist. Es gibt unter unseren Miteidgenossen der unruhigen Elemente genug. Die christliche Gemeinde muss auch in vaterländischen Dingen den Beweis erbringen, dass sie einen Halt hat, den andere nicht kennen. Sie hat praktisch zu zeigen, dass sie getröstet, das heisst gestärkt ist durch den Glauben, dass der gerechte Gott noch lebt und auch seine Gerichte sie nicht schrecken können, weil sie es am Kreuz auf Golgatha gelernt hat, dass Gott auch im Gericht ein gnädiger Gott ist.
Die Ruhe, die der Glaubende in sich trägt, hat allerdings nichts zu tun mit Gleichgültigkeit oder Verantwortungslosigkeit. Es gibt das auch in unserm Volke. Man lässt die Dinge treiben, wohin sie nun einmal wollen, und lebt ruhig in den Tag hinein. Man will den Ernst der Zeit gar nicht sehen. Um die Zukunft kümmert man sich nicht, wenn man nur im Augenblick zu leben hat. Diese Art von Ruhe ist allerdings eine sehr gefährliche Sache. Ein Christ vertraut Gott. Aber gerade indem er vertraut, hat er den notwendigen unerschrockenen Mut, auf seinem Posten zu stehen und auszuharren, solange es nötig ist. Und gerade in diesem Vertrauen hat er die Kraft, auch für die Zukunft seines Volkes zu arbeiten und seinem Lande zu dienen. Gerade weil er weiss, dass in Gottes Hand alles liegt und sein [Gottes] Recht siegen muss, hat er die nötige Freudigkeit, alles zu tun, was hier auf Erden dem Rechte zum Siege verhelfen kann. Eben solche Männer braucht auch unser Vaterland, die ob der Gerichte Gottes auch heute nicht erschrecken und nicht mutlos werden, sondern in ihrem Glauben die Kraft finden, durchzuhalten.
Wenn man unser Schweizer Volk betrachtet, dann hat man gerade diesen Eindruck nicht, dass das ein Volk von solchen Menschen sei, die getröstet seien im Gedanken, wie Gott die Welt richtet und die Seinen regiert. Man muss sich mit Sorgen frage, ob wohl das Schweizer Volk imstande wäre, in schweren Notzeiten durchzuhalten. Mutlosigkeit und Verzweiflung, Unzufriedenheit und Neid sind ja jetzt schon gross genug in den relativ kleinen Nöten, die uns bis anhin betroffen haben. Wie würde das erst sein, wenn einmal ganz andere Trübsalszeiten über uns kämen? Muss man da nicht für das im Grossen und Ganzen doch immer noch satte, reich und auch ein bisschen bequem gewordene Schweizer Volk, das es so gut versteht, hohe Forderungen aufzustellen, und so schlecht bereit ist, Entsagung und Opfer auf sich zu nehmen, muss man nicht um dieses Schweizer Volk bangen? Muss man nicht vor allem darum um unser Volk bangen, weil es eben so wenige sind, die unserm Psalmendichter gleichen und mit seiner Ruhe und Getrostheit in schweren Zeiten stehen könnten, weil sie wissen: es lebt ein gerechter Gott? Dass doch deren viele wären, die

81 Predigt vom Bettag 1938 am Vormittag. F.

gestärkt durch diesen Glauben, getragen von seiner Kraft, ausgerüstet mit solcher Zuversicht unserem Vaterlande dienen wollen. Amen.»[82]

Am Vormittag rechnete der Prediger, als er sich vorbereitete, offenbar damit, dass viele den Gottesdienst besuchen würden, die nicht zur Kerngemeinde gehörten – die sogenannten Bettagschristen, deren Beziehung zur Kirche eher eine formale war. An ihre Adresse predigte Wildberger gegen die nationale Selbstgerechtigkeit. – Im Hinblick auf den Nachmittag stellte er sich bei der Vorbereitung eine kleinere Gemeinde vor, Männer und Frauen, für die der christliche Glaube ein persönliches Anliegen war. Bewusst standen sie zur evangelisch-reformierten Kirche. Zu ihnen sprach Wildberger als Seelsorger im engeren Sinn dieses Wortes. Er wollte ihre Anfechtungen und Glaubenszweifel ernst nehmen. Wie lassen sich schreckliche Vorkommnisse im Weltgeschehen mit dem Glauben an einen liebenden Gott zusammendenken?

Wildberger wählte mit Psalm 119,52[83] einen ausgesprochen ausgefallenen und den meisten wohl unbekannten und geradezu schockierenden Text. Ihn selbst sprach offenbar daran an, dass die Gerichte Gottes eng mit dem Aspekt des Trostes verbunden sind, dialektisch aufeinanderstossen. Der Psalmist weiss sich paradoxerweise durch das Schreckliche und Unfassbare in der Welt getröstet.

Beeindruckend ist Wildbergers Aufruf, auch in einer schweren Zeit die innere – und äussere – Ruhe zu bewahren und so auch den der Kirche ferner stehenden anderen zu helfen, die in der Gefahr standen, die Nerven zu verlieren oder von der Angst gelähmt zu werden. Wichtig ist dabei die Bemerkung, dass die Ruhe des Glaubens etwas anderes als Gleichgültigkeit oder Verantwortungslosigkeit sei. «Ein Christ vertraut Gott. Aber gerade indem er vertraut, hat er den notwendigen unerschrockenen Mut, auf seinem Posten zu stehen und auszuharren, solange es nötig ist.» – «Eben solche Männer braucht auch unser Vaterland, die ob der Gerichte Gottes auch heute nicht erschrecken und nicht mutlos werden, sondern in ihrem Glauben die Kraft finden, durchzuhalten.»

Wildberger arbeitete sich in vielen seiner damaligen Predigten am Problem der Theodizee ab. Es muss offen bleiben, ob seine Antwortversuche wirklich überzeugen konnten und ihn auch selber überzeugten. Der Gemeinde – und zuerst sich selbst – mutete er eine strenge theologische Gedankenarbeit zu, für viele eine Überforderung.

Spätestens seit der – ihrerseits ja ebenfalls nicht sakrosankten – «Theologie nach dem Tod Gottes» der 1960er Jahre ist vielen bewusst geworden,

82 Predigt vom Bettag 1938 am Nachmittag. F.
83 Vgl. oben, S. 52.

dass das Weltgeschehen nicht bruchlos mit dem göttlichen Willen identifiziert werden kann. Man erinnere sich an den eindrücklichen Text des Berner Pfarrers Kurt Marti von 1969: «dem herrn unserem gott / hat es ganz und gar nicht gefallen / dass gustav e. lips / durch einen verkehrsunfall starb [...] im namen dessen der tote erweckte / im namen des toten der auferstand: wir protestieren gegen den tod von gustav e. lips.»[84]

Wildbergers damals von ihm oft wiederholte These, dass innerweltliche Katastrophen als göttliche «Gerichte» betrachtet (und deshalb akzeptiert) werden können bzw. müssen, impliziert eine gewissermassen «pantheistische» Geschichtsphilosophie und -theologie. Ganz im Hintergrund steht – wohl unbewusst, und deshalb nicht reflektiert – das «deus sive natura» des Baruch de Spinoza (1632–1677). Durch Vermittlung des Deutschen Idealismus war es in vergeschichtlichter Form auch in die deutschsprachige evangelische Theologie eingegangen. Zur Zeit der Predigten des jungen Hans Wildberger wurde diese Geschichtsschau nicht nur von Theologen wie Paul Althaus (1888–1966) und der Erlanger Schule vertreten, sondern auch von vielen anderen Theologen für selbstverständlich genommen. Es brauchte den Holocaust, bis die Theologie auf breiter Basis über die Bücher ging. Gerade deshalb sind Wildbergers frühe Predigten als Zeitdokumente lehrreich.

84 Kurt Marti: Namenszug mit Mond. Gedichte. München 1996, S. 121.

Luzern – eine kleine Weltstadt

Am 5. März 1939 hielt Wildberger seine Antrittspredigt in Luzern. Er predigte über 1Kor 3,5–7: «Wer ist nun Paulus? Wer ist Apollos? Diener sind sie, durch welche ihr seid gläubig geworden, und das, wie der HERR einem jeglichen gegeben hat. Ich habe gepflanzt, Apollos hat begossen; aber Gott hat das Gedeihen gegeben. So ist nun weder der da pflanzt noch der da begiesst, etwas, sondern Gott, der das Gedeihen gibt.»[1] Der neue Pfarrer unterstrich, dass er nicht der erste Luzerner Pfarrer sei, sondern auf dem aufbauen dürfe, was seine Vorgänger vorbereitet hätten, und schloss mit den Worten: «Denkt daran, dass auch euer neuer Pfarrer es nötig hat, dass die Gemeinde hinter ihm steht und für ihn eintritt. Denkt überhaupt daran, dass Männer und Frauen da sein müssen, die bereit sind, innerlich die Arbeit der Kirche zu tragen. Dann wird man später einmal mit Freuden und Dank feststellen dürfen: Gott hat das Gedeihen gegeben. Dass das geschehen möge, des walte Gott. Amen.»[2]

Der Wechsel von Wilchingen nach Luzern fand relativ überraschend statt. Noch im Juli 1938 hatte Wildberger Bedenken gegen einen Wechsel in dieses Stadtpfarramt, da er fürchtete, dem umfangreichen Arbeitspensum nicht gewachsen zu sein. Die Luzerner warben inständig um ihn, da es schwierig war, diese Pfarrstelle zu besetzen.[3] Ein Luzerner Gemeindeglied schrieb ihm, nachdem er bereits abgesagt hatte: «Keinen Augenblick hatten wir Zweifel, dass Sie der Arbeit an unserer Gemeinde nicht gewachsen wären. [...] Wir haben Sie und Frau Pfarrer schon so in unsere Herzen geschlossen, dass es uns wirklich schwer wird, auf Sie zu verzichten.»[4] Doch dann liess Wildberger sich von den Luzernern überzeugen. Am 9. Oktober 1938 wurde er von der Kirchgemeindeversammlung einstimmig gewählt. (269 – männliche – Gemeindeglieder gaben ihre Stimme ab.) Die Familiensaga erzählt, die Tatsache, dass er Todesdrohungen von Anhängern des Nationalsozialismus bekommen habe – er stehe auf der «schwarzen Liste» –, habe den Entscheid mitbestimmt. Dies mag überzogen sein. Gemäss dem Schaffhauser Historiker Walter Wolf[5] war ausgerechnet Wilchingen gegenüber dem Nationalsozialismus vergleichsweise resistent. Bei den Nationalratswahlen im Oktober 1935 erzielten die Frontisten (Sympathisanten des Nationalsozialismus) im Kanton Schaffhausen 12,3 Prozent der Stimmen,

1 Lutherbibel von 1912.

2 Predigt vom 5. März 1939 in Luzern, wohl am 12. März 1939 auch in Malters. F.

3 Hans Wildberger an Hedwig Wildberger-Kägi am 29. Juli 1933. F.

4 Fritz Vogelsanger an Hans Wildberger am 29. August 1938. F.

5 In einem Brief an den Verfasser vom 14. Juni 2013.

in Wilchingen aber «nur» 7,5 Prozent! In Wilchingen habe überhaupt seit der Zeit der Reformation eine eher deutschlandfeindliche Stimmung geherrscht. Wie der Lokalhistoriker Hans Ritzmann sich erinnert, gab es zu Wildbergers Zeit in Wilchingen nur einen einzigen «Nazi».[6]

Zutreffend an der Familiensaga mag sein, dass man sich im Kanton Schaffhausen – jenseits des Rheins – als von Deutschland besonders bedroht fühlte, fühlen musste. Dazu kommt, dass Wildbergers Frau kaum Wurzeln in Wilchingen geschlagen hatte. Die Tatsache, dass die Pfarrfrau, die ihren Mann in seinem Beruf tatkräftig unterstützte, Geld bezahlen musste, um in der Kirche an der Orgel üben zu dürfen, spricht für sich. Bis weit über den Zweiten Weltkrieg hinaus waren Pfarrfrauen vor allem in Gemeinden auf dem Land einer strengen sozialen Kontrolle ausgesetzt. Sie durften keinen Lippenstift verwenden, keine Schuhe mit hohen Absätzen tragen und mussten das Haar züchtig zu einem Knoten zusammenbinden. Hedwig Wildberger-Kägi war in einem vergleichsweise weltoffenen Umfeld am Zürichsee aufgewachsen. Der Umzug nach Wilchingen bedeutete für sie ein Opfer. Man hatte nur wenige adäquate Gesprächspartner und kaum Gelegenheit, Konzerte, Opern- und Schauspielaufführungen zu besuchen.

Ludwig Köhler, mit dem Wildberger in engem Kontakt stand, spürte offenbar etwas von der einsamen und wenig ermutigenden Situation in Wilchingen. In einem Brief und sogar in einem Telegramm aus den Sommerferien in Château d'Oex beschwor er seinen Schüler, dem Ruf nach Luzern zu folgen.[7] Nachdem dieser Luzern seine Zusage geben hatte, wünschte Köhler ihm: «Nun möge Gott Sie und Ihre Frau herzlich stärken und segnen, dass Ihnen beiden der Abschied von Wilchingen nicht allzu schwer fällt und Sie mit frohem Herzen in Luzern anfangen.»[8]

In Luzern war alles völlig anders. Die evangelisch-reformierte Diasporagemeinde in einer «konfessionell hochempfindlichen Atmosphäre»[9] war riesig. Neben Wildberger gab es drei weitere Pfarrer, mit denen er – besonders mit dem auch als Schriftsteller tätigen Garfield Alder (1900–1981) – in regem geistigem Kontakt stand. Er selbst war primär für die Matthäuskirche zuständig, 1860/61 in neugotischem Stil erbaut vom Architekten Ferdinand Stadler – unmittelbar hinter dem Hotel Schweizerhof, dessen Besitzer das Land zur Verfügung gestellt hatte. (Es war also gewissermassen eine «Kurkirche».) Der preussische König Friedrich Wilhelm III. und die Stände Zürich und Bern hatten schon vorher anlässlich der Gemeinde-

6 Hans Ritzmann: Tuusig Johr. E Jugend im Schatte vom Zwäite Wältchrieg. Schaffhausen 2011, S. 28f.

7 Brief und Telegramm von Ludwig Köhler an Hans Wildberger, beide vom 23. August 1938. F.

8 Ludwig Köhler an Hans Wildberger am 12. September 1938. F.

9 Herbert Haag: Professor Hans Wildberger Zürich, zum 60. Geburtstag, Vaterland vom 31. Dezember 1969, S. 3.

Matthäuskirche in Luzern (Foto Ikiwaner, Wikimedia Commons)

gründung 1827 je einen kostbaren Abendmahlskelch gespendet. Richard und Cosima Wagner waren hier getraut worden, und auch sonst wurde die Kirche von Gästen aus dem Ausland häufig besucht.

Wildbergers eigentliches Seelsorgequartier in der Stadt – der Sprengel Altstadt mit gut 3000 Seelen – war mehrheitlich ein Arbeiterviertel. Viele protestantische Eisenbahnangestellte wohnten hier. Für seine Hausbesuche benutzte Wildberger das Fahrrad. Hinzu kam mit 700 Seelen bis Ende September 1948 die Aussengemeinde Malters im Entlebuch, wo aus dem Kanton Bern eingewanderte protestantische Bauern heimisch geworden waren.

Wildbergers Predigttätigkeit wurde von vielen geschätzt. Ein Gemeindeglied, das von Luzern wegzog, schrieb ihm: «Von jeder Predigt gingen wir immer als beschenkte Menschen heim.»[10] «Die Art Ihrer seelsorgerischen Tätigkeit findet in allen Kreisen unser Gemeinde hohe Anerkennung», heisst es in einem anderen Brief.[11] Und ein anderes Mal: «Ihre

10 Hans Klopfenstein an Hans Wildberger am 6. Januar 1949. F.
11 F. Bürki an Hans Wildberger am 2. Juni 1950. F.

Reformierte Kirche in Malters (Foto Kirchgemeinde Malters)

Verkündigung und Erklärung von Gottes Wort, die immer einfacher und klarer und tiefer wird, schenkt mir – und sicher nicht nur mir – jedes Mal neue Erkenntnis und Lebenskraft. Wenn das auch letztlich das Werk eines anderen ist, so möchte ich doch auch Ihnen dafür danken.»[12] Während der Jahre in Luzern wurde Wildberger nach Heiden,[13] an die Münstergemeinde in Schaffhausen,[14] nach Oberrieden,[15] an das städtische Pfarramt für die nichtkantonalen Spitäler in Zürich,[16] nach Neuhausen[17] und an die Pauluskirche in Zürich-Unterstrass[18] berufen. Diese Rufe nahm er nicht an.

Es versteht sich allerdings von selbst, dass es auch kritische Stimmen gab. Im Mai 1941 warf ihm ein offenbar von Mussolini begeistertes Gemeindeglied vor, in einer Predigt habe er sich mit dem äthiopischen Kaiser Haile Selassie (1892–1975) identifiziert, wie wenn dessen Land den Italienern nicht viel schulden würde. Die «armen Abessinier» hätten Italien «Fortschritt und Kultur» zu verdanken gehabt, bevor Haile Selassie

12 Lydia Hotz an Hans Wildberger am 3. Januar 1945. F. Die Briefschreiberin, die promovierte Lateinlehrerin war, hatte bei Wildberger auch seinen Hebräischunterricht für interessierte Gemeindeglieder besucht.

13 August 1942.

14 Juni 1943.

15 Juli 1945.

16 März 1946.

17 Februar 1947.

18 Mai 1950.

Titel des Gemeindeblatts, links Lukas-, rechts Matthäuskirche

wieder in sein Reich zurückgekehrt sei. Im gleichen Brief wird Wildberger vorgeworfen, er habe über Joh 4,22 – «Das Heil kommt von den Juden» – gepredigt. «Sie haben doch sicherlich den Talmud gelesen, vielleicht sogar ausführlich studiert. Welches Heil uns Christen darin offenbart wird, Herr Pfarrer, das überlasse ich Ihrem Nachdenken.» Der Brief schliesst mit den Worten: «Bitte, Herr Pfarrer, der Krieg ist noch von keiner Seite gewonnen. Benützen Sie bitte die Kanzel, um das Wort Gottes zu lehren, und nicht, um irgendeine ‹politische Einstellung› zu propagieren. Bleiben wir Schweizer, neutral in Tun und Worten.»[19] In der inkriminierten Predigt hatte Wildberger gesagt: «[Jesus] nimmt ganz eindeutig für die Juden Partei und spricht in diesem Zusammenhang das Wort aus, das heute so viele in ihrer Bibel lieber streichen würden: Das Heil kommt von den Juden, das heisst: In diesem Volk hat es Gott nun einmal gefallen, sich zu offenbaren und sein Heilswerk auszuführen.»[20]

Weitere Aufgaben kamen zu Gottesdienst und Seelsorge in Luzern hinzu, so zeitweise die Gefängnisseelsorge und neben Präparanden- und Konfirmandenunterricht – sowie Religionsunterricht für Primarschüler – der Religionsunterricht in der obersten Klasse der Kantonsschule, Hebräischunterricht für interessierte Gemeindeglieder, Sonntagsschulvorbereitung für 16 Helferinnen, Bibelstunden, Abende mit dem Blauen Kreuz und

19 NN (Unterschrift unleserlich) an Hans Wildberger am 22. Mai 1941. F.
20 Predigt vom 9. Februar 1941. F.

Pfyfferschlösschen neben dem Löwendenkmal (Foto Familienarchiv)

Männerabende im Stadtteil links der Reuss.[21] Es gab viele Trauungen und Abdankungen.[22] Fast jeden Abend war Wildberger beruflich besetzt.

Die Familie Wildberger wohnte im sehr geräumigen und grosszügigen obersten Stockwerk eines barocken Schlösschens, erbaut von der Familie Pfyffer von Altishofen (heute leider abgebrochen), unmittelbar neben dem Löwendenkmal.

Ab 1944 veranstaltete und dirigierte Paul Sacher (1906–1999) jeweils im Sommer Serenaden am Löwendenkmal. «Künstler, Dirigenten und Musikfreunde der Internationalen Musikfestwochen» verweilten «auf dem Rasen des Gartens, vom Laubwerk gegen Einsicht geschützt und durch kein fremdes Geräusch gestört, und lauschten den vom Teich getragenen Klängen».[23] Die Wildbergers mussten nur die Fenster öffnen, und schon war man dabei. An solchen Sommerabenden luden sie Bekannte ein, mit denen sie ihre Freude an der Musik teilten. – In der Adventszeit trafen sich jeweils Freunde mit ihren Musikinstrumenten beim Ehepaar Wildberger.

21 Im April und Mai 1942 hielt Wildberger im grossen Gemeindesaal der Lukaskirche fünf Vorträge: «Was ist rechter Staat?», «Die Rassenfrage (das Judentum)», «Der Christ im Wirtschaftskampf», «Was ist der Sinn der Ehe?» und «Der einzelne und die Gemeinde». «Die Vorträge sind in erster Linie für Männer gedacht. Aber auch Frauen, die sich interessieren, sind herzlich eingeladen.» (Programm im Familienarchiv.)

22 Wildberger führte sorgfältig Buch über die Amtshandlungen. Während die Trauungen in den Kriegsjahren sich auf jährlich gut 20 beliefen, stiegen sie nach dem Krieg auf um die 30 an. Spitzenjahr in Bezug auf die Abdankungen war 1944 mit 62. 1945 gab es deren 54, 1946 59, also mindestens eine pro Woche. (Register im Familienarchiv.)

23 Maria Strebi-Erni im Vorwort zu: Paul Sacher – Serenaden am Löwendenkmal in Luzern, 1944–1985. Luzern 1986.

Georges Einbeck: Der barmherzige Samariter (Familienbesitz)

Man musizierte und sang Weihnachtslieder aus dem Quempas-Liederbüchlein.[24]

Zum Bekanntenkreis gehörte auch der aus Westpreussen (heute Polen) stammende Maler Georges Einbeck (1871–1951), seit 1920 teilweise in Luzern wohnhaft,[25] der Wildberger das Temperabild «Der barmherzige Samariter» (und zusätzlich ein kleines Aquarell seines Ferienhauses in Südfrankreich) schenkte.

Die kulturelle Atmosphäre in Luzern war vielfältig und reich. Und hier begannen auch Wildbergers ökumenische Kontakte, besonders mit Otto Karrer (1888–1976), einem der grossen katholischen Vorläufer der ökumenischen Bewegung und Wegbereiter des Zweiten Vatikanischen Konzils. 1946 war er einer der Gründer verschiedener reformiert-katholischer

---

24 Vgl. Wilhelm Thomas und Konrad Ameln: Das Quempas-Heft; Auslese deutscher Weihnachtslieder. Mit Bildern v. Paula Jordan. Festliche Ausgabe aus Anlass des 500 000. Druckes der Quempas-Ausgaben. Kassel 1938.

25 Vgl. Theo Kneubühler: Georges Einbeck oder Die Idee des irdischen Paradieses. Luzern 1976.

Gesprächskreise,[26] an denen auch Wildberger teilnahm. Mit Pater Dr. Ildefons Regli, O. S. B., Professor am Kollegium Karl Borromäus in Altdorf, korrespondierte er über Fragen der Mariologie.[27] Noch wichtiger war die beginnende Freundschaft mit dem katholischen Alttestamentler Herbert Haag (1915–2001). Dieser war ab 1940 Seelsorger in Luzern, bevor er 1942 Professor an der dortigen theologischen Fakultät wurde (ab 1960 in Tübingen).[28] Beide Alttestamentler – Wildberger und Haag – beteiligten sich später mit Begeisterung am Interkonfessionellen Komitee für biblische Studienreisen,[29] das von Eugen Vogt (1909–1997),[30] Geschäftsführer des Schweizerischen Katholischen Volksvereins und Leiter des Rex-Verlags, Luzern, gegründet und geleitet wurde. Während Jahren führte Wildberger regelmässig wissenschaftlich begleitete Reisen in den Vorderen Orient (und auch nach Indien) durch. In einem Artikel zu Wildbergers 60. Geburtstag rühmte Haag dessen «ökumenisches Herz».[31] Aus Anlass von Wildbergers Tod im Jahr 1986 schrieb er einen liebenswürdigen Kondolenzbrief, in dem u. a. steht: «Ich habe in Hans Wildberger einen ehrlichen und treuen Freund verloren. Vor allem verband uns eine jahrzehntelange Tätigkeit in der Führung von Pfarrern und vielen Christen beider Konfessionen durch das Heilige Land. Hans Wildberger war mir ein wahres Vorbild als Wissenschaftler des Alten Testaments, aber auch als Gläubiger und als Mensch.»[32]

Während des Zweiten Weltkriegs – besonders gegen dessen Ende – waren die Hotels mit Flüchtlingen überfüllt. Seelsorge an diesen heimatlosen Menschen gehörte zu Wildberges Pflichtenheft, was zu Kontakten mit bemerkenswerten Menschen führte – etwa mit dem ehemaligen Stadtarzt von München (einem Veteranen des Ersten Weltkriegs), der als sogenannter «Judenchrist» hatte emigrieren müssen.

In den gleichen Zusammenhang gehört Wildbergers Einsatz für das «Hilfswerk für die Bekennende Kirche in Deutschland», an dessen «Wipkinger Tagungen» er als Verantwortlicher für die Innerschweiz regel-

26 Vgl. Victor Conzemius: Karrer, Otto, in: Historisches Lexikon der Schweiz, http://www.hls-dhs-dss.ch/textes/d/D9895.php (11.08.2013).

27 Vgl. Brief von Ildefons Regli an Hans Wildberger vom 8. Oktober 1944. F. Regli hatte bereits am 29. Juli 1941 überaus freundlich zur Geburt des Sohnes Hannes gratuliert. F.

28 Vgl. Victor Conzemius: Haag, Herbert, in: Historisches Lexikon der Schweiz, http://www.hls-dhs-dss.ch/textes/d/D9859.php (11.08.2013).

29 Vgl. unten S. 140ff.

30 Vgl. Victor Conzemius: Vogt, Eugen, in: Historisches Lexikon der Schweiz, http://www.hls-dhs-dss.ch/textes/d/D10050.php (11.08.2013).

31 Herbert Haag: Professor Hans Wildberger Zürich, zum 60. Geburtstag, «Vaterland» vom 31. Dezember 1969, S. 3.

32 Herbert Haag an die Trauerfamilie Wildberger am 4. Juli 1986. F.

Die Pfarrfamilie im Jahr 1948 (Foto Familienarchiv)

mässig teilnahm.[33] In Luzern führte er im Auftrag dieses Hilfswerks den «Flüchtlingsbatzen» ein, eine Haussammlung, bei der er auch seine kleinen Töchter als Sammlerinnen einsetzte. 1941 kam auf diesem Weg die für die damalige Zeit höchst ansehnliche Summe von 5900 Franken zusammen![34]

33 Vgl. Frank Jehle: Emil Brunner. Theologe im 20. Jahrhundert. Zürich 2006, S. 393ff. – An der vorletzten Wipkinger Tagung vom 20. Januar 1947 stimmten rund 400 Personen dem «Antrag von Pfarrer Wildberger» zu, in dem der Beunruhigung Ausdruck gegeben wurde, «dass anderthalb Jahre nach Beendigung des Krieges die Flüchtlingsprobleme in unserem vom Krieg verschonten Land noch immer nicht gelöst werden konnten. Vier- bis fünftausend Personen warten seit langem auf den Entscheid, ob ihnen ein Dauerasyl in der Schweiz wird oder nicht. Arbeitsfähige Flüchtlinge müssen auch bei der heutigen Hochkonjunktur immer von neuem um kurzfristige Arbeitsbewilligungen nachsuchen. Die Versammelten richten an die eidgenössischen und kantonalen Behörden der Fremdenpolizei und der Arbeitsämter den dringenden Appell, die Flüchtlingsfragen in unserem Lande bald definitiv, würdig und gerecht zu regeln. Sie geben auch der Hoffnung Ausdruck, dass unser vom Krieg verschontes Schweizervolk willig bereit sei, einen Teil der Opfer zu tragen, die heute in aller Welt für die Lösung der Flüchtlingsprobleme gebracht werden müssen.» (Freundliche Mitteilung von Heinrich Rusterholz, Wetzikon, am 20. Dezember 2013)

34 Nach dem Jahresbericht 1941 des Schweizerischen Evangelischen Hilfswerks für die Bekennende Kirche in Deutschland, verfasst von Paul Vogt (Stadtarchiv St. Gallen, Kirchenarchiv Bd. 3, Dossier Bekenntniskirche). Vgl. Marianne Jehle-Wildberger: Das Gewissen sprechen lassen. Die Haltung der St. Galler Kirche zu Kirchenkampf und Flüchtlingsnot 1933–1945. Zürich 2001, S. 105.

Überhaupt machte die ganze Familie – die Ehefrau, die beiden Töchter und (soweit es ihm bereits möglich war) ab 1941 auch der Sohn Hannes – bei den pfarramtlichen Tätigkeiten mit. Hedwig Wildberger-Kägi leitete eine Töchtergruppe, organisierte Nachmittage für betagte Gemeindeglieder, machte Hausbesuche und half an der Orgel aus. (In Malters spielte sie regelmässig die Orgel.) Sie gründete und präsidierte einen evangelischen Kindergarten mit einer Diakonisse als Leiterin. Bei Weihnachtsfeiern an Altersnachmittagen oder im Gefängnis führten die Töchter Krippenspiele auf und musizierten mit ihren Blockflöten. Aus Dankbarkeit bastelte ein Strafgefangener einen Stall, mit dem die Kinder des Pfarrers (und später seine Enkel) spielten.

Wildberger wurde auch zu öffentlichen Vorträgen eingeladen, etwa zum Thema «Christus und der Staat», worüber in den beiden nicht katholisch-konservativen Tageszeitungen – «Luzerner Neueste Nachrichten» und «Luzerner Tagblatt» – ausführlich und wohlwollend berichtet wurde.[35] Und in theologischer Hinsicht setzte er das in Wilchingen Begonnene fort. Immer noch nahm er die Aufgabe des Predigens sehr ernst. Hervorhebenswert im Zusammenhang mit seiner Predigttätigkeit sind bereits seine Worte bei Ausbruch des Zweiten Weltkriegs am Sonntag, dem 3. September 1939 (am Nachmittag wandte er sich mit denselben Gedanken auch an die Schwerhörigengemeinde). Als Schriftlesung wählte er den Vertrauenspsalm 23: «Der Herr ist mein Hirte. […] Und ob ich schon wanderte im finstern Tal, fürchte ich kein Unglück.»[36] Und als Predigttext diente Psalm 33,12–21, dem er Vers für Vers meditierend nachging:

> Wohl dem Volk, des Gott der HERR ist, dem Volk, das er zum Erbe erwählt hat!
> Der HERR schaut vom Himmel und sieht aller Menschen Kinder.
>
> Von seinem festen Thron sieht er auf alle, die auf Erden wohnen.
> Er lenkt ihnen allen das Herz; er merkt auf alle ihre Werke.
>
> Einem Könige hilft nicht seine grosse Macht; ein Riese wird nicht errettet durch seine grosse Kraft.
> Rosse helfen auch nicht, und ihre grosse Stärke errettet nicht.
>
> Siehe, des HERRN Auge sieht auf die, so ihn fürchten, die auf seine Güte hoffen,
> dass er ihre Seele errette vom Tode und ernähre sie in der Teuerung.
>
> Unsre Seele harrt auf den HERRN; er ist unsre Hilfe und Schild.
> Denn unser Herz freut sich sein, und wir trauen auf seinen heiligen Namen.[37]

---

35 Luzerner Neueste Nachrichten und Luzerner Tagblatt, beide am 3. Mai 1947.
36 Lutherbibel von 1912.
37 Lutherbibel von 1912.

Auch aus dieser – aussergewöhnlich langen – Predigt seien einige Abschnitte wörtlich angeführt, da sie einerseits ein Zeitdokument ist, anderseits aber auch zeigt, wie Wildberger sich – wie bereits in Wilchingen – immer noch an der Frage der Theodizee abarbeitete, sich mit der Geschichtsschau des Alten Testaments auseinandersetzte und zunehmend zurückhaltend in seinen Antwortversuchen wurde. Wildberger wagte es aber auch jetzt immer noch nicht, deutlicher zwischen dem Handeln Gottes und demjenigen der Menschen zu unterscheiden. Bemerkenswert ist sein persönlicher Stil. Die Predigt ist ein Stück konkreter Seelsorge. Der Redner scheut sich nicht, gelegentlich in der Ichform zu sprechen, bekennt, dass er selbst Glaubensschwierigkeiten hat und nicht über den Durchblick verfügt. Er nimmt die Nöte und Fragen seiner Hörerinnen und Hörer auf und spricht die Gemeinde an verschiedenen Kernstellen unmittelbar mit Du an:

> «Die vergangene Woche hat erneut den Krieg über unser armes Europa gebracht.[38] Noch wissen wir zur Stunde nicht, zu was für einem Weltenbrande er sich auswirken wird, aber so viel ist klar: Die Stunde ist ernst. Das haben alle unter uns gespürt, als vorgestern und gestern unsere Wehrmänner durch die Strassen zogen, nachdem sie von den Ihren Abschied genommen hatten.»
> «Das ist für uns Schweizer ein ganz gewaltiger Vorzug. Komme, was da wolle, der Gedanke wird uns immer wieder eine Beruhigung sein: Wir stehen, und – wenn es sein muss – wir kämpfen für eine gerechte Sache. Wir müssen nicht mit einem schlechten Gewissen belastet an der Grenze stehen.»
> «Weil dem aber so ist, darum braucht es uns jetzt auch nicht bange zu sein, bange wenigstens in einem tieferen Sinne. Zwar wird diese Zeit, die vor uns liegt, auch wenn uns der Friede erhalten bleibt, keine leichte werden. Wir werden wieder einmal Opfer bringen müssen für unser Vaterland. Nun, wohl, unser Vaterland ist mancher Opfer wert. Es ist ja auch nicht so, dass alle Güter lebensnotwendig und also unentbehrlich wären, an deren Gebrauch und Genuss wir uns in den letzten Jahrzehnten gewöhnt haben. [...] Also, meine Lieben, fangen wir jetzt nicht an zu jammern über kleine Dinge. Vielleicht hat diese Zeit doch auch das Gute an sich, dass wir über geringfügige Sorgen leichter hinwegkommen als in normalen Zeiten und einsehen, wie oft wir schon über Dinge geklagt haben, die des Klagens nicht wert gewesen sind.»
> «Es gibt solche unter uns, deren Gott nicht der Herr, sondern das Geld ist. Die mögen nun zusehen, wie sie mit diesem Gott durchkommen werden in den kommenden Tagen und Wochen. [...] Es gibt solche unter uns, deren Gott, vom dem sie jetzt alle Hilfe erwarten, das Heer des Schweizer Volkes ist. Nun wohl, wir zweifeln nicht,

38 Der Zweite Weltkrieg brach am 1. September 1939 aus, am 3. September war der Tag der Mobilmachung in der Schweiz, Teilmobilmachungen waren aber schon an den vorangehenden Tagen erfolgt. Als Gemeindepfarrer war Wildberger von der Militärdienstpflicht befreit. Den Ruf, als Feldprediger zu wirken, lehnte er ab. Drei von sechs Luzerner Pfarrern (zwei in den Aussengemeinden) seien als Feldprediger eingeteilt und deshalb häufig abwesend. Einen weiteren Feldprediger möge es in der Gemeinde Luzern aus diesem Grund nicht leiden. (Brief von Hans Wildberger an Peter Vogelsanger am 16. Februar 1945. F.)

dass unsere Soldaten ihre Pflicht tun werden. Aber mehr als ihre Pflicht können sie nicht tun, mehr als menschliche Kraft vermag, vermögen sie nicht. Wir werden alle froh sein, wenn es nicht dazu kommen wird, dass wir die Macht unseres Heeres erproben müssen. Man kann jetzt in den Zeitungen sehr oft lesen: Wir haben unser Heer, das wird uns schützen. Wir können da nur sagen: *Wohl dem*, der weiss, dass Gott ihn schützt, wo auch der Schutz des bestgeschulten Heeres versagen könnte.»

«Von ihm sagt unser Psalmwort: *Von seinem festen Thron sieht er auf alle, die auf Erden wohnen.* Es ist schon gut, wenn wir das wissen: Über dieser Welt, da Throne schwanken und stürzen, sitzt einer, dessen Thron unumstösslich ist, einer, der nicht entthront werden kann, und wenn noch so viele irdische Herrscher entthront werden und irdische Reiche untergehen. Inmitten dieser Unbeständigkeit unserer Tage gibt es doch noch einen Ort, wo kein Schwanken möglich ist, wohin wir unsere Blicke jederzeit richten können. Der Thron Gottes ist der feste Punkt, der bleiben wird, mag noch so vieles unter uns zusammenstürzen.»

«*Er lenkt ihnen allen das Herz, er merkt auf ihre Werke.* Wie tröstlich ist das für uns. Das Schreien der Welt nach Gerechtigkeit wird nicht vergeblich sein. Das Geschick dieser Welt nimmt nicht einfach seinen Lauf; es ist einer da, der sieht es. Der sieht dieses furchtbare Treiben, das jetzt losgebrochen ist, sieht die Toten, die jetzt schon wieder die Schlachtfelder bedecken, sieht die Tränen, die geweint werden von denen, die von Haus und Hof vertrieben werden und ihre Heimat verlieren, sieht auch hinein in dein Herz, sieht deine Angst und deinen Kummer. Wir reden gern vom blinden Schicksal. [...] Nein, so ist es nicht. Es ist einer da, der merkt auf alle ihre Werke, noch mehr: *Er lenkt ihnen allen das Herz.*

Wir müssen das recht verstehen. Damit soll nicht gesagt werden: Was jetzt in dieser Welt geschieht, ist gut, denn Gott ist ja der Herr dieser Welt. Davon kann keine Rede sein, dass die Bibel das Weltgeschehen, auch das grausame, zerstörerische Wirken der Kriegsfurie, rechtfertigen wollte. Nur soviel will dieser Satz bedeuten: Auch wenn es jetzt so unheilvoll aussieht in unserer Welt und die Mächte des Bösen wieder einmal so sichtbar ihre Triumphe feiern können, so sind Gott die Zügel seiner Weltregierung doch nicht aus den Händen gefallen.»

«[...] damit behaupte ich nicht, Gottes Walten durchschaut zu haben. Über solche Dinge werden wir Menschen nie einig werden, da wir nun einmal nicht in Gottes Weltenplan hineinschauen können. Wir behaupten nicht, seine Gedanken enthüllen zu können. Umso mehr müssen wir dabei bleiben, dass er im Regimente sitzt,[39] auch wo wir sein Handeln nicht verstehen oder durchschauen können.»

«*Harren* bedeutet [...] warten. Es fällt uns in diesen Tagen schwer, zu warten. [...] Wir möchten so gerne wissen, wie alles sich entwickeln wird. Wir möchten zweifellos auch noch so gerne etwas sehen können vom gerechten Walten Gottes, von seiner *Hilfe*, davon, dass er unser *Schild* ist. Aber, *unsere Seele harrt*, sagt unser Textwort. Das wird eine harte Nuss sein für die kommenden Tage und Wochen, ja, wer weiss, Monate und Jahre. Üben wir uns darum in der Geduld.

Das Wort vom Harren ist aber nicht das letzte unseres Textes. *Unser Herz freut sich sein, und wir trauen auf seinen heiligen Namen.* Es bleibt uns also in aller Drangsal dieser Zeit noch eine Freude. Wirklich eine Freude, wenn wir wirklich zu denen

39 «Gott sitzt im Regimente», ein Zitat aus Paul Gerhardts Lied «Befiehl du deine Wege». Vgl. Lied 680,7 im Gesangbuch der Evangelisch-reformierten Kirchen der deutschsprachigen Schweiz, Basel und Zürich 1998. Diese Strophe wurde im Gottesdienst am 3. September 1939 in Luzern auch gesungen.

gehören, die *seinem heiligen Namen trauen!* Ich denke, es wird euch in diesen Tagen so gegangen sein wie mir: Es legte sich mir wie eine unendliche Last auf die Seele, dass es zu diesem Kriege kommen musste und Europa fünfundzwanzig Jahre nach dem letzten Weltkrieg, der mehr als vier Jahre gedauert hat, schon wieder vor einem neuen Weltkrieg steht. Zwanzig Jahre scheinen genügt zu haben, um die Erinnerungen an die vier Jahre vorher wieder vergessen zu machen, oder vielleicht sage ich besser: Zwanzig Jahre sind vergangen, und wir haben in dieser Zeit nichts Dauerndes zur Vermeidung solcher Katastrophen zu tun vermocht. Das ist eine unendlich schwere und drückende Erkenntnis für jeden, der darüber nachdenkt, und nicht zum Mindesten auch eine harte Anklage gegen die ganze Christenheit. Aber, meine Lieben, nun wollen wir es versuchen, diese Worte der Bibel nachzusprechen und ihnen nachzuleben: *Unser Herz freut sich sein.* Mag da kommen, was will, mag uns alles genommen werden, dessen wir uns freuen könnten, diese Freude an Gott bleibt uns doch. Er ist noch da, der himmlische Vater in seiner Treue, ihm können wir noch trauen, wo das Misstrauen sonst so deutlich recht bekommen hat. Diese Gewissheit haben wir noch, dass er *unsere Hilfe und* unser *Schild* ist. Möchte in diesen dunkeln Tagen die Freude darüber hell zu leuchten beginnen in unseren Herzen; dann wird diese Dunkelheit auch nicht umsonst über uns gekommen sein. Amen.»[40]

Wenn man Wildbergers Predigttätigkeit in Luzern überblickt (fast alle Predigttyposkripte sind erhalten), stellt man fest: Die Predigten werden lichter. Etwa im Vergleich zur Konfirmationspredigt in Wilchingen 1939[41] klingt die Konfirmationspredigt vom Palmsonntag 1941 neu. Text war Röm 1,16: «Ich schäme mich des Evangeliums von Christo nicht, denn es ist eine Kraft Gottes zum Heil allen, die daran glauben.»[42] Hier wird deutlich, dass das Evangelium eine Frohbotschaft ist. Wildbergers Sprache ist ermutigend. «Evangelium heisst gute Botschaft.»[43]

«Es gibt ja Situationen, wo treue Freunde und Eltern nicht mehr helfen können. Menschen können euch die drückende Last der Schuld nicht abnehmen, können euch vor dem grausamen Zugriff des Todes nicht bewahren. Wenn das Gewissen euch verklagt, so haben sie nicht die Befugnis, es zu stillen. Aber ihr sollt dann wissen: Christus ist da. Er ist für mich eingetreten, er verteidigt mich, ich brauche nichts zu fürchten, selbst nicht den Tod, nachdem er mich mit Gott versöhnt hat. Ihr werdet, wenn ihr seine Jünger geworden seid, sprechen können: Ich bin gewiss, dass weder Tod noch Leben, weder Gegenwärtiges noch Zukünftiges noch eine andere Macht mich scheiden kann von der Liebe Gottes in Jesus Christus meinem Herrn.[44] Ihr werdet vielleicht denken: Einen Herrn und einen Führer, das will ich mir noch gefallen lassen. Aber einen Erlöser brauche ich nicht. Ich nehme mein Leben schon selbst in die Hand. Ich werde mich ehrlich und redlich bemühen. Ich werde kämpfen mit Kraft und Zähigkeit. Dazu kann ich nur sagen. Gut so, so sollt ihr es machen!

40 Predigt vom 3. September 1939 in Luzern. F. Hervorhebung der Bibelstellen von F. J.

41 Vgl. oben S. 49f.

42 Mischform von Lutherbibel von 1912 und Zürcher Bibel von 1931.

43 Typoskript in Familienbesitz. Hier auch die folgenden Zitate.

44 Röm 8,38f.

Mit letzter Ehrlichkeit und Redlichkeit sollt ihr in das Leben eintreten, euch gar nichts vormachen lassen, aber auch euch selbst nichts vormachen. Kämpfen sollt ihr und euch nicht zufrieden geben mit einer halben Sache, mit Kompromissen, leeren Phrasen und dem äusseren Schein. Christen, das sind Menschen, die es eben so meinen und halten. Aber eben darum empfinden sie so tief und schwer die Not der menschlichen Sünde und wollen sich damit nicht abfinden. Und sie sind erst zufrieden, wenn sie in Jesus ihren Herrn und Erlöser gefunden haben, und ihr Herz kommt erst zur Ruhe in der Gewissheit der Erlösung.»

«Das müssen wir heute mehr denn je bedenken, wo sich so viele Kräfte in den Dienst des Bösen stellen und Unheil und Verderben über die Menschheit bringen. Die Kraft des Evangeliums kann all jenen dunkeln, unheimlichen Mächten die Stange halten, die in der Welt ihr Wesen treiben und die auch in euch selbst schlummern und zuweilen aufbrechen möchten, wie ein wilder Bergbach auf einmal die schönsten Wiesengelände verwüstet und metertief mit Schutt überdeckt. Ja, wo die Kraft des Evangeliums sich auswirkt, da werden auch unsere natürlichen Kräfte geheiligt und so in die rechten Bahnen gelenkt, wie der Bergbach, wenn er eingedämmt ist, anfangen muss, die Turbine zu treiben, und so der Menschheit Segen bringt, nachdem er sie vorher mit Verwüstung und Unheil bedroht hat.»

«Ihr sollt das Licht eures Glaubens leuchten lassen. Das erwartet die Kirche von euch, in die ihr heute als erwachsene Glieder aufgenommen werdet. […] Ist das zu viel erwartet von euch? Ist das eine zu grosse Zumutung? Nun, wir wissen wohl, dass es einen Kampf kostet und dass man von euch nicht verlangen kann, dass ihr mit diesem Kampf schon zu Ende seid. Aber als Ziel soll es euch allerdings unverrückt vor Augen stehen, wie ihr denn auch heute geloben wollt, die Lehre, in der ihr unterwiesen worden seid, in einem feinen und guten Herzen zu bewahren und ihr fleissig nachzudenken, damit ihr unter Gottes Führung zu eigner Gewissheit und selbständigem Glaubensleben heranwachset.»

So weit die Konfirmationspredigt von 1941! Sie zeigt: Nicht nur die Prediger beeinflussen ihre Gemeinden (oder versuchen es jedenfalls!), sondern auch diese wirken ihrerseits auf ihre Pfarrer zurück. Die aufgeschlossenere Atmosphäre in Luzern trug dazu bei, dass Wildberger selbst lebensfreundlicher und zuversichtlicher wurde.

Ein anderes schönes Beispiel für die menschliche und theologische Entwicklung Wildbergers zu einer weniger düsteren Haltung und zu grösserer Offenheit ist seine Radiopredigt über den «ungläubigen» Thomas vom 4. April 1948. In ihr arbeitete er heraus, dass Jesus Verständnis für Menschen mit Glaubensmühen hat. Jesus verurteilt den Zweifler nicht, sondern geht im Gegenteil auf ihn zu. Auch der Skeptiker hat Platz unter denen, die Jesus nachfolgen.

«Der heilige Gottesgeist zwingt uns nicht in ein gemachtes Schema hinein, zerstört unsere natürlichen Gaben nicht, sondern er heiligt uns, heiligt auch unsere Eigenheiten, damit sie brauchbar werden für seinen Dienst. […] ‹Er ist ein ungläubiger Thomas›, sagen wir von einem Menschen, der nicht glauben will. Wie Judas zum Urtypus des Verräters geworden ist, so Thomas zum Urtypus dessen, der nicht glaubt. Aber es ist gefährlich, einen Menschen so kurzerhand in eine bestimmte Kategorie

einzureihen. Das Leben ist ja viel abgestufter und reicher, als dass es mit kurzen Schlagworten begriffen werden könnte.»[45]
«Gerade in seinem Suchen und Zweifeln ist [Thomas] dem Reich Gottes ganz nah. Tief und innig ist er mit seinem Meister verbunden gewesen. Er hat ihn, ohne viel davon zu sagen, vielleicht mehr verehrt als irgendein anderer. Aber er ist eine schwerblütige, fast schwermütige Natur. Überall sieht er Schwierigkeiten; unter dem Hass und der Verfolgung leidet er mehr als seine Mitjünger; wie das Leben ohne seinen Meister weitergehen soll, kann er sich einfach nicht denken. Kein Wunder, dass dieser Mensch durch den Tod Jesu mehr als die andern getroffen worden ist. [...] Wir sind nicht erstaunt, dass es bei ihm mehr kostete als bei den andern, bis er der Auferstehung gewiss und froh geworden ist.»
«Sind unter uns, liebe Zuhörer, die Thomasnaturen ausgestorben? Ist es nicht für viele von euch überaus tröstlich, im Neuen Testament gerade einem Thomas zu begegnen? Auch unter uns sind sicher solche, die tief beeindruckt sind von der Gestalt Jesu. Sie spüren schon, tiefer als andere, die nicht so um ihren Glauben kämpfen müssen: da begegnet mir der lebendige Gott. Vor ihm kann und darf ich nicht ausweichen. Nein, ohne Glauben an ihn geht es nicht. Ohne ihn gibt es für mich nur die Verzweiflung und für die Welt das Chaos. Wenn Jesus nicht der auferstandene und lebendige Herr ist, woran kann ich mich dann noch halten? Und wo gibt es dann noch eine Hoffnung für die Welt? – Aber dann kommen all die Schwierigkeiten und Fragen. Und sie [die Menschen, die so fragen] haben es nicht so leicht wie andere: in eine ganze Hölle von Zweifeln werden sie hineingeworfen. Sie müssen hindurch, niemand kann es ihnen ersparen. ‹Ist das wirklich wahr, dass in dem einen aller Welt Heil erschienen ist? Darf ich wirklich seine Hand fassen und mich ihm anvertrauen? Geht es an, es einfach hinzunehmen, dass da einer für mich gestorben ist? Sollte er wirklich nicht im Tode geblieben sein? Muss man nicht die Osterberichte vielleicht doch ganz anders erklären, als die Kirche sie je und je ausgedeutet hat?›»
«Was soll man all denen antworten, die so oder ähnlich zu ringen haben? Einmal das: Siehst du, du bist nicht der erste, der durch diesen Kampf hindurch muss. Einer, der in der nächsten Nähe bei Jesus stand, der seine Worte hörte und seine Taten schaute, dem Augenzeugen von den Erscheinungen des Auferstandenen berichteten, hat genau so gerungen wie du. Und wenn auch nicht allen Jüngern der Kampf um den Glauben so heiss geworden ist, keinem wurde er erspart. Es ist nicht so, dass sich die Jünger blindlings, in bedenklicher Wundersucht auf den Glauben an den Auferstandenen gestürzt haben.»
«So lass dich's nicht befremden, wenn auch über dich solche Stunden kommen, wo der Zweifel seine schweren Geschosse gegen deinen Glauben wirft. Es ist noch nie einem, auch nicht den Augenzeugen Jesu, der Glaube in den Schoss gefallen. Wenn der Glaube eine Selbstverständlichkeit wäre, dann wäre er nicht mehr Glaube, sondern frommes Geschwätz, billige Mitläuferei. Verlasse dich darauf. Gott wirft dich gerade darum in solche Not [d. h. Anfechtung] hinein, weil er mit dir besonderes vorhat.»
«Dann erst wird uns die ganze Grösse des Glaubens offenbar, wenn wir es gewagt haben, in ihm über alle Zweifel, alle Widerstände, allen gegenteiligen Anschein hinüberzuspringen. Was wäre Glaube an Gott den Herrn in einer Welt, wo jeder es

45 Radiopredigt über Joh 20,24–29 am 4. April 1948, F. Hier auch die folgenden Zitate.

sehen müsste, dass Gott und kein anderer ihr Herr ist? Aber mitten in aller Gottlosigkeit dieser Welt, mitten in allem gottwidrigem Treiben der Menschen, bei allem Toben der Völker und vor aller Macht, die den Herren dieser Welt gegeben ist, es dennoch in aller Ruhe und Zuversicht glauben dürfen, dass diese Welt Gottes ist und er sie nicht aus seinen Händen lässt, das ist ein unerhörtes Vorrecht [...].»
«Wir wollen beten: Herr, Gott [...]. Vor dir ist alles offenbar. Du blickst hinein in die verborgensten Tiefen unseres Herzens. Du siehst all unsere Unruhe und unser Zagen, auch unser Glauben-Wollen und Zweifeln-Müssen. Gib uns die feste Gewissheit, dass Du auch in Zeiten des Suchens und Irrens bei uns bist und Deine Hand uns hält, auch wo unsere Augen geblendet sind und wir Dich nicht schauen können. Lass uns aufmerken auf Dein Walten in unserem Leben und öffne uns die Ohren für das Zeugnis Deines Wortes. Allen Widerstand, den wir deinem Rufen und Wirken entgegenbringen, zerbrich, und gib uns die Kraft, über alle Zweifel hinweg das Wunder Deiner Liebe zu fassen. Lass in Deiner Treue nicht ab, uns zu Dir zu ziehen, bis wir uns haben finden lassen und in der Gewissheit und Freude des Glaubens Dein Lob verkünden und die Herrlichkeit Deiner göttlichen Gnade preisen. Amen.»

Es waren dies neue Töne. Die Atmosphäre im internationalen Luzern hatte Wildberger und seine Theologie beflügelt und freier gemacht.

In die ersten Jahre in Luzern fällt auch die Fertigstellung von Wildbergers Dissertation «Jahwewort und prophetische Rede bei Jeremia».[46] Den grösseren Teil hatte er in Wilchingen geschrieben und das Buch dann trotz hoher Arbeitslast in den ersten zwei Jahren in Luzern «nebenbei» zur Vollendung gebracht. Regelmässig besuchte er an seinen freien Tagen auch Lehrveranstaltungen an der Universität Zürich.[47] Das Doktorexamen fand im Oktober 1941 statt,[48] während das Buch 1942 erschien. Seine endgültige Hinwendung zum Alten Testament wird hier zum ersten Mal wirklich greifbar.

---

46 Hans Wildberger: Jahwewort und prophetische Rede bei Jeremia. Zürich 1942.

47 Gemässe seinem Curriculum Vitae von 1941 besuchte er Seminare über Deuterojesaja und über Sünde und Gnade im Alten Testament bei Ludwig Köhler, ein Seminar über den Epheserbrief bei Werner Georg Kümmel und eines über Augustin bei Emil Brunner sowie Vorlesungen über Pastoraltheologie bei Walter Gut.

48 Die wissenschaftliche Hausarbeit (innerhalb von drei Tagen) schrieb er über das vom Neutestamentler Gottlob Schrenk (1879–1965) gestellte Thema «Die Stellung des Johannesevangeliums zum Judentum». In seinem Gutachten zu Handen der Fakultät (UAZ G.1.1.034–035) berichtet Schrenk, dass er Wildberger am 1. Oktober 1941 persönlich drei Koffer mit Fachliteratur nach Luzern brachte. Wildberger habe innerhalb der kurzen ihm zur Verfügung stehenden Zeit eine «sehr gute Leistung» erbracht, obwohl er mit der Thematik und besonders mit neueren Publikationen wenig oder überhaupt nicht vertraut gewesen sei. Bultmanns eben gerade (1941) erschienenen Johanneskommentar habe er erst während dieser Hausarbeit zur Kenntnis nehmen müssen. Seine Leistung sei umso mehr erstaunlich. – Das Manuskript dieser Arbeit ist im Familienarchiv erhalten.

Die Dissertation von 1942

Bereits in der Einleitung dieser Biographie[49] wurde angedeutet, dass sich Wildberger auch in seiner Dissertation als Anhänger der Dialektischen Theologie zu erkennen gab oder – wie man treffender formulieren könnte – als Anhänger einer Theologie des Wortes Gottes bzw. der Offenbarung. Wenn es ihm gelungen sei, sagte er zusammenfassend, «zu zeigen, dass und wie der Prophet sich in seinem Reden auf klar umrissene Offenbarung [...] beruft und dass seine Botschaft, auch wo er selbst das Wort ergreift, in strengstem Sinne auf das Offenbarungswort bezogen ist, soll es mir genug sein».[50] Der Freiburger Alttestamentler Adrian Schenker stellte dazu fest: «Das Hauptinteresse gilt dem Verhältnis von Jahwe-Worten und den eigenen Reden des Propheten. Diese Reden des Propheten sind nach Wildberger alle auf Jahwe-Worte bezogen, denn sie setzen solche immer voraus, erklären sie, begründen sie oder ringen um sie. Sie sind Auslegungen dieser Worte Jahwes und dienen dazu, sie dem Volk zu vermitteln. Dies lässt sich im Einzelnen zeigen. Die Eigenworte Jeremias sind in gebundener Form, die Jahwe-Worte in Prosa.»[51] «Der Prophet ist Offenbarungsempfänger, und es reicht nicht, ihn aus psychologischen Voraussetzungen zu erklären.»[52]

Doch diese Beobachtungen genügen nicht, um Wildbergers erstes Buch zu charakterisieren. Ebenso wichtig – wenn nicht sogar zentraler – ist die Tatsache, dass er als guter Schüler Ludwig Köhlers gleichzeitig in der Nachfolge der – wenn man das Wort gebrauchen möchte – klassischen «liberalen» Theologie stand. Ludwig Köhler selbst hatte während seines Theologiestudiums in Zürich am meisten vom Neutestamentler Paul Wilhelm Schmiedel (1851–1935) gelernt, einem Vertreter der streng historisch-kritischen Exegese.[53] 1923 hatte Köhler die Studie «Deuterojesaja stilkritisch untersucht»[54] publiziert. Dies mag erklären, dass Wildbergers Dissertation «streng stilkritisch und gattungsgeschichtlich ausgerichtet» ist.[55] Köhler selbst hatte seinen Doktoranden zu dieser Arbeit angeregt.[56] Schenker schreibt:

> «Methodisch arbeitet Wildberger formgeschichtlich, wobei er zwischen stil- und gattungskritisch unterscheidet. Seine Dissertation fügt sich in die formgeschichtlichen

49 Vgl. oben S. 9f.

50 A. a. O.

51 Adrian Schenker in einem Brief an den Verfasser vom 24. Juli 2013. (Adrian Schenker, *1939, Dominikaner, ist emeritierter Professor für alttestamentliche Wissenschaft an der Universität Freiburg/Schweiz.)

52 A. a. O.

53 Vgl. Fritz Maass: Artikel «Ludwig Köhler» in: RGG, 3. Auflage, Bd. 3, Tübingen 1959, Sp. 1690. Zu Paul Wilhelm Schmiedel vgl. Frank Jehle: Emil Brunner. Theologe im 20. Jahrhundert. Zürich 2006, S. 629 und öfters.

54 Ludwig Köhler: Deuterojesaja (Jesaja 40–55) stilkritisch untersucht. Giessen 1923.

55 Ebenfalls Adrian Schenker in seinem Brief an den Verfasser.

56 So der Lebenslauf am Schluss der Dissertation.

Studien der dreissiger und vierziger Jahre ein, welche sprachliche Formeln suchten und bestimmten. Diese Methode verbindet er mit der literarkritischen Methode, die bei ihm vor allem in den Verfassern Bernhard Duhm, Gustav Hölscher, Paul Volz gegenwärtig ist, die er oft zitiert, um seine literarkritischen Urteile abzustützen. [...][57] Die Literarkritik benützt er ausgiebig, um zwischen echten und unechten Stücken zu scheiden und um die überlieferten Texte in grossem Massstab zu korrigieren. Das war die damals übliche Vorgehensweise.»[58]

Gemäss Adrian Schenker handelt es sich in Wildbergers Dissertation «um eine besonders in den stilkritischen Untersuchungen sorgfältige exegetische Arbeit, die deutlich den wissenschaftlichen und theologischen Kontext der frühen vierziger Jahre erkennen» lasse.[59] Im Rahmen des in der deutschsprachigen alttestamentlichen Wissenschaft in jenen Jahren Üblichen falle bei Wildberger auf – so immer noch Adrian Schenker –, dass der polnisch-deutsche Exeget und «Theologe» Abraham Heschel (1907–1972, ab 1940 in den USA) eine wichtige Rolle spiele, die sich in zahlreichen Zitaten spiegle.[60] (Ab den vierziger Jahren pflegte Wildberger allgemein mit jüdischen Gelehrten einen engen Kontakt.)[61] Es falle auf, dass Wildberger (in Übereinstimmung mit Heschel) ganz dezidiert die Offenbarung als Wortoffenbarung definiere und andere Formen der Offenbarung wie Visionen abwerte, ja sogar ausschliesse, «obwohl das Buch Jeremia ja einige an den Propheten ergangene Visionen enthält.»[62] Wildberger war hier zugleich ein treuer Schüler der Reformation. Nicht umsonst gibt es keinen Apokalypsekommentar von Johannes Calvin. Und bekannt ist, dass Luther das letzte Buch der Bibel aus dem Kanon ausschloss, u. a. mit der Begründung, es rede mit Traumbildern und nicht «mit klaren vnd durren worten».[63]

Obschon «Jahwewort und prophetische Rede bei Jeremia» mitten im Zweiten Weltkrieg erschien, fand es in der Fachwelt ein erfreuliches Echo.

Auch jüdische Gelehrte nahmen es mit Zustimmung zur Kenntnis, so der nachmalige Rabbiner Salomon Speier, der sich als Nr. 364 im Flücht-

57 «Andere wichtige Kommentatoren jener literarkritischen Generation um 1900 wie Giesebrecht und Cornill fehlen hingegen.» (Adrian Schenker.)

58 Ebenfalls Adrian Schenker in seinem Brief an den Verfasser.

59 A. a. O. Ebenfalls sei «deutlich, dass die Dissertation im Rahmen der damaligen Dissertationen zu sehen ist, bei welchen Vollständigkeit der Literatur und Berücksichtigung der vorhergehenden Forschung viel weniger wichtig waren, als sie es später werden sollten.»

60 A. a. O. Vgl. Abraham Joshua Heschel: Das Prophetische Bewusstsein. Krakau 1936 (geschrieben als Dissertation in Berlin 1932). Wildberger erwarb später auch: Abraham J. Heschel: The Prophets. New York and Evanston 1962. (In Familienbesitz.)

61 Noch am 13. Dezember 1979 hielt er einen Vortrag auf Einladung des Jüdischen Nationalfonds Zürich «Aus der Geschichte des Negev».

62 Ebenfalls Adrian Schenker in seinem Brief an den Verfasser.

63 Vgl. Martin Luther: Das newe Testament Deutsch, Wittenberg 1522, Vorrede auf die Johannesoffenbarung, nicht paginiert.

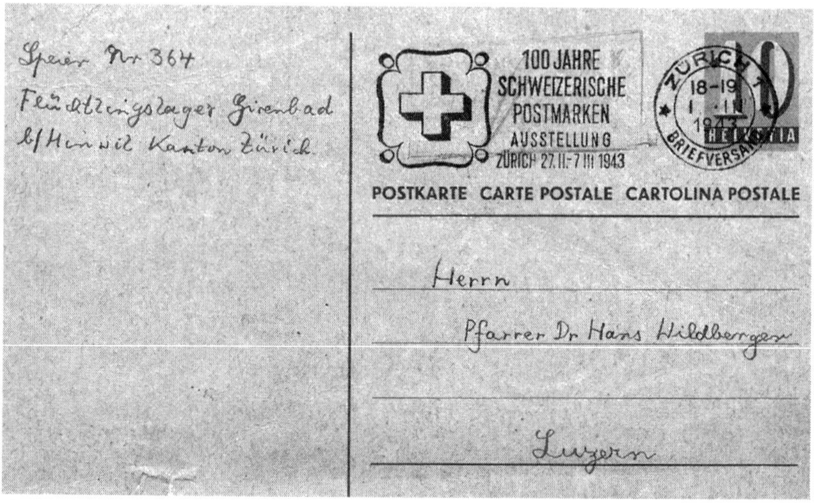

Karte von Salomon Speier, Nr. 364, aus dem Flüchtlingslager Girenbad. (Familienbesitz)

lingslager Girenbad aufhielt und später u. a. als Lehrbeauftragter für rabbinische Schriftauslegung an der Theologischen Fakultät der Universität Zürich wirkte.[64]

Wenn die Dissertation von der Mehrheit der Theologischen Fakultät in Zürich nicht für gut befunden worden wäre, hätte man Wildberger 1951 nicht als Professor berufen. Die Einleitungen in das Alte Testament von Otto Eissfeldt (1956),[65] Georg Fohrer (1965)[66] und Otto Kaiser (1969)[67] weisen auf das Buch hin, obwohl ihre bibliographischen Angaben nicht den Anspruch darauf erheben, lückenlos zu sein. Ähnlich steht es mit dem

64 Briefkarte von Salomon Speier an Hans Wildberger am 26. Februar 1943. F. – Salomon Speier (geboren am 9. Mai 1907 in Frankfurt a. M. und gestorben am 14. April 1973 in Zürich, Auskunft Nicola Behrens vom Stadtarchiv Zürich) publizierte u. a. Peschate di-Kera: Schriftdeutungen nach dem einfachen Wortsinn. Frankfurt am Main 1938; Bemerkungen zu Amos. Barcelona 1956; Sieben Stellen des Psalmentargums in Handschriften und Druckausgaben. Rom 1967. In der Zeit, als Wildberger Professor war, figuriert «Rabbiner Speier, Löwenstrasse 12» unter den Lehrbeauftragen der Universität Zürich. Vgl. die Vorlesungsverzeichnisse im Universitätsarchiv.

65 Otto Eissfeldt: Einleitung in das Alte Testament. 2., völlig neubearbeitete Auflage. Tübingen 1956, S. 420. Fortan abgekürzt mit: «Eissfeldt».

66 Einleitung in das Alte Testament. Begründet von Ernst Sellin, völlig neu bearbeitet von Georg Fohrer. Zehnte Auflage. Heidelberg 1965, S. 427.

67 Otto Kaiser: Einleitung in das Alte Testament. Gütersloh 1969, S. 184.

Jeremiakommentar von Siegfried Herrmann (erste Lieferung 1986), der Wildbergers Buch ebenfalls nennt.[68]

Wildberger selbst blieb dem Thema Jeremia während Jahren treu. In seinen späteren Luzerner Jahren erarbeitete er einen Jeremiakommentar, der im Zürcher Zwingli-Verlag in der Reihe «Prophezei» hätte erscheinen sollen. Weil der Verlag in eine finanzielle Krise geriet, konnte das Buch zu Wildbergers Bedauern dann allerdings nicht gedruckt werden. Das Typoskript ist erhalten.[69] Bei Wildbergers Berufung an die Universität Zürich spielte es eine nicht unwesentliche Rolle.[70]

Wenn man das Typoskript durchgeht, nimmt man wahr, dass Wildberger – wie nicht anders zu erwarten – auf den stil- und gattungsgeschichtlichen Resultaten seiner Dissertation aufbaut. Inhaltlich-theologisch war Jeremia für ihn nicht ein religiöses Genie, sondern ein Verkündiger des Wortes Gottes, das er selbst empfangen hatte – auch für uns heute. Das Schicksal des Propheten sei eine Vorwegnahme der Lieder vom leidenden Gottesknecht im Buch Jesaja und noch mehr des Leidens Jesu. Jeremia «bezeugt [...] die Gewalt des Jahwewortes. Indem er sein Innerstes enthüllt, wird offenbar, was es ist um die Begegnung mit dem Wort des Herrn.»

> «Sich mit Gottes Wort einlassen, ihm zu Diensten sein und sich ihm ausliefern, das heisst um seinetwillen *leiden* müssen. Man kann Gottes Sache in dieser Welt nicht vertreten, ohne dass man den ganzen Widerstand, den die Welt Gott entgegensetzt, an sich selbst zu spüren bekommt. Jeremia *hat* ihn zu spüren bekommen, innerlich und äusserlich. Er war auch nicht ein Mensch, der ihn leicht getragen hat, aber er *hat* ihn getragen. Er ist Gott nicht untreu geworden und wurde auch so der Vorläufer dessen, der am Kreuz geschrien hat: Mein Gott, mein Gott, warum hast du mich verlassen!»[71]

Dass Wildberger als ausgewiesener Jeremia-Experte galt, geht daraus hervor, dass er beauftragt wurde, für die dritte Auflage der Enzyklopädie «Die Religion in Geschichte und Gegenwart» (RGG) zwei grosse Artikel zu schreiben: «Jeremia» und «Jeremiabuch».[72] Beide sind bis heute lesens-

68 Siegfried Herrmann: Jeremia. 1. Lieferung. Neukirchen-Vluyn 1986, S. 1. (Biblischer Kommentar, Altes Testament, XII,1.)

69 Im Familienarchiv. Zwei Exemplare, 339 Seiten.

70 Vgl. Brief von Victor Maag an Hans Wildberger vom 10. Mai 1951 und Brief von Hans Wildberger an Victor Maag, nicht datiert, beide F. In Wildbergers Brief: «Wäre der Zwingliverlag nicht in Schwierigkeiten geraten, so wäre [die Auslegung für die Gemeinde] schon längst gedruckt, sind es doch bald zwei Jahre her [also 1949!], seit ich sie abgeliefert habe.»

71 Typoskript, S. 29.

72 Hans Wildberger: Artikel «Jeremia» und «Jeremiabuch» in: RGG, 3. Auflage, Bd. 3, Tübingen 1959, Sp. 581–584 und Sp. 584–590.

wert, auch wenn manches überholt ist. – In der vierten Auflage der RGG (ab 1998) wird Wildberger im Zusammenhang mit Jeremia nicht mehr genannt.

Professor in Zürich

Bereits im Frühling 1950 hatte es sich abgezeichnet, dass Walther Zimmerli (1907–1983), seit 1935 theologisch «positiver» Alttestamentler an der Zürcher Universität, die Schweiz verlassen würde. Ein Ruf aus dem traditionsreichen Göttingen hatte ihn erreicht. Victor Maag (1910–2002), als Nachfolger Ludwig Köhlers seit 1948 Inhaber des «liberalen» Lehrstuhls für Altes Testament, machte sich sofort daran, eine Liste möglicher Alttestamentler zu erstellen und diese zu evaluieren. Wildberger war darauf. Maag bewertete ihn wohlwollend, auch wenn er sein Prophetenverständnis «einseitig» fand, zu wenig «psychologisch». «Trotz dieser Mängel» dürfe Wildbergers Dissertation «als eine wesentliche Förderung der Lösung der Frage nach dem phänomenologischen Ort von Gotteswort und Prophetenwort gewürdigt werden».[1] Nachdem Maag Wildbergers ungedruckten Jeremiakommentar[2] hatte lesen dürfen, wurde seine Beurteilung noch positiver.

Im Sommer 1951 war es so weit: Der Regierungsrat des Kantons Zürich wählte Wildberger am 2. August gemäss dem einstimmigen Antrag der Theologischen Fakultät auf den 16. Oktober desselben Jahres zum Extraordinarius (Lehrverpflichtung fünf bis acht Wochenstunden) für alttestamentliche Wissenschaft und allgemeine Religionsgeschichte an der Theologischen Fakultät der Universität Zürich. (Seine Beförderung zum Ordinarius – Lehrverpflichtung acht bis zwölf Wochenstunden – erfolgte auf Beginn des Sommersemesters 1955.) Die Fakultät hatte ihn primo loco vorgeschlagen.[3] Laut einem späteren Rückblick des Dekanats der Theologischen Fakultät zu Handen der Erziehungsdirektion[4] habe man Wild-

1 Gutachten Maag vom 26. April 1950. UAZ G.1.1.43.

2 Vgl. oben S. 77. Offenbar gab es – ungenannte – Stimmen, die Wildberger vorwarfen, wissenschaftlich zu wenig publiziert zu haben und nicht habilitiert zu sein. Zugunsten Wildbergers wurden verschiedene wissenschaftliche Rezensionen in der Zeitschrift Judaica in die Waagschale geworfen. Vgl. die Bibliographie unten, S. 203ff.

3 Die Fakultät setzte sich damals folgendermassen zusammen: Victor Maag (1910–2002), Altes Testament, Eduard Schweizer (1913–2006), Neues Testament, Fritz Blanke (1900–1967), Kirchengeschichte, Dekan Emil Brunner (1889–1966) und Walter Gut (1890–1961), beide Systematische Theologie, sowie Ernst Frick (1894–1963), Extraordinarius für Praktische Theologie, Pfarrer in Zürich-Unterstrass und in zahlreichen Ämtern einflussreicher Kirchenpolitiker. Der zweite neutestamentliche Lehrstuhl war seit dem Weggang Werner Georg Kümmels (1905–1995) vakant, bis er 1954 mit Hans Conzelmann (1915–1989) wieder besetzt werden konnte. An die Stelle Emil Brunners trat 1954 Arthur Rich (1910–1992), während Gerhard Ebeling (1912–2001) 1956 auf Walter Gut folgte.

4 UAZ AB. 1.1108. Datiert am 17. März 1975.

berger unter grundsätzlichem Verzicht auf die Arabistik[5] und unter vorläufigem Verzicht auf eine Beteiligung an der Religionsgeschichte berufen. Nach seiner Einarbeitung in Iranistik habe er dann aber im Jahre 1955 die für ihn zusätzlich vorgesehene Lehrverpflichtung für Allgemeine Religionsgeschichte (hauptsächlich iranisch-indisch-ostasiatische Religionen), jetzt im Rahmen eines Ordinariates ad personam, übernommen. – Aus den Unterlagen im Universitätsarchiv geht hervor, dass die Fakultät – abgesehen von der wissenschaftlichen Qualifikation – «Dr. Wildberger» als «charakterlich [...] reife, besonnene und in jeder Hinsicht gediegene Persönlichkeit» beschrieben hatte.[6]

Die Wahl durch den Zürcher Regierungsrat wurde in vielen Zeitungen publiziert – nicht nur in Zürich und in der Zentralschweiz, sondern auch in Schaffhausen und im Kanton Bern. Eine Flut von Glückwunschschreiben traf ein.[7] Walther Zimmerli (1907–1983), der nach langwierigen Verhandlungen im Frühling 1951 endlich nach Göttingen umgezogen war, schrieb aus seinen Sommerferien in der Nähe von Schiers im Kanton Graubünden: «Es ist eine Lust, Alttestamentler zu sein.»[8] Der Rektor der Universität, der Chemiker und Nobelpreisträger Paul Karrer (1889–1971), begrüsste ihn als neuen Kollegen, ebenso der Systematische Theologe Walter Gut (1890–1961)[9] und der Extraordinarius (an der Universität nur teilzeitlich als Praktischer Theologe tätige), Pfarrer und Kirchenrat Ernst Frick (1894–1963).[10] – Aus Luzern gratulierten die Politiker Franz Xaver Leu (1904–1984, konservativ-christlichsozial, Regierungsrat), Paul Kopp

5 Jakob Hausheer (1865–1943, Lehrtätigkeit bis 1935), Wildbergers Vorvorgänger, und Walther Zimmerli, sein eigentlicher Vorgänger auf dem Lehrstuhl, hatten diese noch vertreten.

6 UAZ AB. 1.1108.

7 Im Familienarchiv gibt es eine ganze Schachtel.

8 Walther Zimmerli an Hans Wildberger am 6. August 1951. F. Dem Brief lässt sich nebenbei entnehmen, dass Zimmerli froh war, in Göttingen nicht mehr mit dem «Bleigewicht der Religionsgeschichte und der Orientalia» belastet zu sein. «Ich habe mit dem Alten Testament gerade genug zu tun und aufzuholen.»

9 Walter Gut an Hans Wildberger am 5. August 1951. F. «Eine theologische Fakultät als Glied der Universität ist allezeit bedroht, bedroht von aussen oder von Elementen innerhalb kirchlicher Kreise; sie ist bedroht in ihrer Freiheit, d. h. in ihrer Gebundenheit allein an Gottes Wort in Heiliger Schrift. Auch darum freue ich mich Ihrer Gegenwart in unserer Fakultät und Universität im herzlichen Vertrauen zu Ihrer männlichen Klarheit und Tapferkeit. In diesem Vertrauen bin ich erneut gewiss und froh geworden bei Ihrer Pfingstpredigt, deren Worte ich sehr gerne selber gesagt haben wollte.» Im Zusammenhang mit dem Berufungsverfahren hatte Gut also Wildbergers Pfingstgottesdienst in Luzern besucht.

10 Ernst Frick an Hans Wildberger am 9. August 1951. F. «Für Sie bedeutet es ja eine grosse Umstellung, Lebensentscheidung. Ich hoffe mit Ihnen, sie möchte für Sie persönlich wie für die Sache, der wir gemeinsam dienen, zum Segen sein.»

(1900–1984, freisinnig, Stadtrat und nachmaliger Stadtpräsident), viele Gemeindeglieder, aber auch Vertreter der römisch-katholischen Kirche. Ein katholischer Katechet schrieb, womit er die Stimmung vieler auf den Punkt brachte: «[Ich freue mich] herzlich für Sie, aber nicht für Luzern!»[11]

Wildberger galt als theologisch positiv[12] – im Unterschied zu Victor Maag, der sich als liberal verstand. Damit hängt zusammen, dass ihm die aus Pietismus und Erweckungsbewegung hervorgegangene Evangelische Gesellschaft aus einem Fonds zur Unterstützung positiver Theologieprofessoren – ohne dass er sich darum bemüht hätte – die damals sehr stattliche Summe von tausend Franken für die Umzugskosten überreichte, verbunden mit der Bemerkung, in den kommenden Jahren dürfe er sich ruhig vertrauensvoll wieder an die gleiche Kasse wenden. Der Präsident dieser Einrichtung, Hermann Grossmann (1890–1972), Pfarrer am Fraumünster in Zürich, schrieb ihm: «Du weisst um die Gemeinde und um die in Christus zentralisierte Offenbarung und wirst darum in Deiner Auslegung des Alten Testamentes nicht in Quellen-Kritik und religionsgeschichtlichen Spezialitäten stecken bleiben, sondern so theologisch Deine Arbeit tun, dass der Verkündigung gedient sei, und doch kommt die auf die Sache gerichtete Wissenschaft dabei gewiss nicht zu kurz.»[13] Auch andere Gratulanten zeigten sich darüber befriedigt, dass die Studenten das Alte Testament durch die Vermittlung eines «gläubigen» Professors kennenlernen konnten. Hohe, wenn auch teilweise falsche, Erwartungen waren damit verbunden, wenn z. B. jemand schrieb, er hoffe, dass Wildberger des Alte Testament im Sinne von Wilhelm Vischers (1895–1988) «Das Christuszeugnis des Alten Testaments» (erster Bd. 1934) auslegen werde, was Wildberger aber eindeutig nicht entsprach.[14] – Emil Brunner (Dekan der theologischen Fakultät und ebenfalls «positiv») schrieb ihm: «Ganz besonders wird es ja Ihnen zufallen, den Studenten zu helfen, den Weg zu finden

11 Felix Gutzwiller an Hans Wildberger, ohne Datum. F.

12 Diese Einschätzung Wildbergers geht auch daraus hervor, dass er 1945 angefragt wurde, ob er nicht theologischer Lehrer bei der Pilgermission St. Chrischona in Bettingen bei Basel werden möchte. Vgl. Brief der Pilgermission an Hans Wildberger vom 30. Juli 1945. F.

13 Hermann Grossmann an Hans Wildberger am 22. August 1951. F. Bis zu seiner Beförderung zum Ordinarius erhielt Wildberger durch Grossmann regelmässig für die damalige Zeit respektable Summen (in der Regel 500 Franken im Jahr).

14 In seiner Vorlesung «A. T. Theologie» im Wintersemester 1954/55 (Typoskript in F.) äusserte sich Wildberger dezidiert kritisch über Wilhelm Vischer: «[...] das Eigenzeugnis des Alten Testaments» werde «zerstört». «Man weiss zum vornherein, wovon man reden muss. Es ist keine Frage, dass hier nicht Exegese [Auslegung], sondern Eisegese [Einlegung] getrieben wird. Das Alte Testament muss [bei Vischer] sagen, was das Neue sagt. Wenn dem aber so ist, wenn das Alte Testament nicht mehr seine eigene Stimme erheben, seine eigene Botschaft sagen darf, dann wäre ja letzten Endes die Tilgung aus dem christlichen Kanon kein wirklicher Verlust.» S. 10.

von einer bloss kritisch historischen zu einer theologischen Auslegung des Alten Testaments, als Wegweisung zu ihrer künftigen homiletischen Auslegung für die Gemeinde. Darnach ist heute ein ganz besonderes Bedürfnis, und hier besteht ja auch eine Lücke überall, die auszufüllen die Aufgabe der Alttestamentler unserer Generation ist.»[15]

Ein aufschlussreicher Gratulationsbrief kam von dem eine Generation älteren Basler Alttestamentler und Orientalisten Walter Baumgartner (1887–1970), der Wildberger förmlich als Mitglied seiner Zunft begrüsste. Aus dem Brief geht hervor, dass Wildberger von Luzern aus bei Baumgartner orientalistische Lehrveranstaltungen besucht hatte. (Baumgartner hatte im Sommersemester 1950 in Zürich Äthiopisch und Akkadisch unterrichtet.)[16] Dieser drückte seine Hoffnung aus, dass Wildberger auch als Universitätsprofessor sich weiter Zeit für solche wissenschaftlich fruchtbare Begegnungen nehmen werde. Auch der andere Basler Alttestamentler, Walter Eichrodt (1890–1978), und der Berner Alttestamentler Johann Jakob Stamm (1910–1993) gratulierten.[17] Der Kirchenhistoriker Fritz Blanke (1900–1967) schrieb: «Ich freue mich, dass wir in enger Gemeinschaft fortan für das gleiche Ziel arbeiten dürfen.»[18]

Glückwunschschreiben aus dem engeren Familienkreis dokumentieren, dass Wildberger eine akademische Lehrtätigkeit seit Jahren intensiv angestrebt hatte. Wohl veranlasst durch ihre Mutter, gratulierten beide Töchter schriftlich. Die ältere Tochter schrieb – etwas altklug – auf einer Briefkarte mit einem selbstgemalten Alpenblumenstrauss: «Ich danke Dir, dass Du immer so pflichtbewusst warst in allem und jede freie Minute zu Deiner Weiterbildung aufspartest.»

Der Abschiedsgottesdienst in Luzern (es wurde auch das Abendmahl gefeiert, und der Kirchenchor wirkte mit) fand am 23. September 1951 in der vollbesetzten Matthäuskirche statt. Predigttext war 2Kor 13,13: «Die Gnade unsers HERRN Jesu Christi und die Liebe Gottes und die Gemeinschaft des heiligen Geistes sei mit euch allen! Amen.»[19]

Ende September/Anfang Oktober 1951 fand der Umzug nach Zürich statt. Mit einem Chiffre-Inserat in der «Neuen Zürcher Zeitung» hatte man eine passende Wohnung gesucht.

Die Familie Wildberger wurde fündig im ersten Stock des Hauses Klosbachstrasse 133 in Zürich-Hottingen, einige Schritte von der Tramstation

15 Emil Brunner an Hans Wildberger am 29. August 1951. F.

16 Vgl. Vorlesungsverzeichnis im UAZ.

17 Walter Eichrodt an Hans Wildberger am 16. September 1951. F. Johann Jakob Stamm an Hans Wildberger am 5. August 1951. F.

18 Fritz Blanke an Hans Wildberger am 4. August 1951. F.

19 Lutherbibel von 1912.

Farbstiftzeichnung Veronika Wildbergers auf Gratulationskarte (Familienarchiv)

Römerhof entfernt. Sowohl die Universität als auch die Schulhäuser der Kinder waren zu Fuss gut erreichbar. Die Wohnung war zwar nicht so prächtig wie diejenige in Luzern und für eine Familie mit drei Kindern und einem Vater, der zu Hause arbeitete,[20] eher etwas klein. Aber immerhin! Gegen die Klosbachstrasse hin gab es ein grosses Wohnzimmer und ein noch grösseres Esszimmer mit einem Erker. Beide waren durch eine Schiebetüre verbunden, die in der Regel offenstand. Weiter gab es ein Elternschlafzimmer, das Studierzimmer für den Vater, ein Zimmer für den Sohn Hannes sowie Küche und Badezimmer. Die beiden Mädchen – inzwischen 16 und 14 Jahre alt – fanden in zwei winzigen Dachmansarden (früher für Hausangestellte bestimmt) eine Bleibe, wo sie ihr eigenes Reich aufbauen konnten. Der Alltag begann.

Akademiker sucht in der Nähe der Hochschule (Kreis 1, 6, 7, 8) eine ruhige, sonnige

5-7-Zimmer-Wohnung

bezugsbereit 1.—30. Okt. 1951. In Frage käme auch Kauf eines Einfamilienhauses in den genannten Stadtkreisen. Offerten bitte unter Chiffre U 14545 an die Ann.-Abt. der Neuen Zürcher Zeitung, Zürich 1 oder direkt an Tel. (041) 2 24 39.

Chiffre-Inserat in der NZZ (Familienarchiv)

20 Theologieprofessoren hatten damals noch keine Arbeitsplätze in Gebäuden der Universität.

Nicht chronologisch, wohl aber von der Sache her steht am Anfang von Wildbergers Tätigkeit als Professor seine feierliche Antrittsvorlesung am 14. Juni 1952 in der bis zum letzten Platz besetzten Aula der Universität. Der aus Luzern stammende Theologiestudent und spätere Pfarrer Fritz Portmann (1931–2011) schrieb begeistert im «Evangelischen Gemeindeblatt für die Diaspora der Zentralschweiz und des Kantons Tessin», «Herr Professor Wildberger», der sich bei Dozenten und Studenten bereits sehr grossen Ansehens und ausserordentlicher Beliebtheit erfreue, habe vor einer sehr zahlreich erschienenen Hörerschaft gesprochen, unter der man Herrn Rektor Dr. Walter Gut, viele Professoren und [sogar] einige Pfarrer aus Luzern bemerkte.[21]

Thema der Antrittsvorlesung war «Die Bedeutung der neu gefundenen Jesaja-Handschrift». Bereits am 9. Juli wurde die Vorlesung ungekürzt (wenn auch verständlicherweise ohne Anmerkungen) in der «Neuen Zürcher Zeitung» publiziert.[22] Das Interesse der Öffentlichkeit war gross. Wildberger hatte den Nerv der Zeit getroffen und sprach über etwas für die meisten Unbekanntes.

Zur Erinnerung: 1947 fanden Beduinen in einer Höhle unweit des Toten Meers und der Stadt Jericho verschiedene Schriftrollen, die (wie man heute weiss) eine der wichtigsten archäologischen Entdeckungen des 20. Jahrhunderts darstellen und die Forschung jahrzehntelang bewegten. (Später entdeckte man zehn weitere Höhlen mit anderen Texten. Sie geben Einblick in die religiöse Welt einer jüdischen Sondergruppe, die nach Auffassung der Ausgräber in der nahe den Höhlen gelegenen Siedlung Qumran[23] lebte.)

1952, als Wildberger seine Antrittsvorlesung hielt, hatten die meisten der Anwesenden in der Aula wohl erst gerüchteweise etwas davon gehört. Den Fachexperten lag aber bereits damals viel wissenschaftliches Material vor. Wegen des Kriegs zwischen dem jungen Staat Israel und seinen arabischen Nachbarn von Mai 1948 bis Juli 1949 war zwar einige Zeit verstrichen, bis die neu entdeckten Schriftrollen der Fachwelt zugänglich gemacht werden konnten. Viele Gelehrte waren aber so elektrisiert, dass es geradezu zu einer publizistischen «Explosion» kam.

21 «Universität Zürich: Antrittsrede von Herrn Prof. Dr. H. Wildberger», Evangelisches Gemeindeblatt für die Diaspora der Zentralschweiz und des Kantons Tessin, 40. Jahrgang, Nr. 1, Ausgabe für die Kirchgemeinde Luzern, Luzern, Juli 1952, S. 6f., gezeichnet mit «po.».

22 Hans Wildberger: Die Bedeutung der neu gefundenen Jesaja-Handschrift, Neue Zürcher Zeitung vom 9. Juli 1952, Nrn. 1505, 1510 und 1511.

23 Ausgegraben in den Jahren 1951 bis 1958.

Hans Wildberger in Qumran im Herbst 1973 (Familienarchiv, vgl. Titelbild)

In zahlreichen Fachorganen erschienen ab 1948 Artikel auf Neuhebräisch, Englisch, Französisch, Niederländisch und sogar Lateinisch.[24] 1950 wurde in New Haven der erste Band einer sorgfältigen wissenschaftlichen Edition der ersten beiden Rollen herausgegeben, dem 1951 der zweite folg-

24 In seinem weiter unten genannten Forschungsbericht referierte Baumgartner bereits 1949 über die folgenden – vorwiegend amerikanischen – Publikationen: Walter F. Albright: Notes from the Presidents Desk (Bulletin of the American Schools of Oriental Research [= BASOR] 110, April 1948, 2 f.). – Ders.: Editorial Note on the Jerusalem Scrolls (BASOR. 111, Oct. 1948, 2f. – Augustin Bea: Nova Manuscripta Hebraica (Biblica 29, 1948, 446–448). – William H. Brownlee: The Jerusalem Habakkuk Scroll (BASOR 112, Dec. 1948, 8–18). – Millar Burrows: The Contents and Significance of the Manuscripts (The Biblical Archaeologist [= BA] XI, Sept. 1948, 57–61). – Ders.: Variant Readings in the Isaiah Manuscript (BASOR 111, 16–24). – Pieter Arie Hendrick de Boer: Over de onlangsgevonden Hebreeuwse Handschriften (Nederlands Theologisch Tijdschrift 3, 1948, 200–204). – Harold L. Ginsberg: The Hebrew Scrolls from the Sectarian Cache (BASOR 112, 19–23). – Isac L. Seeligmann: Artikel in Bibliotheca Orientalia, Bd. 6 (1949), S. 1–8. – Eleazar L. Sukenik: Megilloth Genuzoth, Verborgene Rollen aus einer alten Geniza, die in der Wüste Juda gefunden wurden (Jerusalem, Verlag des Bialik Fonds 1948, 43 S. und 12 Tafeln; hebräisch!). – John C. Trever: The Discovery of the Scrolls (BA XI, 46–57). – Ders.: Preliminary Observations on the Jerusalem Scrolls (BASOR 111, 3–16). –Salomon Zeitlin: Korrekturzusatz in Jewish Quarterly Review, Bd. 39, Nr. 3, S. 235–247.

te.[25] Die dafür Verantwortlichen, der amerikanische Bibelwissenschaftler Millar Burrows (1889–1980) und seine Mitarbeiter, präsentierten hier grossformatige Fotografien, kombiniert mit einer Transkription des Textes auf Hebräisch. Als Wildberger seine Antrittsvorlesung vorbereitete, ging er zunächst von dieser aus. Dazu kam (praktisch wohl noch wichtiger) die neueste Auflage der Biblia Hebraica (der von den meisten Theologen verwendeten hebräischen Bibelausgabe).[26] Die Herausgeber hatten hier unten auf der Seite zahlreiche Wörter aus der neu entdeckten Jesajarolle aufgelistet, bei denen sie vom bisher bekannten hebräischen Bibeltext aus dem Mittelalter abweicht.

Dazu kamen auf Deutsch folgende Publikationen: Zunächst eine Reihe von Artikeln in der «Theologischen Literaturzeitung», die meisten vom Hallenser Alttestamentler Otto Eissfeldt (1887–1973). Dieser hatte sich als einer der ersten deutschsprachigen Gelehrten in die Materie eingearbeitet und stand in brieflichem Kontakt mit Kollegen in Jerusalem, Amerika und England.[27] Ein anderer Pionier war der Basler Walter Baumgartner, der in der «Theologischen Rundschau» – ebenfalls bereits 1949 – einen gut informierten und präzisen Forschungsbericht publizierte.[28] Und das erste deutschsprachige Buch zum Thema erschien 1951 «Die hebräischen Handschriften aus der Höhle». Erarbeitet hatte es der grosse, in der Hitlerzeit nach England emigrierte Theologe und Orientalist Paul Kahle (1875–1964).[29] Wildberger hatte darüber noch in Luzern eine ausführliche und anerkennende Rezension geschrieben.[30]

Wildbergers Antrittsvorlesung ist einer der gelungensten Texte, die er publizierte.[31] Der gut Zweiundvierzigjährige stand im Sommer 1952 auf

25 Millar Burrows: The Dead Sea Scrolls of St. Mark's Monastery. Vol. I. The Isaiah Manuscript and the Habakkuk Commentary, New Haven 1950, und Vol. II. (Fasc. 2), The Manual of Discipline, New Haven 1951.

26 Biblia Hebraica, herausgegeben von Rudolf Kittel und anderen, 7. Auflage, Stuttgart 1951. Hier das Buch Jesaja mit den in einem zweiten Apparat hinzugefügten Textvarianten der neu gefundenen Jesajarolle, S. 609–701. Als Herausgeber sind genannt: Albrecht Alt (Leipzig), Otto Eissfeldt (Halle) und Paul Kahle (Oxford). Gemäss Wildbergers Antrittsvorlesung war der Bearbeiter des Buches Jesaja Otto Eissfeldt.

27 Vgl. Otto Eissfeldt: Der gegenwärtige Stand der Erforschung der in Palästina neu gefundenen hebräischen Handschriften, Theologische Literaturzeitung 1949, Nr. 2 und in späteren Nummern.

28 Walter Baumgartner: Der palästinische Handschriftenfund, Theologische Rundschau – N. F. 17. 1949, S. 329–346.

29 Paul Kahle: Die hebräischen Handschriften aus der Höhle, Stuttgart 1951.

30 Judaica, Beiträge zum Verständnis des jüdischen Schicksals in Vergangenheit und Gegenwart, 7. Jahrgang, Heft 4, Zürich 1951, S. 302–304.

31 Wohl weil die Form nicht «wissenschaftlich» ist (Anmerkungen fehlen), wurde er leider nicht in «Jahwe und sein Volk» aufgenommen. Gleich verhält es sich mit seinen verschiedenen Berichten über Alttestamentlerkongresse in der Neuen Zürcher Zeitung,

Faksimile der grossen Jesajarolle (Facsimile Editions, London)

einem Höhepunkt. Das berufliche Ziel hatte er erreicht. Mit grosser Souveränität, aber keineswegs herablassend, breitete er hier sein Wissen aus. Er war entspannt und zeigte sogar (was bei ihm nicht selbstverständlich war) eine Dosis Humor, wenn er etwa im Zusammenhang mit einem textkritischen Problem nüchtern bemerkte, auch auf Hebräisch schliefen die Hunde mit geschlossenen (und nicht mit offenen) Augen, und unabhängig von der jeweiligen Sprache riefen die Löwen nicht, sondern sie brüllten. Die Vorlesung zeigt auch, dass er über didaktisch-methodisches Geschick verfügte. Es war klug, sich auf die Jesajarolle zu beschränken, auch wenn der Habakkuk-Kommentar auf den ersten Blick möglicherweise attraktiver gewesen wäre. Dank seiner langen Predigterfahrung wusste er, wie man Menschen anspricht.

Das Thema war primär historisch und philologisch. Aber auch die Theologie kam nicht zu kurz. (Er wollte und sollte sich ja als «positiver», d. h. «gläubiger», Bibelwissenschaftler präsentieren.) Geschickt betonte er gleich am Anfang, dass die reformatorischen Kirchen mit ihrem Grundsatz *sola scriptura* (allein die Schrift) besonders darauf angewiesen seien, dass die Wissenschaft den bestmöglichen Bibeltext in den Ursprachen zur Verfügung stellt und unablässig nach Verbesserungen sucht. In der römisch-katholischen Kirche sei das wohl weniger wichtig, da hier die lateinische Bibel (die Vulgata) dogmatisch verbindlich sei. (Es waren die Jahre vor dem Zweiten Vatikanischen Konzil, und Wildberger unterschätzte damals wohl, dass die Enzyklika «Divino afflante spiritu» von Papst Pius XII. im Jahr 1943 die katholische theologische Forschung ebenfalls energisch auf

---

die für die Geschichte der alttestamentlichen Wissenschaft in der zweiten Hälfte des 20. Jahrhunderts eine Fundgrube sind.

die Bedeutung der biblischen Ursprachen hingewiesen hatte; nicht umsonst war der nachmalige Kardinal Augustin Bea [1881–1968] einer der ersten, die über die Schriften vom Toten Meer publizierten.)

Biblische Textkritik war gemäss Wildberger also ein reformatorisches Anliegen, wobei er in seiner Antrittsvorlesung gleichzeitig auch vor einem fundamentalistischen Bibelverständnis warnte. Er hob hervor, dass nicht alle Teile des Buches Jesaja auf den historischen Propheten selbst zurückgeführt werden können. «Das Jesaja-Buch besteht keineswegs bloss aus Worten dieses Propheten, der in der zweiten Hälfte des 8. vorchristlichen Jahrhunderts gewirkt hat, sondern hat sich in einem jahrhundertelangen Prozess herausgebildet.»[32] Schon vorher hatte er gesagt, dass man beim aus dem zu Ende gehenden Altertum stammenden masoretischen Text «mit Verderbnissen rechnen und sie zu heilen versuchen» müsse. Die jüdischen Gelehrten der ersten nachchristlichen Jahrhunderte hätten zwar gute Arbeit geleistet. «Ohne zwingende Gründe darf man ihren Text nicht verlassen.» Man sei aber dennoch darauf angewiesen, «die Septuaginta [die aus vorchristlicher Zeit stammende griechische Übersetzung des Alten Testaments], aber auch andere Übersetzungen, zu beachten». Und an diesem Punkt müsse man jetzt nach dem Beitrag der neugefundenen Jesajarolle – ebenfalls aus vorchristlicher Zeit stammend – fragen.

Wildberger erzählt kurz, wie es zu ihrer Entdeckung kam. Im Zentrum seiner Vorlesung steht jedoch ein ausführliches Referat über die rund 1380 neuen Lesarten aus der Jesajarolle, die die Biblia Hebraica von 1951 zur Erwägung vorschlug. «Ich habe versucht, mir ein Urteil darüber zu bilden, wo diese neuen Lesarten vorzuziehen sind. In 130 Fällen schien mir keine Entscheidung möglich. Von den übrigen 1250 Stellen möchte ich den bisherigen Text bei etwa 930 beibehalten, bei ungefähr 320 der Lesart der neuen Handschrift folgen. Das Verhältnis ist also fast 3 : 1 zugunsten des bisherigen Textes.» Das heisse – und darin stimmten alle Kenner der Materie weitgehend überein –, der Text der neuen Handschrift sei dem masoretischen Text im ganzen unterlegen.

In vielen Fällen sei es aber trotzdem sinnvoll, ihn zur Verbesserung heranzuziehen. Bemerkenswert sei, dass einzelne der neu gefundenen Lesarten genau das zum Vorschlag brächten, was die Wissenschaft bisher schon vermutete. Der grösste Teil der neuen Textvarianten sei jedoch rein orthographischer Natur. Aber auch diese Lesarten seien nicht unwichtig, da sie erhellende Einblicke in die Geschichte der hebräischen Sprache – vor allem der Aussprache der hebräischen Wörter – böten. Insgesamt könne man zusammenfassend sagen: «Wohl ist die neue Handschrift rund tausend Jahre älter als die frühesten bisherigen Manuskripte, aber besser als sie ist sie nicht, sondern, wenn es auch manche Fälle gibt, wo sie den Vorzug

32 Dieses und die folgenden Zitate aus der Antrittsvorlesung.

verdient, ist doch aufs Ganze gesehen der masoretische Text zuverlässiger.» Die neue Handschrift habe ausserdem «die Methoden, nach denen bisher versucht worden» sei, «den Text an verdorbenen Stellen zu verbessern, als gesund herausgestellt». Immerhin ermögliche es der Vergleich der beiden hebräischen Textgestalten, diese Methoden «noch schärfer zu fassen und uns ein noch klareres Bild davon zu machen, mit welchen Fehlerquellen man zu rechnen hat». «Damit kann dann auch mancher Willkür bei Textverbesserungen wirksamer gesteuert werden.» Die neue Jesajarolle bestätige grundsätzlich, dass bereits der vorher bekannte Text im Grossen und Ganzen vertrauenswürdig sei. In Einzelheiten könne man von dem Fund jedoch profitieren.

Der Schluss der Vorlesung bringt Theologisches:

> «Was ergibt sich aus den Funden für die Kirche und ihre Lehre? [...] Man wird gewiss [...] gern zur Kenntnis nehmen, dass die übertriebene Skepsis, die man in früheren Jahrzehnten gelegentlich dem masoretischen Text entgegengebracht hat, unberechtigt ist. Dass man sich nicht an den Bibelbuchstaben klammern darf, dass man nach dem Geist, der Botschaft, fragen muss, das ist uns allerdings noch einmal unüberhörbar klar gesagt. Und es liegt offenbar schon im Willen der *providentia dei* [der göttlichen Vorsehung], die auch über dem Wort der Bibel gewacht hat, uns zu nötigen, immer wieder durch alle äussere und menschliche Gestalt des Bibelwortes durchzustossen, um seine unvergängliche Wahrheit um so sicherer zu fassen und uns darunter zu beugen. So darf uns denn keine Mühe zu gross sein, wenn es gilt, dem Wortlaut der Bibel bis in alle Einzelheiten und Feinheiten nachzugehen, und wir werden doch zugleich immer wieder neu erwägen müssen: τὸ πνεῦμά ἐστιν τὸ ζῳοποιοῦν,[33] der Geist ist's, der lebendig macht [Joh 6,63].»

In den ersten Jahren seiner Professur beschäftigte sich Wildberger weiter mit den Schriftrollen vom Toten Meer – und mit Qumran, das ab 1951 ausgegraben wurde. (Als 66 n. Chr. der Jüdische Krieg ausbrach, wurden zahlreiche Schriftrollen in den umliegenden Höhlen verborgen. Dies ist der Grund, weshalb sie bis heute erhalten geblieben sind. Diejenigen, die sie versteckt hatten, kehrten aus dem Krieg nicht mehr zurück, und Qumran wurde 68 n. Chr. von den Römern dem Erdboden gleich gemacht.) Als Qumrankenner der ersten Stunde schrieb er verschiedene allgemein verständliche Artikel in Kirchenboten und in der Zeitschrift «Reformatio».[34]

33 Sprich: to pneuma estin to zoopoiūn.

34 Im Familiearchiv befinden sich Typoskripte bzw. Drucke aus: Kirchenbote der Evangelischen Landeskirche des Kantons St. Gallen. 6. Jahrgang, Nr. 1, vom 15. Januar 1957, Basler Kirchenbote, abgeliefert am 3. März 1957, Kirchenbote für den Kanton Zürich, 42. Jahrgang, Nr. 2, Februar 1958, eine Artikel in Sie und Er, 35. Jahrgang, Nr. 38, vom 17. September 1959, sowie: Reformatio, 4. Jahrgang (1955), S. 227–243. Im Zürcher Kirchenboten, 44. Jahrgang, Nr. 4, besprach Wildberger auch (kurz, aber sehr empfehlend): Frederick F. Bruce: Die Handschriften vom Toten Meer, München 1957. Im Wintersemester 1959/60 hielt er auch eine öffentliche Vorlesung an der dama-

Dazu kamen zwei im engeren Sinn des Wortes wissenschaftliche Publikationen: in der Zeitschrift «Evangelische Theologie» der Aufsatz «Die ‹Sektenrolle›[35] vom Toten Meer»[36] und in «Asiatische Studien»[37] der Aufsatz «Der Dualismus in den Qumrānschriften».[38]

Der zweite Aufsatz ist dem Zürcher Indologen Emil Abegg (1885–1962) zum siebzigsten Geburtstag gewidmet.[39] (Abegg hatte Wildberger in die altpersische Sprache eingeführt.) Wildberger versuchte hier, den Dualismus in der «Sektenrolle» und in anderen Qumranschriften auf dem Umweg über Babylonien von der Religion Zarathustras und des alten Irans abzuleiten. (Es geht um den Gegensatz zwischen den «Kindern des Lichts» und den «Kindern der Finsternis», der in den Schriften vom Toten Meer eine wichtige Rolle spielt – im Unterschied zur Bibel, in der die Menschen nicht rein schwarz oder rein weiss, sondern ambivalent dargestellt sind.) Der erstgenannte, etwas ältere Aufsatz dokumentiert, dass Wildberger bei der Jesajarolle nicht stehen blieb, sondern auch die nachfolgenden Funde mit grosser Wachheit wahrnahm. Dieser Aufsatz fand unter anderem die Anerkennung des an der Universität Erlangen lehrenden jüdischen Religionshistorikers Hans-Joachim Schoeps (1909–1980, bekannt wegen seiner Paulusinterpretation), der ihn «ausgezeichnet» fand und «für [s]eine späteren [d. h. zukünftig geplanten] Arbeiten einen Sonderdruck» erbat.[40] – Im Sommersemester 1955 offerierte Wildberger die Lehrveranstaltung «Hebräische Lektüre aus den neugefundenen Handschriften vom Toten Meer».[41]

Eine Neuentdeckung im Nachlass Hans Wildbergers war für den Verfasser das Büchlein «Die Handschriftenfunde beim Toten Meer und ihre Bedeutung für die Erforschung der Heiligen Schrift», 1956 im in der Tradition des Württemberger Pietismus stehenden Calwer Verlags erschienen (der seinerzeit von Hermann Hesses Vater geleitet worden war!).[42]

---

ligen Handelshochschule (heute Universität) St. Gallen über «Die Schriftrollenfunde am Toten Meer und ihre Bedeutung für Wissenschaft und Glauben». Typoskript in F.

35 «Sektenrolle» meint eine Schriftrolle, die ebenfalls in der ersten Höhle am Toten Meer gefunden wurde und die Lebensregeln der Gemeinschaft von Qumran enthält.

36 Evangelische Theologie 13 (1953), S. 25–43.

37 Asiatische Studien, Zeitschrift der Schweizerischen Gesellschaft für Asienkunde, 1954, S. 163–177.

38 Im weiteren Sinn blieb Wildberger bei der Thematik des Textes des Alten Testaments in seiner einstündigen Vorlesung «Text, Handschriften und Übersetzungen des Alten Testaments» (Typoskript in F.), die er zuerst im Sommersemester 1952 hielt und die er 1955, 1959 und 1964 wiederholte.

39 Wildberger hielt 1962 auch die Trauerfeier für Emil Abegg. Typoskript der Abdankungspredigt im Familienarchiv.

40 Hans-Joachim Schoeps an Hans Wildberger am 8. November 1954. F.

41 Vgl. Vorlesungsverzeichnis im UAZ.

42 Hans Wildberger: Die Handschriftenfunde beim Toten Meer und ihre Bedeutung für die Erforschung der Heiligen Schrift. Calwer Hefte 5. Stuttgart 1956, karto-

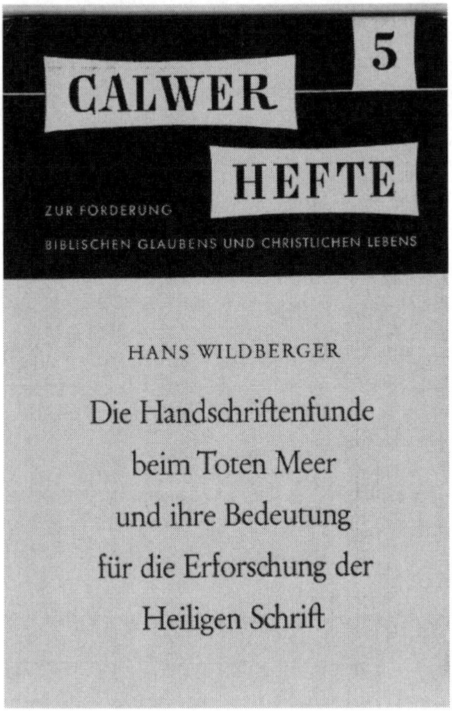

Calwer Heft Nr. 5

Es mag dieser pietistische Geruch der Grund sein, dass Wildbergers Büchlein in Fachkreisen wenig oder überhaupt nicht beachtet und deshalb nicht in die Qumranbibliographien aufgenommen wurde. Wenn man es liest, macht es einen soliden Eindruck. Der Anmerkungsapparat beweist die grosse Vertrautheit des Verfassers mit der internationalen Fachliteratur. Er spiegelt zuverlässig und gründlich die *communis opinio* der Wissenschaft. Die zahlreichen, teilweise sehr ausführlichen Zitate aus den Qumranschriften wurden offenbar von Wildberger selbst ins Deutsche übersetzt, eine aufwändige Arbeit.

Ein schönes Beispiel ist, wie er Stellen aus einem – wie er sich ausdrückt – «prächtigen Psalm» aus dem letzten Teil der «Sektenrolle» übersetzte:

> «Als Frucht des Gesanges und Beitrag meiner Lippen will ich singen in der Erkenntnis und zur Ehre Gottes…
> Zu Gott will ich sagen: Meine Gerechtigkeit, und zum Höchsten: Du Spender meines Glücks, du Ursprung der Erkenntnis und Quelle der Heiligkeit… Noch ehe ich

niert, 43 Seiten. Laut Wildbergers Kassabuch (F.) erhielt er vom Verlag in zwei Raten insgesamt 210 Franken!

beginne, Hände und Füsse zu rühren, will ich seinen Namen preisen. Noch ehe ich beginne auszugehen oder heimzukommen, beim Sitzen und Stehen und beim Liegen auf meinem Lager will ich ihm jubeln, will ich ihn preisen mit der Gabe, die von meinen Lippen kommt... Nichtsnutziges will ich in meinem Herzen nicht bewahren, und in meinem Munde soll eitles Gerede nicht zu hören sein...
Demütig will ich den Hochmütigen antworten und in einem zerbrochenen Geist den Rechtsbeugern...
Denn fürwahr, bei Gott steht mein Recht und in seiner Hand liegt die Vollkommenheit meines Weges, bei ihm die Rechtschaffenheit meines Herzens, und durch seine Gerechtigkeit tilgt er meine Fehler aus... Und aus dem Quell seiner Gerechtigkeit kommt meine Rechtfertigung. Licht ist in meinem Herzen durch seine wunderbaren Geheimnisse. Durch ihn, der Ewigkeit ist, hat mein Auge Wissen erblickt, das menschlicher Erkenntnis verborgen war.»
«Ich gehöre zur Gemeinde des sündigen Fleisches. Meine Freveltaten, mein Fehlen, meine Sünde mit der Lasterhaftigkeit meines Herzens zur Gemeinde des Gewürms.»
«In seiner wahren Gerechtigkeit hat er mich gerichtet, und nach dem Reichtum seiner Güte entsühnt er alle meine Freveltaten.»
«Gepriesen seist du, mein Gott, der du das Herz deines Knechtes der Weisheit geöffnet hast, in Gerechtigkeit geordnet all mein Tun und ihn aufgerichtet zu einem Sohne deiner Wahrheit, gleich wie du Wohlgefallen hattest an den Auserwählten unter den Menschen.»[43]

Auch heute noch eignet sich das Büchlein als Einführung in die Welt von Qumran. Kaum etwas scheint überholt zu sein. Wesentliche Erkenntnisse sind seither kaum dazugekommen, nur Einzelheiten. (Über die eigentlichen Bewohner Qumrans herrscht in der heutigen Forschung keine Übereinstimmung.) Die Aufregung über den reisserischen und in die Irre führenden Bestseller «Verschlusssache Jesus» von Michael Baigent und Richard Leigh[44] in den Neunzigerjahren des vergangenen Jahrhunderts hätte sich vielleicht reduzieren lassen, wenn für interessierte Nichttheologen und Nichttheologinnen diese leicht fassliche und doch wissenschaftlich fundierte Publikation noch zur Verfügung gestanden hätte oder wieder aufgelegt worden wäre. Wildberger hatte die Gabe, Schwieriges einfach zu erklären. In Bezug auf die Schriftrollen vom Toten Meer machte er auf zweierlei aufmerksam: 1. fand man in den Höhlen bei Qumran die ältesten biblischen Handschriften, die erhalten geblieben sind. 2. geben weitere Schriftrollen Aufschluss über eine jüdische Gruppe, über die vorher nur aus indirekten Quellen einiges bekannt gewesen war.

43 A. a. O., S. 13f.

44 Michael Baigent und Richard Leigh: Verschlusssache Jesus: die Wahrheit über das frühe Christentum. Bergisch Gladbach, zuletzt 2006. Diese heute fast wieder vergessene Publikation stellte die These auf, der Vatikan unterdrücke Handschriften aus Qumran, weil sonst die christliche Religion wie ein Kartenhaus zusammenfallen würde. Die These ist doppelt falsch: 1. Der Vatikan hatte gar nie die Macht, Schriften aus Qumran unter «Verschluss» zu stellen. Sie sind Gemeingut der internationalen *scientific community*. 2. Durch die Texte von Qumran wird das Christentum nicht in Frage gestellt.

Der akademische Alltag

Am Dienstag, dem 17. Oktober 1951, 14–15 Uhr, hielt Wildberger seine erste Vorlesung; in deren Vorfeld war es zu einiger Verwirrung gekommen. Das Vorlesungsverzeichnis war bereits am Ende des Sommersemesters erschienen, also bevor die Ernennung zum Professor stattgefunden hatte. Es hiess deshalb, der Name des Dozenten werde später angezeigt. Ausserdem wurde eine vierstündige Genesisvorlesung ankündigt sowie ein alttestamentliches Seminar für Fortgeschrittene.[1] Nach einem brieflichen Austausch mit Dekan Emil Brunner und einem telefonischen mit Victor Maag wurde dann aber festgelegt, dass Wildberger als Extraordinarius – und weil er sich ja erst einarbeiten musste – «nur» eine dreistündige Jesajavorlesung halten werde, «Dienstag, Mittwoch und Donnerstag [um] 14 Uhr», sowie am Freitag, 16–18 Uhr, ein Seminar für Fortgeschrittene über «Die Erlösererwartungen im Alten Testament».[2] Offenbar fühlte Wildberger sich beim Thema Jesaja sicherer. Ausserdem meinte er, da Zimmerli vor seinem Weggang nach Göttingen zuletzt selbst über die Genesis gelesen habe, wollten die Studierenden nicht bereits wieder dasselbe hören.[3]

Wie sich die Familie heute noch erinnert, kam Wildberger nach der ersten Vorlesungsstunde tief enttäuscht nach Hause: Fast «niemand» war gekommen! Es wird dies vor allem damit zusammenhängen, dass er bei den Studierenden völlig unbekannt war. Dazu kam, dass Victor Maag im vorangegangenen Sommersemester zwar nicht über Jesaja, wohl aber über Jeremia gelesen hatte. Ein weiterer grosser Prophet war in jenem Moment wohl weniger gefragt. – Immerhin, ein paar Studenten kamen! Zusammen mit zwei namentlich nicht bekannten Kommilitonen war Walter Arnold anwesend, der als Generalsekretär und später Präsident des CVJM-Weltbunds, Oberkirchenrat in Stuttgart sowie Mitglied des Zentralkomitees des Ökumenischen Rats der Kirchen international bekannt werden sollte – und hoch geschätzt als Ökumeniker. Wie er dem Verfasser im Dezember 1991 erzählte,[4] war er von Wildbergers Jesajavorlesung nachhaltig beein-

1 Hier und in der Folge werden die Vorlesungsverzeichnisse im UAZ ausgewertet.

2 Hans Wildberger an Emil Brunner am 17. September 1951. F. (Emil Brunner war offenbar der Meinung, Wildberger werde ein Anfängerseminar halten. Emil Brunner an Hans Wildberger am 29. September 1951. F. – Brunner war gemäss diesem Brief im Begriff, für 14 Tage nach Umbrien zu verreisen. Er freute sich darauf, «auf den Spuren des heiligen Franz zu wandeln».)

3 A. a. O.

4 Anlässlich der von Papst Johannes Paul II. einberufenen Bischofssynode für Europa, an der wir beide *delegati fraterni* waren, Arnold für die Lutheraner, ich für die Reformierten.

druckt. – Zur Überraschung der ganzen Familie brachte die Studentenschaft dem neuen Professor dann aber vor seiner Wohnung ein Ständchen. Den persönlichen Umgang mit Studenten und Studentinnen pflegte er zeit seines Lebens gern. Regelmässig wurden sie zu Offenen Abenden in seiner Wohnung eingeladen.

Die Wahl des Themas für das Seminar, «Erlösererwartungen im Alten Testament», zeigt, dass Wildberger besonders in der ersten Zeit seiner Professur ganz bewusst der Erwartung zu entsprechen versuchte, das Alte Testament nicht nur historisch-kritisch, sondern theologisch auszulegen. Um das Emil-Brunner-Zitat zu wiederholen: «Ganz besonders wird es ja Ihnen zufallen, den Studenten zu helfen, den Weg zu finden von einer bloss kritisch historischen zu einer theologischen Auslegung [...], als Wegweisung zu ihrer künftigen homiletischen Auslegung für die Gemeinde.»[5] Andere Themen, die auf der gleichen Linie liegen, sind: «Tod und Auferstehung im Alten Testament» (Wintersemester 1952/53), «Sünde und Gnade im Alten Testament» (Wintersemester 1953/54), «Soziale Gesetze und Institutionen im Alten Testament» (Wintersemester 1955/56), «Eschatologie und Apokalyptik im Alten Testament» (Wintersemester 1956/57), «Theologische Hauptbegriffe des Alten Testaments» (Wintersemester 1958/59), «Glaube und Hoffnung im Alten Testament» (Wintersemester 1961/62), «Prophet und Politik» (Wintersemester 1965/66). Alle diese Themen haben einen theologisch-systematischen Aspekt. – Die Seminare für Anfänger sind in der Regel an Fragen im Zusammenhang mit der «Einleitung in das Alte Testament» oder der «Geschichte Israels» orientiert, z. B. im Sommersemester 1952 «Probleme des Deuteronomiums» und im Sommersemester 1954 «Esra und Nehemia». (Der Verfasser selbst besuchte im Sommersemester 1959 das Anfängerseminar «Samuel und die Ladetraditionen».)

Zur auf die kirchliche Verkündigung ausgerichteten Lehrtätigkeit Wildbergers besonders in den ersten Jahren passt, dass er es sich auch in Zürich nicht nehmen liess, häufig auf eine Kanzel zu steigen: oft im Fraumünster (auf den Spuren Emil Brunners), in Witikon und in der St. Anna-Kapelle (also bei der Evangelischen Gesellschaft). Zwischen dem 17. Dezember 1951 und dem 25. Dezember 1952 hielt er elf Predigten (immer über andere Texte), im Jahr 1953 predigte er sogar siebzehnmal, 1954 sechzehnmal.[6] Erst ab 1959 liess er sich nur noch selten und dann überhaupt nicht mehr als Prediger einladen.[7]

---

5 Emil Brunner an Hans Wildberger am 29. September 1951. F. Vgl. oben S. 81f.

6 In einem Wachstuchheft im Familienarchiv sind alle Gottesdienste mitsamt den Predigttexten sorgfältig aufgezeichnet. Die meisten Predigttyposkripte sind im Familienarchiv erhalten.

7 Gemäss Erinnerung der Familie hing dies mit gesundheitlichen Problemen zusammen, funktionellen Herzstörungen. Er hatte sich überarbeitet und musste sich mehr schonen. Am 9. November 1960 war er zusätzlich auf dem Nachhauseweg von

Sinnvoll war, dass er als erfahrener Pfarrer Emil Brunner während dessen Japanaufenthalt (1953–1955) teilweise in der Praktischen Theologie vertrat: Im Wintersemester 1953/54 hielt er das katechetische und im Sommersemester 1954 das homiletische Seminar.

Für seine Hauptvorlesungen erarbeitete Wildberger ein Thema nach dem anderen, wie bereits erwähnt, in seinem ersten Semester «Jesaja» (wiederholt im Wintersemester 1953/54). Es folgten «Amos, Hosea, Micha» (wiederholt im Sommersemester 1956), «Genesis», «Geschichte Israels, «Auslegung ausgewählter Psalmen», «Einleitung ins Alte Testament», «Jeremia», «Text, Handschriften und Übersetzungen des Alten Testaments» und als Gipfelpunkt «Theologie des Alten Testaments» (dreistündig, Wintersemester 1954/55). Erst nach seiner Beförderung zum Ordinarius (zu Beginn des Sommersemesters 1955, also nach dreieinhalb Jahren) stellte sich eine gewisse Routine ein. Wesentliche neue Verpflichtungen kam dafür hinzu, da er jetzt nicht mehr fünf bis acht, sondern acht bis zwölf Wochenstunden lesen musste. (Erst Mitte der Sechzigerjahre wurde die Verpflichtung für Ordinarien an der Universität Zürich auf sechs Wochenstunden reduziert!) Wie bereits 1951 vorgesehen, aber bis auf weiteres aufgeschoben, musste (und durfte) er jetzt auch Allgemeine Religionsgeschichte und Orientalistik unterrichten.

Wildberger als Professor für Allgemeine Religionsgeschichte wird das Thema eines späteren Kapitels sein.[8] Neue Themen im zweiten der genannten Bereiche, der Orientalistik, waren «Hebräische Lektüre aus den neugefundenen Handschriften vom Toten Meer»[9] (Sommersemester 1955), «Einführung ins Biblisch-Aramäische» (Wintersemester 1955/56), «Aramäische Lektüre: Elephantine-Papyri und anderes» (Sommersemester 1956), «Einführung ins Syrische» (Wintersemester 1956/57), «Syrische Lektüre» (Sommersemester 1957), «Syrische Lektüre: Das Leben Ephräms des Syrers» (Sommersemester 1961), «Syrisch III» (Wintersemester 1961/62), «Einführung in das Ugaritische» (Wintersemester 1962/63), «Lektüre ugaritischer Texte: Baal-Anat-Zyklus und anderes» (Sommersemester 1963).

Der chronologischen Anordnung dieser Lebensbeschreibung vorgreifend, sei hier ein Vorfall aus sehr viel späterer Zeit erzählt: Im Wintersemester 1962/63 korrespondierte Wildberger mit der theologischen Fakultät der Universität Kiel. Der renommierte Alttestamentler Hans Wil-

---

seiner Vorlesung von hinten von einer Fahrradfahrerin umgeworfen worden. Als Folge erlitt er unter anderem eine Lungenembolie. Noch am 10. Oktober 1961 klagte er in einem Brief an die Erziehungsdirektion des Kantons Zürich (Dr. Strebel) über Beinbeschwerden. Während des ganzen Jahres 1961 habe er mehrere Erholungsaufenthalte im Tessin und im Kanton Graubünden einschalten müssen. F.

8 Vgl. unten S. 173ff.

9 Vgl. oben S. 90.

helm Hertzberg (1895–1965) sollte im Frühling 1963 emeritiert werden. Wildberger wurde angefragt, ob er sein Nachfolger werden wolle. Und er sagte – vorläufig unverbindlich – zu! In zwei Briefen nach Kiel führte er aus, in Zürich fühle er sich überlastet, weil er auch Allgemeine Religionsgeschichte und Orientalistik unterrichten müsse. Gerne würde er sich auf das Alte Testament beschränken.[10]

Gemäss der Meinung des Verfassers war dies eine Selbsttäuschung bzw. geschrieben aus einer vorübergehenden Verstimmung heraus, in einer Zeit der Übermüdung. Denn offensichtlich ist, dass Wildberger gerade die von ihm zu vertretenden «Nebenfächer» innigst liebte und mit Lust und Leidenschaft betrieb. Sein Leben wäre ohne Orientalistik und Religionsgeschichte ärmer gewesen, und er hätte wichtige Begabungen unterdrücken müssen. Die kursorische Lektüre des Lebens Ephräms des Syrers bot er offensichtlich freiwillig an und nicht auf äusseren Zwang. In Wildbergers Nachlass finden sich zahlreiche Hefte, die seine minutiöse Vorbereitungsarbeit dokumentieren. Seine Privatbibliothek enthielt Wörterbücher und Grammatiken der ausgefallensten Sprachen. Dazu kam, dass Lehrveranstaltungen im kleinen Kreis – «Privatissima» – weniger anstregend als grosse Vorlesungen waren. – Aus dem Ruf nach Kiel ist dann auch nichts geworden.

Zu Wildbergers akademischem Alltag gehörte, dass im Lauf der Jahre weitere Pflichten neben Vorlesungen und Seminare traten. Zweimal – 1956/58 und 1972/74 – war er Dekan der theologischen Fakultät.[11] Die erhaltenen Akten[12] zeigen, dass es eine vielfältige Aufgabe war, besonders aufwändig, wenn es darum ging, einen Lehrstuhl neu zu besetzen.

Ein schöner Moment in dieser Tätigkeit als Dekan war, als er im April 1956 Gerhard Ebeling in dessen Vorlesung feierlich als neuen Professor begrüssen durfte. In seiner programmatischen Rede führte er aus, die Arbeit an einer Universität sei gekennzeichnet durch grosse Sachlichkeit. «Die Dozenten kommen und gehen, wie es der Lauf des Lebens mit sich bringt.»

> «Wenn irgendwer, dann weiss es ein Dozent der Theologie, dass der Gegenstand, dem sein Forschen und Lehren gilt, grösser ist, als was sein Erkennen zu fassen vermag. Aber gerade darum, weil die Sache, der wir dienen möchten, Gottes Wort, so gewaltig ist, sind wir von Herzen dankbar für jeden Forscher und Lehrer, der dort anknüpfen, weiterdenken und weiterführen will, wo andere aufgehört haben. Und

10 Briefe Hans Wildbergers an das Dekanat der theologischen Fakultät der Christian-Albrechts-Universität Kiel vom 30. November 1962 und vom 12. März 1963. F.

11 Vgl. Kondolenzschreiben der Erziehungsdirektion des Kantons Zürich an die Trauerfamilie Wildberger am 4. Juli 1986. F.

12 Im Familienarchiv und im Universitätsarchiv.

nun habe ich heute die ausserordentliche Freude, im Namen unserer Theologischen Fakultät unsern neuen Ordinarius für systematische Theologie, Herrn Prof. Dr. Gerhard Ebeling, zu seiner ersten Vorlesung an unserer Universität begrüssen zu dürfen. Wir freuen uns besonders über sein Kommen, weil in ihm etwas von Ökumenizität der Kirche sichtbar werden darf, und freuen uns ganz persönlich auf ihn, der sich in seinem Vaterland einen so geachteten Namen – noch besser – und solche Wertschätzung seiner Tätigkeit erworben hat, dass er nun gerade unter uns seine Arbeit fortsetzen will. – Ganz unbekannt sind Sie, sehr verehrter Herr Kollege, uns in Zürich ja nicht. [Es folgen Ausführungen zu Ebelings Studienjahren in Zürich 1932/33 und 1937/38.] Und die Liebe zu unserm Land und zu unserer Stadt muss ja damals tiefe Wurzeln geschlagen haben, wenn Sie sich nun entschlossen haben, aus Ihrem so reichen Wirkungsfeld in Deutschland heraus dem Ruf in unsere Stadt Folge zu leisten. So können wir nur wünschen, dass das zweifellos helle Bild, das Sie sich von unserer Fakultät und den Möglichkeiten der Arbeit bei uns gemacht haben, jetzt, wo Sie uns noch näher kennen lernen, nie eine Trübung erfahre. Möchten Sie hier reiche Frucht Ihrer Arbeit einbringen dürfen und jederzeit mit Freude und Genugtuung konstatieren können, dass die *alma mater Turicensis* ihre Dozenten und unsere Kirche ihre Lehrer zu schätzen wissen. Dass es an dankbarem Echo auf Ihre Arbeit nicht fehlen wird, das ist mir nach den vielen freudigen Stimmen, die mir nach Ihrer Berufung zu Ohren gekommen sind, gewiss.»[13]

Nach seiner Beförderung zum Ordinarius vertrat Wildberger die theologische Fakultät in der Bibliothekskommission der Zentralbibliothek Zürich.[14] Von noch grösserer Tragweite war, dass er am 23. Juni 1959 von der Kirchensynode des Kantons Zürich in die Konkordatsprüfungsbehörde gewählt wurde.[15] Und sofort – am 28. August desselben Jahres – wurde er von den Abgeordneten der im Konkordat betreffend gegenseitige Zulassung evangelisch-reformierter Pfarrer in den Kirchendienst zusammengeschlossenen Kantone und Landeskirchen zum Präsidenten gewählt – als Nachfolger Walter Guts, der dieses Amt 1943–1959 ausgeübt hatte.[16] (Als Präsident trat Wildberger auf Ende 1977 zurück, als «einfaches» Behördemitglied im Sommer 1979 nach genau 20 Jahren.)[17] Es war dies eine grosse Arbeit: Sitzungen, Prüfungssessionen (in der Regel eine Woche) abwechselnd in Zürich und in Basel, in späteren Jahren teilweise lange Autofahrten über Land (zusammen mit seinem Kollegen und Freund Arthur Rich), um Kandidaten (und nachdem das Pfarramt auch für Frauen geöffnet worden war, Kandidatinnen) in ihren Examensgottesdiensten und

13 Typoskript F., einige sprachliche Korrekturen.

14 Beschluss des Regierungsrats des Kantons Zürich vom 9. Juni 1955. F. Dieser Beschluss wurde bis zu Wildbergers Emeritierung regelmässig erneuert.

15 Offizielle Mitteilung vom 3. Juli 1959. F.

16 Mitglied der Konkordatsprüfungsbehörde war er ab 1933 gewesen. Vgl. Walter Gut 1885–1961, Privatdruck anlässlich seiner Beerdigung, ohne Ort und Jahrgang, S. 14. F.

17 Mitteilung von Ernst Jenni (Wildbergers Nachfolger als Präsident der Behörde) an den Verfasser vom 12. September 2013.

Prüfungslektionen zu besuchen, Lektüre von Anmeldeakten, schriftlichen Arbeiten usw. In seinem Rücktrittsschreiben an den Kirchenrat des Kantons Zürich vom 20. November 1978 schrieb er zusammenfassend:

> «Es ist mir ein grosses Anliegen, Ihnen, sehr geehrte Damen und Herren, sowie der Zürcher Synode, aufrichtig zu danken für das Vertrauen, das mir in meinem Amt entgegengebracht wurde, und die Unterstützung, die ich jederzeit gefunden habe, ebenso für das Wohlwollen, das Sie immer wieder den Anliegen der Konkordatsprüfungsbehörde bezeugten, und [für] die angenehme Atmosphäre, in der sich die Verhandlungen vollziehen konnten. Das Amt war gelegentlich eine Bürde, und die Aufgabe ist im Lauf der Jahre komplizierter geworden. Aber ich schätze es sehr, dass ich auf diese Weise als Professor in einem guten Kontakt mit der Kirche stehen konnte, was gewiss auch meiner Tätigkeit als Lehrer der Studenten zugutegekommen ist.»[18]

In seiner Eigenschaft als Präsident der Prüfungsbehörde hielt Wildberger auch verschiedentlich Vorträge über das Theologiestudium und eine mögliche Reform desselben, u. a. vor den Dekanen, Vizedekanen und den Mitgliedern des Kirchenrats des Kantons Zürich[19] und vor der Kirchensynode des Kantons Zürich.[20] Je nach Betrachtungsweise lässt sich seine Position als konservativ oder fortschrittlich bezeichnen. Am Obligatorium der alten Sprachen (Lateinisch, Griechisch und Hebräisch) hielt er (in Übereinstimmung mit den theologischen Fakultäten) unerbittlich fest:

> «Die jetzigen sprachlichen Kenntnisse sind wirklich nicht so, dass sich eine weitere Reduktion verantworten liesse, ohne dass auf wissenschaftliche Arbeit, durch die der Student in den biblischen Fächern zu eigner Urteilsbildung geführt werden soll, zu verzichten wäre. Sorgfältige Exegese ist heute wichtiger denn je, und ich meine: fruchtbarer als auch schon. Es wäre nebenbei gesagt bedenklich, wenn gerade jetzt, wo die katholische Kirche sich der Bibelwissenschaft öffnet und sich ernsthaft an der Forschung beteiligt, die Kirche des Worts ausgerechnet hier Abstriche vornehmen wollte.»[21]

Er war aber offen für eine Verbesserung und Vertiefung der praktischen Ausbildung. Das Lernvikariat sollte nach seiner Ansicht von einem halben auf ein ganzes Jahr erweitert werden. (Heute ist dieses Anliegen erfüllt.) In den ersten Berufsjahren hielt er Fortbildungskurse angezeigt. (Auch solche wurden später – nach seinem Tod – eingeführt.) Denkbar sei es – so immer

18 Hans Wildberger an den Kirchenrat des Kantons Zürich am 20. November 1978. F.

19 Abgedruckt in: Schweizerische Theologische Umschau, Walter Gut zum 75. Geburtstag, Nr. 3, 30. Jahrgang, Bern, Oktober 1960, S. 159–179.

20 Protokoll der Kirchensynode des Kantons Zürich. Einundzwanzigste Amtsdauer. 1. Die Verhandlungen der konstituierenden Versammlung vom 25. Juni 1963, S. 28–44.

21 A. a. O., S. 37.

noch Wildberger –, vermehrt Spezialpfarrämter mit verschiedenen Schwerpunkten zu schaffen. Und doch führte er grundsätzlich aus:

> «Man wird aber bei aller Offenheit für eine weitgehende Differenzierung der Dienste in der Kirche die Rangordnung nicht übersehen dürfen: Die Kirche soll gewiss für den Menschen in all seinen konkreten Lebensbereichen da sein, sie ist aber nicht nur ein Beratungsinstitut für Lebensfragen, kein Verein für Weltanschauung oder Freizeitbeschäftigung, auch nicht eine Fürsorgeinstitution, sondern immer noch *communio sanctorum*, Gemeinschaft der Gläubigen, und ihr zentraler Dienst ist die Verkündigung des Evangeliums. Wenn der Pfarrer *hier* versagt, die Kirche *hier* unsicher wird, dann können Reformen und Reförmchen den Bankrott der Kirche höchstens verschleiern, gewiss nicht heilen.»[22]

Absehen von den Verpflichtungen, die sich mindestens teilweise unmittelbar aus seiner Professur ergaben, übernahm Wildberger auch andere Aufgaben: Er unterrichtete Hebräisch am Freien Gymnasium (wie sein Kollege Maag an der Kantonsschule), liess sich in die Kirchenpflege Hottingen wählen (da er in diesem Stadtteil wohnhaft war).[23] Vorübergehend übernahm er auch das Präsidium des Schweizerischen Protestantischen Volksbunds.

An der Vorstandssitzung dieser Organisation, deren Ziel es war, den Protestantismus zu stärken und die sogenannten Laien zu aktivieren, hielt er am 23. August 1958 eine programmatische Rede. Hier führte er u. a. aus, die Kirche müsse «beständig wieder aus [ihren] kleinen Kreisen ausbrechen». «Ihre Sendung besteht gerade nicht in der Abgrenzung eines heiligen Bezirkes gegen die Welt, sondern sie ist dazu berufen, unermüdlich nach Wegen zu suchen, diese fatale Grenze niederzureissen und die Welt ausserhalb der Kirchenmauern für das Evangelium von Jesus Christus zu gewinnen.»[24]

In den Anfangsjahren seiner Professur war Wildberger Mitglied der Herausgeberkommission der Zeitschrift «Reformatio»,[25] in der er auch öfters publizierte.[26] Im Jahresbericht des Schweizerischen Evangelisch-Kirchlichen Vereins (des Herausgebers dieser Zeitschrift) 1957 lobte er, dass

22 A. a. O., S. 38. Vgl. auch: Hans Wildberger: Gedanken zur Reform des Theologiestudiums, Reformatio, XIV. Jahrgang, 1965, Nr. 1, S. 4–13, und Nr. 2, S. 97–104.

23 Rücktritt wegen seiner Wahl in die Konkordatsprüfungsbehörde auf Frühling 1960. Rücktrittsschreiben vom 16. Dezember 1959. F.

24 Vgl. «Kirche und Volk», Mitteilungsblatt des Schweizerischen Protestantischen Volksbundes, Zehnter Jahrgang, Zürich, Ende September 1958, S. 33f. – Gemäss Erinnerung der Familie behagte ihm die im Volksbund vorherrschende anti-römisch-katholische Haltung (z. B. bezüglich der konfessionellen Ausnahmeartikel in der Bundesverfassung) nicht, weshalb er bald wieder zurücktrat.

25 Rücktrittsschreiben an den Präsidenten Albert Lindenmeyer vom 2. Juli 1961. F.

26 Vgl. die Bibliographie unten, S. 204ff.

sie «zur Verantwortung rufend und die Verantwortung nicht scheuend die heissen Eisen der Tagesfragen in die Hand genommen» habe. Wer in Zukunft den Band des Jahrgangs 1956 aufschlage, werde «ein lebendiges Bild davon gewinnen, was in diesem Jahr Sinn und Gemüt der Schweizer bewegt» habe. Als kritische Frage warf er auf: «Immerhin mag zu prüfen sein, ob nicht zentralem theologischem Denken noch mehr Raum gewährt werden könnte. Die Theologen müssten es noch mehr wagen, ihre Gedanken nicht bloss in Büchern und Aufsätzen, die für Fachgenossen bestimmt sind, niederzulegen, sondern sie in eine Sprache zu fassen, bei der auch der Nichttheologe verstünde: *Tua res agitur.*»[27]

27 Typoskript F.

Zur Theologie des Alten Testaments

Seine Vorlesungstyposkripte zu alttestamentlichen Themen hat Wildberger nicht lückenlos aufbewahrt. Er hielt sie offenbar nicht für «ewig gültig». Sein Anliegen war es nicht, möglichst originell zu sein. Er war konsensorientiert und hatte nicht im Sinn, eine neue Schule zu begründen, und war sich dessen bewusst, dass die Halbwertszeit wissenschaftlicher Erkenntnisse auch in der Exegese kurz ist. In einer Vorlesung im Wintersemester 1954/55 sagte er:

> «Das Verständnis des Alten Testaments befindet sich [...] stark im Fluss, und das wird wohl noch lange Zeit so bleiben. Die Bücher über das Alte Testament, die Sie jetzt kaufen, werden, wenn ihre Söhne (und Töchter!) Theologie zu studieren beginnen, hoffnungslos veraltet sein. Und wenn man Freude daran hat, so kann man [...] darauf hinweisen, dass sich die Vertreter der historisch-kritischen Forschung nicht nur über Randfragen, sondern über zentrale Probleme der alttestamentlichen Religionsgeschichte gar nicht einig sind.»[1]

Seinen Studentinnen und Studenten wollte er nicht Kuchen zu essen geben, sondern Brot. Sie sollten möglichst gut die Prüfungen bestehen und sich in der Predigt und im Religionsunterricht bewähren. Konsequent versuchte er, den *main stream* seiner Wissenschaft zu vermitteln. «Die Wahrheit wird wohl in der Mitte liegen.» Diesen von ihm gelegentlich geäusserten Satz haben wir als Studenten, die wir nach dem Absoluten strebten, leicht belächelt.

In seiner vierstündigen Vorlesung «Einleitung in das Alte Testament», die der Verfasser im Wintersemester 1959/60 hörte, vertrat Wildberger in Bezug auf den Pentateuch[2] die klassische Quellentheorie von Eduard Reuss (1804–1891) und Julius Wellhausen (1844–1918): Es «gibt» den Jahwisten, den Elohisten und die Priesterschrift, die besonders im Buch Genesis säuberlich auseinanderdividiert werden können. (Gemäss Wildbergers Instruktion strich der Verfasser in seinem persönlichen Exemplar der Zürcher Bibel von 1931 die entsprechenden Abschnitte und Verse mit verschiedenen Farben an!) Allenfalls war nach Wildberger zu erwägen, ob man nicht zusätzlich wie Otto Eissfeldt mit Fragmenten einer «Laienquelle» rechnen müsse – z. B. beim Abschnitt über die «Engelehen» in Gen 6,1–7.[3] Als der Verfasser sich für das Propädeutikum vorbereitete,[4] stellte er fest, dass Wildbergers Vorlesung – nicht sprachlich, wohl aber – inhalt-

---

1 Typoskript der Vorlesung «A. T. Theologie» im Wintersemester 1954/55, S. 8. F.
2 Die fünf Bücher Mose.
3 Vgl. Eissfeldt, S. 231–237.
4 Im Frühling 1961.

lich weitgehend mit dem damals verbreiteten Examensbuch des Tübinger Gelehrten Artur Weiser übereinstimmte.[5] Einzig bei Esra und Nehemia wich Wildberger von Weiser ab: Anders als die Bibel datierte er (was auch von anderen vertreten und von Weiser nicht völlig ausgeschlossen wird) Esras Ankunft in Jerusalem ein halbes Jahrhundert später als diejenige Nehemias.[6]

So wenig von Wildbergers Vorlesungsvorbereitungen zu alttestamentlichen Themen erhalten geblieben ist,[7] so liegen doch zwei wichtige und wohl nicht zufällige Ausnahmen vor: Es handelt sich um die Materialien zu den Vorlesungen «Ausgewählte Psalmen» sowie «Theologie des Alten Testaments».[8] Die umfangreichen Konvolute dokumentieren, dass er während seiner Tätigkeit als Professor unablässig an diesen Themen weiterarbeitete. Einiges blieb konstant, während anderes sich verschob. Seine Auseinandersetzung mit dem Alten Testament war ein stetiger Prozess, wobei er auch die Entwicklung in der internationalen *scientific community* im Auge behielt.

Zuerst zur Psalmenvorlesung, die er zwischen dem Sommersemester 1955 und dem Wintersemester 1971/72 sechsmal wiederholte (zuerst vierstündig, später dreistündig): Offensichtlich liebte er dieses Thema.[9] Obwohl er vor allem als Fachmann für Jeremia und später noch ausgeprägter für Jesaja in Erinnerung geblieben ist, vertrat er auch hier eine dezidierte Meinung:

5 Vgl. Artur Weiser: Einleitung in das Alte Testamen. 4. neubearbeitete und vermehrte Auflage. Göttingen 1957. Fortan abgekürzt mit: «Weiser».

6 Man vergleiche zu dieser Frage u. a. Eissfeldt und Weiser!

7 In F. befinden sich auch Bruchstücke einer Jeremiavorlesung.

8 Dazu kommt in F. das Typoskript einer einstündigen Vorlesung über den Dekalog im Wintersemester 1952/53. Aus heutiger Sicht wirkt das Ganze etwas «anfängerhaft». Zuerst ging Wildberger den hebräischen Hauptvokabeln nach. Dann versuchte er, die heute von kaum jemandem aufrechterhaltene These zu verteidigen, der Dekalog gehe – jedenfalls in seinen Grundzügen – auf die mosaische Zeit zurück. Im dritten und letzten Teil wird der Dekalog *theologisch* ausgelegt. Hier finden sich Vorstudien zu dem, was Wildberger später in seinen Vorlesungen über die Theologie des Alten Testaments breiter ausgeführt hat. Es ist kaum ein Zufall, dass Wildberger diese Vorlesung in späteren Jahren nicht wiederholte, weil er wohl selbst ein gewisses Ungenügen empfand.

9 Im Spätherbst 1965 liess er sich auch nach Luzern einladen, um am «Albertus-Magnus-Tag» der Schweizerischen Katholischen Bibelbewegung über «Literarische Gattungen in den Psalmen» zu referieren. Typoskript F. Vgl. Georg Schelbert: Die Psalmen. Tagung der schweizerischen katholischen Bibelbewegung 1965. Schweizerische Kirchenzeitung, 133. Jahrgang, Nr. 48, vom 2. Dezember 1965, S. 609f.

«Die Psalmen haben Altisrael während der ganzen Dauer seiner Geschichte begleitet und seine Glaubenshaltung sicher entscheidend – wohl viel entscheidender als der Prophetismus – geprägt.»[10]

Als Schüler Ludwig Köhlers[11] (und als Protestant!) war er in seinen Anfängen gegenüber dem Kultischen im Alten Testament reserviert. Besonders die Arbeit an den Psalmen machte ihm jedoch bewusst, dass sich das Kultische nicht in den die Priester und den Opferkult betreffenden (manchmal recht technischen) Texten des Pentateuchs erschöpft und dass man auch diese nicht sachgemäss interpretiert, wenn man nur Werkgerechtigkeit in ihnen sieht. Der Kult Israels, vor allem mit seinen Festen, habe den Glauben gefördert und gestärkt, sagte Wildberger bereits 1955. «[Der Kult] war von weit reicherem Inhalt, als man einst dachte.» [12]

In einem neu geschriebenen Nachtrag im Wintersemester 1971/72 wurde er noch deutlicher:

«Die Psalmen begleiten wie ein kontinuierlicher Grundwasserstrom den an äusseren Wechselfällen nicht armen Weg, den Israel durch die Geschichte gegangen ist. [...] Die liturgische Dichtung hat zweifellos Israels Glaubenshaltung zu allen Zeiten entscheidend geprägt, entscheidender sicher als der Prophetismus und gewiss ebenso entscheidend wie die geschichtlichen Überlieferungen und die Gesetzeskorpora.»[13]
«Es geht nicht mehr an, den Kult Israels erforschen und werten zu wollen, indem man einfach auf die Bestimmungen der Priesterschrift über die Opfer und andere Kultgesetze achtet. [...] Es war ein Fehlurteil, wenn die alttestamentliche Forschung die israelitische Kultfrömmigkeit als starr, schablonenhaft, unlebendig und unfruchtbar bezeichnet hat.»[14]
«Man muss sich also offensichtlich sehr hüten, den Glauben Israels eingleisig zu verfolgen. Es gibt in Israel den breiten und wichtigen Strom einer sich am Kult nährenden Frömmigkeit, die weitgehend ohne den Rückgriff auf die Begegnung Gottes mit Israel in seiner Geschichte – übrigens auch ohne Bezugnahme auf die prophetische Botschaft – ausgekommen ist. Es scheint dem Durchschnittsisraeliten durchaus genügt zu haben, Jahwe im Heiligtum zu begegnen. *Hier* schaut er Gott, hier *erlebt* er Gott: in der Gemeinschaft mit der Gemeinde, die mit ihm Jahwe sucht, ihm klagt und ihn lobt. Hier findet er Geborgenheit, Zuflucht und Frieden. Es ist also falsch, zu sagen, Israels Glaube sei nur an Jahwes Handeln in der Geschichte orientiert. Er ist es auch am Gott-Erleben im Heiligtum, wie er übrigens sich auch an der Weisheit orientieren kann, die ihn lehrt, sich in die Ordnungen des Kosmos und der Gesell-

10 Typoskript Psalmenvorlesung, S. 217. F.

11 Vgl. Ludwig Köhler: Theologie des Alten Testaments. Dritte, überarbeitete Auflage. Tübingen 1953, S. 189: «[...] das ist der Kult des Alten Testaments in seiner Vollendung: ein zäher, kniffliger, entsagungsvoller, verzweifelter Versuch des Menschen, sich das Heil [...] zu verdienen.»

12 Typoskript Psalmenvorlesung, S. 218.

13 A. a. O., Nachtrag, S. 1

14 A. a. O., Nachtrag, S. 1f.

schaft einzufügen, und [die] genau so Heil, schalôm, Segen, Frieden – oder einfach: das Leben – verheisst, wie es den Teilnehmern an den kultischen Akten in Aussicht gestellt wird.»[15]

«Grundsätzlich geht die kultische Frömmigkeit dem Prophetismus voran. [...] Die ethisch-sozialen Gebote der Propheten – sogar sie! – haben in den Torliturgien[16] wenn nicht ihre Wurzel, so doch eine Parallele. [...] Die prophetische Frömmigkeit hat keineswegs über die kultische gesiegt, sie hat diese nicht einmal deutlich erkennbar beeinflusst. Es geht darum offenbar nicht an, die Religion Israels *in globo* als prophetisch zu bezeichnen. Prophetismus und Kult sind die beiden Pole, in deren Kräftespiel das religiöse Leben Israels sich entfaltet hat. [...] Will man sich ein Bild vom gottesdienstlichen Leben Israels machen, darf man sich seine Kriterien nicht einseitig von der Polemik der Propheten gegen die kultische Frömmigkeit und ebenso wenig von der Kultgesetzgebung des Alten Testaments geben lassen. [...] Die prophetische Kultkritik war zweifellos nötig; nötig um der Entartungen willen, nötig, um die falsche Selbstsicherheit, die der Kult erzeugen konnte, zu zerstören, nötig, weil er der abgründigen Versuchung ausgesetzt ist, Gott manipulieren zu wollen. Aber den Kern kultischer Frömmigkeit, die man letztlich als Wissen um des Menschen Geborgenheit in Gott bezeichnen kann, kann sie nicht tangieren, solange Israel weiss, dass diese Geborgenheit Geschenk ist, das verpflichtet. (Ich erinnere an den Satz: ‹Denn bei dir ist die Vergebung, dass man dich fürchte!› [Ps 130,4]) Der prophetische Protest ist ein notwendiges Korrektiv innerhalb der Glaubensgeschichte Israels. Dass er erfolgt, gehört zum *proprium Israeliticum*[17] innerhalb der Religionsgeschichte des alten Orients. Zu einer Negation oder nur Devaluation dessen, was Israel an seinen Festen, in seinen Gottesdiensten und kultischen Begehungen an Gemeinschaftsstiftung mit seinem Gott und Bruderschaftserfahrung unter den Kultgenossen erfuhr, darf er uns nicht verleiten.»[18]

Im Rahmen dieser Biographie ist es nicht möglich, Wildbergers Psalmenvorlesung ausführlicher zu besprechen. Von seiner Sicht der biblischen Weisheit (die auch in einigen Psalmen zu Ausdruck kommt) soll später die Rede sein.[19] Bemerkenswert sind seine Beobachtungen zur Sprache des Psalters. Diese schwankt gemäss seiner Darstellung zwischen Tradition und Innovation, zwischen Konventionellem und Individuellem. Einzelne Psalmen zu datieren, sei schwierig, weil gewisse Formulierungen von Generation zu Generation weitergegeben wurden und teilweise weit in den alten Orient zurückverfolgt werden können. Sind bestimmte Aussagen – z. B. über Rahab oder Leviatan (Ps 89,11 und Ps 74,14) – mythologisch oder metaphorisch zu verstehen? Die «mythologischen Relikte» seien oft «zu Bildern der dichterischen Sprache geworden, die als solche anschaulich

15 A. a. O., Nachtrag, S. 7.

16 Man vergleiche Ps 15 und Ps 24, die, wie man oft annimmt, ursprünglich bei Prozessionen im Eingangsbereich des Tempelareals gesungen wurden und die von ethischen Formulierungen geradezu «triefen»!

17 proprium Israeliticum (lat.) = das, was Israels unverwechselbare Identität ausmacht.

18 Typoskript Psalmenvorlesung, Nachtrag, S. 8f. (Sprachlich leicht redigiert.)

19 Vgl. unten, S. 122ff.

werden lassen, was in dürren Worten kaum artikuliert werden kann».[20] – Wildberger stellte mit Bedauern fest, dass zum Vergleich kaum kanaanäische Texte zur Verfügung ständen, sondern fast nur solche aus Ägypten und Mesopotamien, was den Vergleich – besonders im Fall Ägyptens – wegen der grossen kulturellen Unterschiede erschwere.

Erhellend sind Wildbergers Beobachtungen zur Form der Psalmen: Häufig werde das traditionelle Muster von innen heraus gesprengt, weshalb es in einem solchen Fall nicht möglich sei, einen Psalm einer vorgegebenen Gattung zuzuordnen (vgl. Ps 139, zunächst ein individuelles Klagelied, das aber weisheitliche Motive integriert). Gerade «bei den schönsten Stücken» ist gemäss Wildberger «das Schema der Gattung abgewandelt, durchbrochen, oder auch: fast ganz zerstört». «Das gibt [der Psalmendichtung] ihre Lebendigkeit und [darin] unterscheidet sie sich [...] von ähnlicher Literatur in Israels Umwelt, die oft in fast tödlicher Langeweile vorgegebene Schemata repetiert.»[21]

Doch zu den Vorlesungen über die «Theologie des Alten Testaments»! Man wird sagen dürfen, dass sie das Herzstück von Wildbergers Lebensarbeit bilden. Nicht umsonst hatte er weit vorausgreifend schon in seinem Curriculum vitae im Frühling 1933 geschrieben, nach der Arbeit und den Ergebnissen der historischen und religionsgeschichtlichen Schule sei es dringend nötig, das Alte Testament auch theologisch-systematisch und nicht nur historisch zu untersuchen.[22] Ein dickes Konvolut liegt vor, von Maschine geschrieben, mit Zusätzen versehen und handschriftlich fortlaufend ergänzt oder korrigiert. Teile wurden gestrichen, anderes – zum Teil umfangreich – neu geschrieben.

Die Ausarbeitung begann im Sommer 1954. Wildberger hielt seine Vorlesung «A. T. Theologie» (wie er sie selber überschrieb) ein erstes Mal dreistündig im Wintersemester 1954/55. Er wiederholte sie vier Jahre später im Wintersemester 1958/59. Im Wintersemester 1960/61 bot er sie vierstündig an, musste sie wegen seines Verkehrsunfalls mit anschliessender Lungenembolie[23] jedoch bereits nach wenigen Wochen abbrechen. In den Sechzigerjahren liess er das Material liegen, wohl weil ihn die Ausarbeitung seines Jesajakommentars[24] immer mehr in Anspruch nahm. Erst im Sommersemester 1973 versuchte er es ein weiteres – und jetzt das letzte – Mal. (Offenbar spielte er mit dem Gedanken, ein Buch zu publizieren.)[25]

20 Typoskript Psalmenvorlesung, Nachtrag, S. 7.
21 A. a. O., Nachtrag, S. 3.
22 Vgl. oben, S. 24.
23 Vgl. oben, S. 94f.
24 Vgl. unten S. 149ff.
25 Vgl. Brief von Felix Mathys an Hans Wildberger vom 20. September 1973. F.

Von seinen früheren einschlägigen Vorlesungen behielt er einige wenige Passagen bei, u. a. über den sich offenbarenden Gott:

> «[Jahwe ist] der sich offenbarende, sich kundtuende, sich mitteilende, sich manifestierende, der gekommene, aber auch kommende und kommen werdende Gott.» – «Jahwe will nicht für sich sein, kann es seinem Wesen nach nicht. Er ist der, der Gemeinschaft mit seinem Volk, aber dann immer deutlicher auch mit der ganzen Menschheit haben will.»[26]

Auch wenn einige Passagen aus älteren Versionen der Vorlesungen über die Theologie des Alten Testaments übernommen wurden, ist das meiste in der Vorlesung von 1973 neu. Aus allem geht hervor, dass Wildberger die Publikationen seiner Fachkollegen aufmerksam verfolgte, auch wenn er in seiner letzten Fassung vergleichsweise wenig zitiert. Immer schaute er auch über den Zaun seiner eigenen Zunft hinaus. Der jüdische Gelehrte Martin Buber war nach seiner Meinung zwar «kein Fachmann im engeren Sinn». Es sei deshalb «weiter nicht überraschend, dass manche seiner einzelnen Ausführungen exegetisch nicht haltbar sind». Aber er sei «*mehr* als ein Fachmann»! Er «war genialer Interpret, er hat teilweise das Wesentliche vielleicht mehr erahnt als wissenschaftlich erkannt und bewiesen.»[27]

Schon früh hatte Wildberger Dietrich Bonhoeffers Gefangenschaftsbriefe (erschienen 1951) gelesen und sich darüber gefreut, was Bonhoeffer über die Unverzichtbarkeit des Alten Testaments schrieb:

> «Nur wenn man die Unaussprechlichkeit des Namens Gottes kennt, darf man auch einmal den Namen Jesus Christus aussprechen; nur wenn man das Leben und die Erde so liebt, dass mit ihr alles verloren und zu Ende zu sein scheint, darf man an die Auferstehung der Toten und eine neue Welt glauben; nur wenn man das Gesetz Gottes über sich gelten lässt, darf man wohl auch einmal von Gnade sprechen, und nur wenn der Zorn und die Rache Gottes über seine Feinde als gültige Wirklichkeiten stehen bleiben, kann von Vergebung und von Feindesliebe etwas unser Herz berühren. Wer zu schnell und zu direkt neutestamentlich sein und empfinden will, ist meines Erachtens kein Christ.»[28]

Es ist dies eine These, auf die Wildberger immer neu zurückkam.[29] – Auch jüngere Kollegen regten ihn an: Von Eberhard Jüngel (*1934), der 1966–

---

26 Typoskript Sommer 1973 (F.), § 1, gemäss alter Paginierung S. 77.

27 Handschriftlicher Zusatz zu § 3, S. 7, des Typoskripts Sommer 1973 (F.).

28 Dietrich Bonhoeffer: Widerstand und Ergebung. Briefe und Aufzeichnungen aus der Haft. Herausgegeben von Christian Gremmels, Eberhard Bethge und Renate Bethge in Zusammenarbeit mit Ilse Tödt. (Gesamtausgabe 8) Gütersloh 1998, S. 226.

29 Vgl. z. B.: Hans Wildberger: Auf dem Wege zu einer biblischen Theologie. Erwägungen zur Hermeneutik des Alten Testamentes. Evangelische Theologie Heft 1/2, Januar 1959, S. 70–90. Abgekürzt mit: «Auf dem Wege». Hinweis auf Bonhoeffer hier S. 84.

1969 in Zürich lehrte, übernahm er die Wendung «Gottes Sein ist im Werden», um das Wesen des biblischen Gottes treffender zu charakterisieren.[30]

Bevor auf weitere Einzelheiten in Wildbergers Vorlesungen zur Theologie des Alten Testaments eingegangen wird, mag ein Blick auf drei aus verschiedenen Jahren stammende Aufsätze zum gleichen Thema aufschlussreich sein. Zwei stammen aus den Anfangsjahren seiner Professur, während der dritte sein gewissermassen «letztes Wort» ist: 1. «Die Bibel als Zeugnis der geschichtlichen Offenbarung»,[31] 2. «Auf dem Wege zu einer biblischen Theologie. Erwägungen zur Hermeneutik des Alten Testamentes»[32] und 3. (ein Besprechungsaufsatz) «Altes Testament und Alter Orient. Israels religiöse Leistung – eine Arbeit von Hans Heinrich Schmid».[33]

Der erste Aufsatz beruht auf einem Vortrag anlässlich eines Schweizerischen Theologentags im September 1954.

Es ging um das Problem der Autorität der Bibel. Wildberger sprach in zwei verschiedene Richtungen: Einerseits vertraten Wortführer einer liberalen Theologie die Position, dass «der Geist weht, wo er will [nach Joh 3,8]». Man dürfe Gott nicht vorschreiben, «wo und wie er sich zu unserm Heil offenbaren» könne.[34] Fritz Buri, von dem die eben zitierte Formulierung stammt, hatte – weit über das Entmythologisierungsprogramm Rudolf Bultmanns hinausgehend – das Programm einer «Entkerygmatisierung» postuliert.[35] Der biblische Kanon sei menschengemacht und nicht eigentlich verbindlich. Dass die Kirche an die Heilige Schrift anknüpfe, erkläre sich «einzig aus Gründen der historischen Kontinuität».[36]

Wildberger widersprach pointiert: Die Kirche habe «nicht den Kanon gewählt in einem Akt, der wieder rückgängig gemacht oder doch revidiert werden [könnte], sondern die Schrift [habe] sich der Kirche als Norm ihrer

30 Vgl. Eberhard Jüngel: Gottes Sein ist im Werden. Verantwortliche Rede vom Sein Gottes bei Karl Barth. Eine Paraphrase. Tübingen 1965.

31 Hans Wildberger: Die Bibel als Zeugnis der geschichtlichen Offenbarung. Reformatio, 4. Jahrgang (1955), S. 621–636. Abgekürzt mit: «Zeugnis».

32 Vgl. Anmerkung 56.

33 Hans Wildberger: Altes Testament und Alter Orient. Israels religiöse Leistung – eine Arbeit von Hans Heinrich Schmid. Neue Zürcher Zeitung, 3./4. Mai 1975, Nr. 101, S. 61. Abgekürzt mit: «Leistung».

34 Fritz Buri (1907–1995) nach: Zeugnis, S. 622.

35 Zeugnis, S. 627. Vgl. Fritz Buri: Entmythologisierung und Entkerygmatisierung der Theologie. Hamburg 1948. Kerygma bedeutet Botschaft. Während Bultmann den mythologischen Elementen der Bibel ihr Kerygma bzw. ihre Botschaft entnehmen und beibehalten wollte, war dies nach Buris Meinung immer noch zu «orthodox»!

36 Zeugnis, S. 626. Wildberger fasst hier in eigenen Worten die Position Buris zusammen – aber auch jene Ulrich Neuenschwanders (1922–1977).

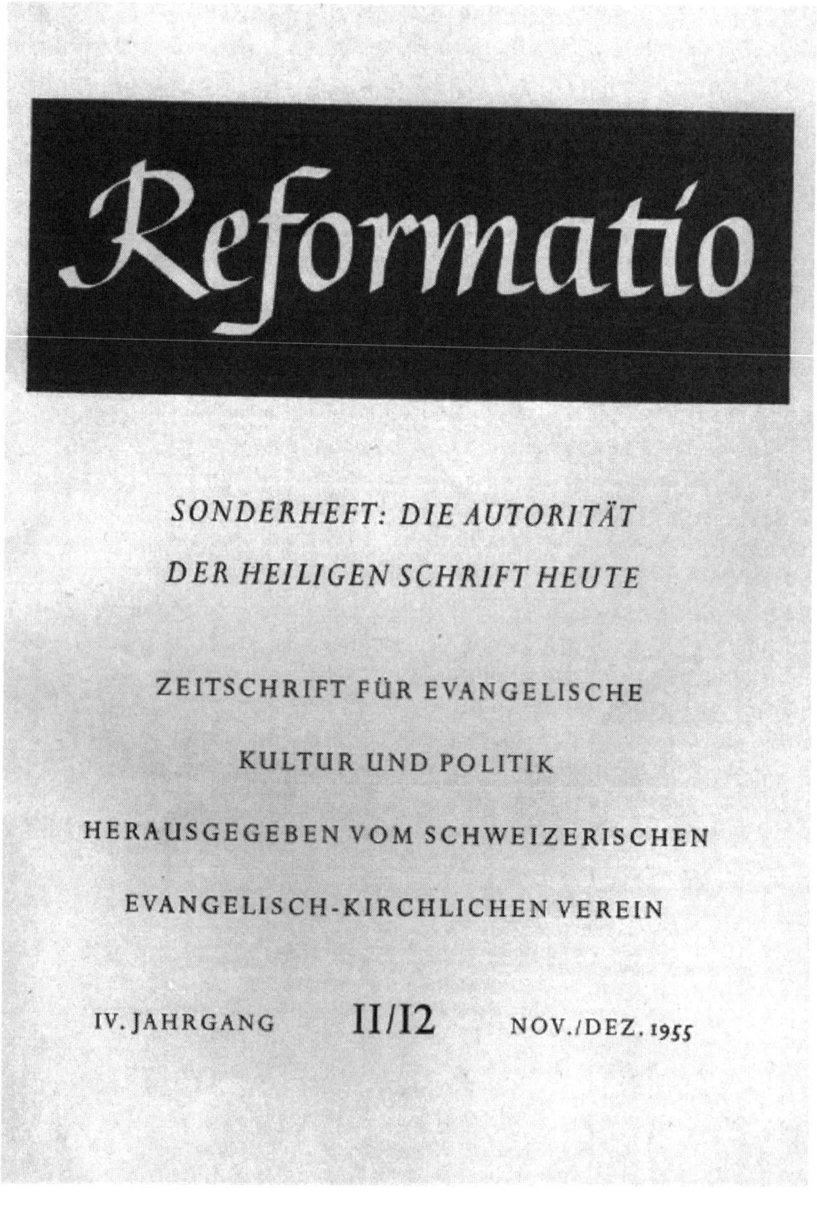

Reformatio

SONDERHEFT: DIE AUTORITÄT
DER HEILIGEN SCHRIFT HEUTE

ZEITSCHRIFT FÜR EVANGELISCHE
KULTUR UND POLITIK

HERAUSGEGEBEN VOM SCHWEIZERISCHEN
EVANGELISCH-KIRCHLICHEN VEREIN

IV. JAHRGANG 11/12 NOV./DEZ. 1955

Nummer der «Reformatio», in der Wildbergers zuerst genannter Aufsatz erschien

Lehre und Verkündigung aufgedrängt».[37] Die Bibel sei «Offenbarungszeugnis».[38]

Zugleich argumentierte er aber auch gegen einen starren Biblizismus oder sogar Fundamentalismus:

> «[Das Offenbarungszeugnis] ist uns aufbewahrt in einem Buch, das seine Geschichte gehabt hat, eine Geschichte, die verschlungener, reicher und erregender ist, als die irgendeines andern Buches der Menschheit, aber grundsätzlich doch von ihm nicht verschieden. Es sind Menschen, die ihr Zeugnis von der Offenbarung gegeben haben, und sie sind auch als von Gott berufene und durch seinen Geist geleitete Werkzeuge in ihrem Dienst Menschen geblieben mit ihrem jeweiligen individuellen, ihrer Zeit entsprechenden Horizont und der ihrer Welt zugehörenden Sprache. [...] Es ist so, wie der Apostel Paulus sagt: ‹Wir haben diesen Schatz – das Evangelium – in irdenen Gefässen [2Kor 4,4].› *Wir haben keine andere Kunde von der Offenbarung, denn diese – gewiss unter Gottes Vorsehung und unter der Leitung des Heiligen Geistes entstandene, aber doch durchaus – menschliche Gestalt der Heiligen Schrift.* Wir sollen das nicht bedauern, sondern getrost bejahen. Es ist einfach der Ausdruck davon, dass Gott zu wirklichen Menschen in ihre konkrete Situation hinein sein Wort so gesprochen hat, dass es sie treffen konnte. Dass es nicht anders sein kann, wird uns klar, wenn wir uns vergegenwärtigen, dass die menschliche Seite der Schrift eine Parallele an der Fleischwerdung des ewigen Logos im Menschen Jesus von Nazareth hat.»[39]

Darüber hinaus sei festzuhalten:

> «Es gilt [...], die biblische Botschaft nicht bloss zu wiederholen, wie sie geschrieben steht, sondern weiterzugeben in der Sprache, der Begriffswelt, den Anschauungen, die dem heutigen Menschen geläufig sind [...].»[40]

In seinem Vortrag versuchte Wildberger vor allem auch, positiv zu entfalten, worum es in der Bibel geht: Gott hat sich *in* dieser Welt – und besonders in der Geschichte – manifestiert. Im christlichen Glauben gehe es nicht nur um eine «allgemeine[.] Geschichtsphilosophie»,[41] sondern um eine Offenbarung.

> «Worin liegt nun aber das Besondere der Gottesoffenbarung, die in der Heiligen Schrift bezeugt ist? Darin, dass sie an einem bestimmten Ort in der Geschichte des Volkes Israel eingebrochen und in Menschwerdung, Tod und Auferstehung Jesu Christi zu ihrem Höhepunkt und Abschluss gekommen ist. Sie ist also durch die Kontingenz[42] sich nicht wiederholender, einmaliger geschichtlicher Ereignisse gekennzeichnet. Wer Erkenntnis Gottes, der in einem Lichte wohnt, da niemand

37 A. a. O., S. 621.
38 A. a. O., S. 627.
39 A. a. O., S. 627f.
40 A. a. O., S. 633. Im Original hervorgehoben.
41 A. a. O., S. 627.
42 Zufälligkeit im Gegensatz zu logisch zwingender Notwendigkeit.

> zukommen kann [1Tim 6,16], sucht, ist darauf angewiesen, seinen Blick auf diese bestimmten *Heilsfakten* zu richten. [...] Es entspricht dieser Sachlage, dass das Offenbarungszeugnis der Heiligen Schrift weithin in die äussere Form der Erzählung gekleidet ist. Wir sprechen von der Weihnachts- und Passionsgeschichte und von den Auferstehungsgeschichten.»[43]

Es ist auffallend, dass Wildberger sich hier vor allem am Neuen Testament orientiert. Aber dann spricht er vom Alten Testament, seinem eigentlichen Fachgebiet. Und hier fasst er in Worte, woran er während Jahren eisern festhielt:

> «Die neuere Forschung [Gerhard von Rad und Martin Noth][44] hat herausgestellt, dass die Pentateucherzählungen aufs Ganze gesehen Entfaltung des Bekenntnisses zu den grundlegenden Akten der Gottesoffenbarung in Israels Frühzeit sind: einerseits der Auszug aus Ägypten mit der Rettung am Schilfmeer, die Leitung des Volkes durch die Wüste und die Hinführung in das verheissene Land, andererseits das Erlebnis am Sinai mit dem Bundesschluss. Der ‹Sitz im Leben› dieser grossen Traditionskomplexe ist in den Festgottesdiensten an den altisraelitischen Heiligtümern zu suchen. Der Glaube an Jahwe hat sich in Israel dadurch lebendig erhalten, gefestigt und entfaltet, dass jene grundlegenden Fakten der Heilsgeschichte immer wieder nacherzählt und dabei auch immer wieder neu interpretiert wurden.»[45]
> «Wenn im Bereich der Heiligen Schrift von Gottes Offenbarung gesprochen wird, so wird auf bestimmte *Fakten der Geschichte* gezeigt, und die Urform des Offenbarungszeugnisses ist darum der *Bericht* von dem, was geschehen ist oder geschehen wird.»[46]

Diese heilsgeschichtliche Gesamtschau der Bibel allgemein und des Alten Testaments im Besonderen blieb für Wildberger während Jahren konstitu-

---

43 Zeugnis, S. 623. Hervorhebung von F. J.

44 Wildberger verweist auf: Gerhard von Rad: Das formgeschichtliche Problem des Hexateuchs (Beiträge zur Wissenschaft vom Alten und Neuen Testament, Heft 26 bzw. 78), Stuttgart 1938, und: Martin Noth: Überlieferungsgeschichte des Pentateuch, Stuttgart 1948.

45 Zeugnis, S. 623.

46 A. a. O., S. 624. Im Original ganz hervorgehoben. Hervorhebungen hier von F. J. Es ist offensichtlich, dass Wildberger an diesem Punkt auch das Erbe seines Lehrers Emil Brunner weiterführte. Vgl. Emil Brunner: Wahrheit als Begegnung, Berlin 1938, S. 34: «Die entscheidende Wortform in der biblischen Sprache ist nicht wie im Griechischen das Substantiv, sondern das Verbum, das Tätigkeitswort. Das biblische Denken ist nicht substantivisch-sächlich und abstrakt, sondern verbal-geschichtlich und personhaft. Es geht nicht um eine Beziehung, die an und für sich ‹ist›, sondern um eine Beziehung, die geschieht. Gott ‹tritt› zur Welt, zum Menschen in Beziehung, er handelt an ihnen, mit ihnen, für sie, in gewissem Sinn auch gegen sie; aber er handelt immer mit Beziehung auf sie, und er handelt immer.» «[I]n der Bibel [wird] diese doppelseitige Beziehung zwischen Gott und Mensch nicht als Lehre entwickelt [...], sondern [...] sie [geschieht] in einer Geschichte[...].» Der letzte Satz ist in Wildbergers Handexemplar (F.) unterstrichen.

tiv. Er sprach – so im hier vorgestellten Vortrag[47] – von «Heilsfakten» – auf Deutsch würde es «Heilstatsachen» lauten –, ein Begriff, der im 19. Jahrhundert besonders vom konservativen lutherischen Theologen August Friedrich Christian Vilmar (1800–1868) in die Diskussion eingebracht worden war.[48] Bei Wildberger ist der Begriff freilich subtil gefasst: Theologisch bedeutsam sei – sagte er im gleichen Vortrag – «letzten Endes nur das ‹*Dass*› der Erwählung Israels, der Menschwerdung, des irdischen Lebens, der Kreuzigung und der Auferstehung Christi einerseits, und die *Deutung* dieses ‹Dass› im Wort der biblischen Zeugen andererseits».[49] D. h., «Heilstatsachen» sind nicht materiell als ein Beweis feststellbar. Sie begegnen uns nur, indem uns davon erzählt wird.

> «Dass das ‹Wie› der Ereignisse für den Historiker weitgehend schwer zu fassen ist, vermag der Glaube zu tragen. Das ‹Dass› allerdings darf in keiner Weise dahinfallen in der Meinung, wir hätten auch dann am Zeugnis immer noch genug. Ein Zeugnis, das in sich selbst ruht und nicht mehr auf ein Geschehenes hinweisen kann, fällt in sich selbst zusammen.»[50]
> «Die christliche Kirche lebt vom *Faktum der göttlichen Offenbarung*, die vorlaufend in Israel, abschliessend in Jesus Christus geschehen ist. An ihrem ereignishaften Charakter darf nicht gerüttelt werden, wenn die christliche Botschaft ihre Eigenart nicht verlieren soll.»[51]

Es wird zu zeigen sein, dass sich Wildberger von dieser heilsgeschichtlichen Schau im Lauf der Jahre allmählich – zögernd, jedoch nie restlos – löste.[52]

---

47 Vgl. oben, S. 109.

48 Vgl. August Friedrich Christian Vilmar: Die Theologie der Tatsachen wider die Theologie der Rhetorik: Bekenntnis und Abwehr. Reprint der unveränderten dritten, teilweise umgestalteten Auflage, Marburg 1857, Darmstadt 1968 und 1984.

49 Zeugnis, S. 625f. Hervorhebungen von F. J. Wildberger spielt hier auf Rudolf Bultmanns oft zitierte Formulierung vom «Dass des Gekommenseins Jesu» an, das als Grundlage für die Theologie genüge. «Nicht das Was, sondern das Dass seiner Verkündigung ist das Entscheidende.» In: Rudolf Bultmann: Glauben und Verstehen. Gesammelte Aufsätze. Erster Band (zuerst publiziert 1933). Vierte, unveränderte Auflage. Tübingen 1961, S. 265.

50 A. a. O., S. 626.

51 A. a. O., S. 636. Hervorhebungen von F. J.

52 Vgl. unten, S. 119. Auch heute wird eine heilsgeschichtliche Deutung des Alten Testaments immer noch (oder wieder) vertreten. Vgl. Roland Deines. Acts of God in History. Studies Towards Recovering a Theological Historiography. Edited by Christoph Ochs and Peter Watts. Tübingen 2013. Dazu der Klappentext: «Roland Deines intends these studies to be contributions towards a theologically motivated historiography. His aim is to propose a viable reading of history under the assumption that the one God to whom the Holy Scriptures of the Jewish-Christian tradition bear witness is indeed the creator, sustainer und perfecter of this world and its history.»

Der zweite hier zu erwähnende, etwas jüngere Aufsatz liegt auf der gleichen Linie:

> «Der zentrale Zeugnisgehalt des Alten Testamentes ist die Erwählung Israels zum Gottesvolk, die, in geschichtlichen Fakten manifest geworden, sich darin bewährt, dass Jahwe sein Volk durch Gericht und Begnadigung in seiner Gemeinschaft bewahrt und es unter der Verheissung der Errichtung seiner Herrschaft durch die Geschichte führt. Damit ist aber evident, dass die alttestamentliche Botschaft strukturell gesehen mit dem Glaubenszeugnis des Neuen Testamentes zusammengehört [...].»[53]

Wildberger warnt vor zweierlei: Einerseits soll das Alte Testament nicht in die allgemeine Religionsgeschichte eingeebnet werden. Er spricht von der «historischen Einmaligkeit des Glaubens Israels».[54] Wo es «um das Erfassen des *Wesens* der alttestamentlichen Botschaft» gehe, sei diese «nicht unter den Nenner altorientalischer Kultreligion zu bringen».[55] Anderseits dürfe man das «*Eigenwort* des Alten Testamentes»[56] nicht voreilig und total mit dem Zeugnis des Neuen Testaments identifizieren, weil das Alte Testament sonst überflüssig würde.

> «[...] die Kirche kann neben dem neutestamentlichen Wort das Eigenwort des Alten Testaments nicht entbehren, wenn ihre Botschaft nicht verkürzt und Missdeutungen preisgegeben werden soll.»[57]
> «Das Alte Testament sichert die christliche Verkündigung vor einem Abgleiten in eine Christusphilosophie, bewahrt sie davor, zeitlose religiöse Wahrheiten anstelle der Heilstaten Gottes zu ihrem Gegenstand zu machen. Solange das Alte Testament mitgehört wird, ist der Kirche der Rückzug auf die Pflege einer blossen Innerlichkeit und damit zusammenhängend eine unbiblische Spiritualisierung des in Christus angebotenen Heils verbaut.»[58]
> «Das Alte Testament wird die Kirche unablässig daran erinnern, dass der einzelne nur als Glied des Gottesvolkes des Heils teilhaftig sein kann, und sie darum gegen eine falsche Individualisierung schützen. Und ebenso versperrt es der Kirche eine falsche Flucht in die Jenseitigkeit und hält sie an dieser Erde mit den hier und jetzt gesetzten Aufgaben fest.»[59]

Es ist dies eine der Stellen, an denen Wildberger in einer Anmerkung Bonhoeffer heraufbeschwört.[60] Gegen eine falsch – quietistisch und rein individualistisch – verstandene Rechtfertigungslehre des Apostels Paulus und

53 Auf dem Wege, S. 79.
54 A. a. O., S. 76.
55 A. a. O., S. 77.
56 A. a. O., S. 81.
57 A. a. O.
58 A. a. O., S. 83.
59 A. a. O., S. 83f.
60 Vgl. oben, S. 106.

Luthers sagte er, das Alte Testament müsse darin Gehör finden, dass die *justificatio* nicht mit der Sündenvergebung zusammenfalle, sondern dass mit ihr auch eine neue Lebensgerechtigkeit aufgerichtet werde.[61] Analog zu Dietrich Bonhoeffer in seinem berühmten Buch «Nachfolge» von 1937[62] kämpfte auch Wildberger gegen eine «billige Gnade».

Und ein weiterer, für Wildberger wichtiger Punkt: Er unterstrich, dass wir auch *post Christum natum* noch nicht am Ziel sind.

> «Der Blick des alttestamentlichen Menschen auf das zukünftige Hereinbrechen der göttlichen Gerechtigkeit mag den Christen, der sich der Gegenwärtigkeit des Heils freut, mahnen, dass auch er der Vollendung erst entgegengeht, und bewahrt so das Kerygma [die Verkündigung] vor der Entgeschichtlichung.»[63]

Es geht um den «eschatologischen Vorbehalt».[64] Wir leben noch auf dieser alten Erde und sind nicht bereits im Himmel! – Gegenüber einem Christusmonismus[65] sei das Alte Testament gemäss Wildberger darüber hinaus aber auch als eine deutliche Warnung zu beachten, dass *Gott* das Subjekt des versöhnenden Handelns bleibe.[66]

Eindrücklich ist der folgende Abschnitt:

> «[...] so wenig der Inhalt der alttestamentlichen Hoffnung [etwa auf die Wiederherstellung der Herrschaft Davids oder auf die Rückkehr aus der babylonischen Gefangenschaft] einfach von uns angeeignet werden kann, so gewiss darf doch der ‹Materialismus› des Alten Testamentes nicht einem pseudoneutestamentlichen Spiritualismus geopfert werden. Unter der Christusherrschaft wird auch der Hunger gestillt, werden Kranke geheilt, kommt der Unschuldige zu seinem Recht, hört die Bedrückung des Armen auf und wird nicht nur dem einzelnen ‹Seelenfriede› geschenkt, sondern wird Friede unter den Völkern aufgerichtet. Die alttestamentliche Hoffnung schützt die neutestamentliche Reich-Gottes-Erwartung vor einer spiritualisierenden Verdünnung oder einer Verschiebung in die Transzendenz, die im Neuen Testament in solcher Einseitigkeit nicht vorhanden ist.»[67]

61 Auf dem Wege, S. 86.

62 Vgl. oben, S. 47, Anmerkung 53.

63 A. a. O.

64 Vgl. Frank Jehle: Lieber unangenehm laut als angenehm leise. Der Theologe Karl Barth und die Politik 1906–1968. Zweite, revidierte Auflage, Zürich 2002, S. 129. Der Ausdruck «eschatologischer Vorbehalt» geht auf die Römerbriefvorlesung Erik Petersons von 1925 zurück und wurde durch Ernst Käsemann populär. Vgl. Röm 6,8: «Sind wir aber mit Christus gestorben, so glauben wir fest, dass wir mit ihm auch leben werden.» Der zweite Halbsatz steht im Futurum.

65 «Christusmonismus» = eine Konzeption, in der das reformatorische «solus Christus» (allein Christus) übersteigert wird.

66 Auf dem Wege, S. 87. Hervorhebung von F. J.

67 A. a. O., S. 88.

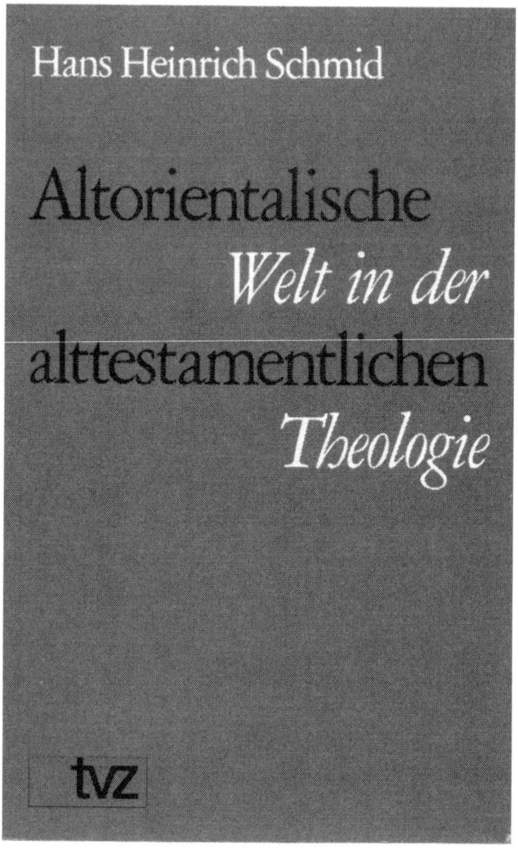

Das in der «Neuen Zürcher Zeitung» besprochene Buch von Hans Heinrich Schmid

Ein weiteres Mal lässt Bonhoeffer – aber auch der religiöse Sozialismus des jungen Wildbergers[68] – grüssen.

Während die beiden bisher besprochenen Aufsätze aus dem ersten Jahrzehnt von Wildbergers Professur stammen, ist der dritte, erschienen in der «Neuen Zürcher Zeitung» am ersten Maiwochenende 1975, ein Spätwerk. Wildberger war am 15. April desselben Jahres emeritiert worden, nachdem er bereits seit dem Sommersemester 1974 keine Vorlesungen mehr gehalten hatte[69] – beurlaubt wegen seiner Arbeit am Jesajakommentar und wegen der schweren Erkrankung seiner Frau. Es war die Zeit, in der es um die Berufung seines Nachfolgers ging: Hans Heinrich Schmid (1937–2014), damals Professor an der Kirchlichen Hochschule in Bethel, war in den frü-

68 Vgl. oben S. 25.
69 Zu wichtigen Ausnahmen vgl. unten S. 178 und S. 181f.

hen Sechzigerjahren Assistent Wildbergers und Victor Maags gewesen, die sich in den Assistenten teilen mussten. 1965 war Schmid aufgrund der Arbeit «Wesen und Geschichte der Weisheit»[70] promoviert worden. 1968 hatte er sich mit dem Buch «Gerechtigkeit als Weltordnung»[71] habilitiert. Bereits 1967 hatte man ihn zum Assistenzprofessor befördert, bis er 1969 nach Bethel berufen wurde.

Unter den Nachwuchsalttestamentlern wurde Schmid schnell Wortführer eines grundlegend neuen Paradigmas. In verschiedenen Publikationen (angefangen mit seiner Dissertation) rüttelte er an den Grundfesten der Sicht, wie sie besonders von Martin Noth und Gerhard von Rad (in der Nachfolge Albrecht Alts) erarbeitet worden war. 1974 publizierte Schmid einen Aufsatzband, «Altorientalische Welt in der alttestamentlichen Theologie»,[72] in dem er seine neue Sicht zur Diskussion stellte.

Seine Hauptthese war: «Statt von ‹Israel *und* seiner altorientalischen Umwelt› wäre […] richtiger von ‹Israel *in* der altorientalischen Welt› zu sprechen.»[73]

> «Das verbreitete, vor allem durch die Arbeiten von Rads geprägte Bild der israelitischen Religionsgeschichte geht davon aus, dass am Anfang der alttestamentlichen Geschichte und Überlieferung der bis in die Nomadenzeit zurückreichende, im Grunde analogielose geschichtliche Heilsglaube an Jahwe stehe. […] Es hat sich gezeigt, dass dieses Bild nicht zutrifft.»[74]
> «[…] das Denken Israels – auch und gerade sein religiöses Denken – [war] den damaligen gemeinorientalischen Formen allgemeiner Welt- und Gotteserfahrung in sehr viel stärkerem Masse verhaftet […], als dies üblicherweise zugestanden wird, genauer: […] die Formen damaliger allgemeiner Gottes- und Welterfahrung [waren] die Ausdrucksweise auch des für Israel spezifischen Jahweglaubens […].»[75]

Die «Entwicklung, wie sie in Israel zu beobachten [sei]», so immer noch Schmid, hätte sich «im Grunde auch von den Voraussetzungen einer anderen altorientalischen Religion her […] ergeben können […].»[76] Das Alte Testament sei kein Findling bzw. erratischer Block in der altorientalischen Religionsgeschichte.

Für Schmid standen am Anfang und im Hintergrund der Religion des alten Israels nicht – wie auch Wildberger es während Jahrzehnten gelehrt

70 Hans Heinrich Schmid: Wesen und Geschichte der Weisheit. Eine Untersuchung zur altorientalischen und israelitischen Weisheitsliteratur. Berlin 1966.

71 Hans Heinrich Schmid: Gerechtigkeit als Weltordnung. Hintergrund und Geschichte des alttestamentlichen Gerechtigkeitsbegriffes. Tübingen 1968.

72 Hans Heinrich Schmid: Altorientalische Welt in der alttestamentlichen Theologie. Sechs Aufsätze. Zürich 1974. Abgekürzt mit: «Altorientalische Welt».

73 A. a. O., S. 32. Hervorhebungen von F. J.

74 A. a. O., S. 59.

75 A. a. O., S. 150f.

76 A. a. O., S. 156.

hatte – einmalige und kontingente Heilsereignisse – der Auszug aus Ägypten etc. –, sondern eine grundlegende, von allen Kulturen geteilte Welterfahrung, eine heilige Ordnung in Natur, Recht, sozialem und individuellem Leben, die niemand ungestraft verletzt. Wenn z. B. der Prophet Amos denen das Gericht ankündigt, die sich unsozial verhalten, musste er sich gemäss Schmid weder auf Gesetze[77] noch auf eine «Sippenweisheit»[78] berufen. Der «gesunde Menschenverstand» genügte. Um zu erkennen, dass eine ungerechte Gesellschaftsordnung ein Koloss auf tönernen Füssen[79] ist und wie ein Kartenhaus zusammenfallen kann, brauche es keine besondere Offenbarung «senkrecht von oben».[80]

In seinem bereits 1969 erschienen Aufsatz «Amos. Zur Frage nach der ‹geistigen Heimat› des Propheten», der in den neuen Sammelband aufgenommen wurde und darin einer der gewichtigsten Texte ist, hatte Schmid diese damals ungewöhnliche und neue Sicht minutiös begründet.[81] Ebenso versuchte er zu zeigen, dass der Schöpfungsglaube im Alten Testament – anders, als die Von-Rad-Schule (und auch Wildberger) es darzustellen pflegte – sich nicht aus der geschichtlichen Heilserfahrung erst mit der Zeit herausentwickelt habe, sondern zum Grundbestand des Glaubens Israels – wie der anderen Völker auch! – gehöre.

Hans Heinrich Schmid unterschied sich also in Wesentlichem von dem, was Wildberger gelehrt hatte. Umso bemerkenswerter ist, dass dieser in seinem ausführlichen Besprechungsaufsatz (mehr als 200 Zeilen) an prominenter Stelle in der «Neuen Zürcher Zeitung» seinem ehemaligen Assistenten eine breite Resonanz verschaffte. Der Fünfundsechzigjährige war bereit, Neues zu lernen, Altes kritisch zu hinterfragen, Gewohntes zu revidieren – oder mindestens relativieren zu lassen.[82]

Wildberger fasste in seinem Artikel zunächst das bisher dominierende, besonders von Gerhard von Rad geprägte Paradigma zusammen: 1. Das

77 So: Ernst Würthwein: Amos-Studien, ZAW 62, 1949/50, S. 10–52.

78 So: Hans Walter Wolff: Amos› geistige Heimat. Wissenschaftliche Monographien zum Alten und Neuen Testament. Neukirchen-Vluyn 1964.

79 Vgl. Dan 2.

80 Altorientalische Welt, 141. Die Wendung «senkrecht von oben» wurde durch Karl Barths Römerbriefkommentar bekannt und war gewissermassen ein Markenzeichen der Dialektischen Theologie. Vgl. Karl Barth: Der Römerbrief (Zweite Fassung) 1922. Herausgegeben von Cornelius van der Kooi und Katja Tolstaja. (Gesamtausgabe 47) Zürich 2010, zuerst S. 51. Bemerkenswert ist die Mitteilung der Herausgeber in einer Fussnote zu dieser Stelle, dass bereits der Kirchenhistoriker Walther Köhler (1870–1946) in seiner Rezension des «Römerbriefs» in der «Neuen Zürcher Zeitung» geschrieben hatte: «Das Barthsche Erlebnis ‹senkrecht vom Himmel herunter› ist erkenntnistheoretisch barer Unsinn.»

81 Altorientalische Welt, S. 121–144.

82 Vielsagend ist auch, dass Wildberger Schmids neues Buch sofort dem Verfasser schenkte. Es sei lesenswert!

alte Israel habe zwar auch einen Kult gehabt. Hervorstechend sei jedoch die von einzelnen Propheten geübte Kultkritik: «Der Leistung des Opfers wird die Forderung nach Gerechtigkeit, Treue, Aufrichtigkeit, Solidarität, Liebe zum Volksgenossen entgegengestellt.»[83] 2. Israel habe darüber hinaus – so besonders von Rad – seine Gotteserkenntnis aus seiner geschichtlichen Erfahrung geschöpft. Dem so an der Geschichte orientierten Glauben sei erst sekundär auch das Wissen um Gottes Offenbarung in der Schöpfung eingebaut worden. 3. «Ebenso wurden ihm Traditionen des altorientalischen Rechts und derjenigen geistigen Strömungen im Alten Orient, die man als ‹Weisheit› zu bezeichnen pflegt, ja sogar Elemente der Kultfrömmigkeit integriert.» Heute – so die Meinung Wildbergers – müsse man sich aber fragen, ob in der Von-Rad-Schule «das Verhältnis Israel – Alter Orient nicht auf einen zu einfachen Nenner gebracht worden» sei.

Und damit zu Wildbergers Auseinandersetzung mit Hans Heinrich Schmid! Nachdem er die verschiedenen Beiträge in dessen Aufsatzband sorgfältig zusammengefasst hat, kommt er zum Schluss:

> «Es liegen in diesen Aufsätzen zweifellos Erkenntnisse vor, die das Verständnis für die Relevanz alttestamentlicher Lebensbewältigung fördern werden. Die Einseitigkeit der heilsgeschichtlichen Interpretation des Alten Testaments erfährt hier eine notwendige Korrektur.»

Ganz am Ende seines ausführlichen Artikels schreibt Wildberger, er wünsche dem Buch Schmids viele Leser, es vermittele Einsichten, die unser Verständnis des Alten Testaments anregen könnten.

Wildberger war also wohlwollend und bis zu einem gewissen Grad auch lernwillig. Trotzdem meldete er – in höflichen Worten – deutliche Bedenken an: So einseitig die Von-Rad-Schule gewesen sei, so einseitig sei jetzt auch Schmid. Dessen Buch seien nicht bloss Leser, sondern deren kritische zu wünschen! Bleibend an der bisherigen Schau des Alten Testaments ist nach Wildbergers Dafürhalten das Folgende: Das Geschichts- und Weltverständnis des alten Israels sei *analogielos*. Israels Glaube habe sich auf Grund von Urerlebnissen besonders vor und während der Landnahme völlig anders ausgeformt als bei seinen ihm kulturell weithin überlegenen Nachbarvölkern.

> «[In Israels Umwelt gibt es] letztlich keine Parallelen zum israelitischen Prophetismus, zur Radikalität der Kritik an der kultisch bestimmten Religiosität, zur ‹Gesellschaftskritik› (die sich unter anderem in der grossen Zurückhaltung äussert, mit der das göttliche Königtum des Alten Orients in Israel übernommen wurde), keine Parallelen zu Israels Gerichtsernst, der auch und gerade das eigene Volk vom Gottesglauben her in Frage stellt, keine Analogie zum Wissen um die Abgründigkeit des Bösen und keine zu seiner Eschatologie [Zukunftsschau], in der es offenkundig wird,

83 Dieses und die folgenden Zitate in «Leistung».

dass das ‹Ordnungsdenken› des Alten Orients in seiner Fragwürdigkeit durchschaut ist.»

So weit Wildberger über Hans Heinrich Schmid – also bei allem Entgegenkommen und Wohlwollen doch eine offenkundige Distanz! Die zuletzt zitierten Sätze fassen einprägsam zusammen, was für Wildberger das Bleibende am Alten Testament war und woran er unabhängig von sich verändernden Akzentsetzungen auf die Dauer festhielt: prophetische Gesellschaftskritik, Zähmung der Königsideologie des alten Orients (vgl. dazu etwa das «Königsgesetz» in Dtn 17,14–20!), Gerichtsernst auch gegenüber dem eigenen Volk, Wissen um die Abgründigkeit des Bösen und der eschatologische Vorbehalt, d. h. das Wissen darum, dass wir unterwegs und nicht am Ziel sind.

Im Rahmen dieser Biographie ist es nicht möglich, Wildbergers Vorlesungen zur Theologie des Alten Testaments ausführlich zu exzerpieren. Nur einige Highlights seien mitgeteilt, nachdem seine Grundposition in den drei vorgestellten Aufsätzen von 1955, 1959 und 1975 deutlich hervorgetreten ist. Bis in die letzte Fassung seiner Vorlesung im Sommer 1973 blieb er der Auffassung treu, dass Israel seinen Gott vor allem in der Geschichte erkannte:

> «Israel weiss von Gott, weil Jahwe sich kundtut. Und dieser tut sich Israel und damit dem Menschen schlechthin kund als je *sein* Gott. Der Ort aber dieser Manifestation Jahwes ist zunächst eindeutig – das ‹Zunächst› historisch *und* sachlich-wertend verstanden – der Raum der Geschichte, und zwar der Geschichte Israels.»[84]

Diese These schliesst aber nicht aus, dass Wildberger Gerhard von Rads berühmter «Theologie des Alten Testaments»[85] von Anfang an mit einer gewissen Skepsis gegenüberstand. Ohne Willkürlichkeit in der Einordnung scheine ihm von Rad allerdings nicht durchzukommen, heisst es in seiner Vorlesung im Wintersemester 1958/59 (also noch bevor der zweite Band von Rads herausgekommen war).[86] 1973 sagte er, mindestens im Kreis um von Rad habe man die These, dass die Gotteserkenntnis im Alten Testament geschichtsbezogen sei, überlastet.[87]

84 Typoskript Sommer 1973 (F.), § 2, in diesem Teil nicht paginiert.

85 Gerhard von Rad: Theologie des Alten Testaments, Band I. Die Theologie der geschichtlichen Überlieferungen Israels. (1. Auflage 1957.) 3. Auflage, München 1961. / Band II. Die Theologie der prophetischen Überlieferungen Israels. (1. Auflage 1960.) 2. Auflage, München 1961. Fortan abgekürzt mit «Von Rad I» und «Von Rad II».

86 Typoskript der Vorlesung «A. T. Theologie» im Wintersemester 1954/55, Ergänzung auf S. 26 b.

87 Typoskript Sommer 1973 (F.), § 2, S. 4.

«Die Auskunft, die immer wieder gegeben wird: In Israel offenbart sich Gott in der Geschichte, im Alten Orient aber erkennt man das Walten der Gottheit in der Natur, ist falsch. Auch Assur erfuhr seines Gottes Assurs Gewogenheit in seinem Eintreten für dessen Volk und König, d. h. vornehmlich in Kampf und Sieg. – Und das ist in Ägypten, bei den Hethitern und den Babyloniern, aber auch in Aram oder Moab nicht anders. [...]. [E]s gibt auch im Alten Orient nicht nur Götter, deren Walten sich im Rahmen des Jahresablaufs erschöpft und deren Wirksamkeit von einem zyklischen Geschichtsverständnis bestimmt ist.»[88]

Kritik an von Rad sei unausweichlich. Seine «Theologie des Alten Testaments» sei zwar ein faszinierendes Buch.[89] Die bunte Mannigfaltigkeit des Lebens werde hier sichtbar gemacht. Aus der Distanz sehe man jedoch, wie unbefriedigend, ja gefährlich diese Methode sei, weshalb von Rads Theologie bei all ihrer Schönheit, ihrem Reichtum und ihrem Willen, das Alte Testament zum Reden zu bringen, nicht zu befriedigen vermöge. Der Leser sei am Schluss, gerade wenn ihn die Materie nicht gleichgültig lasse, im Grunde ratlos. Manches an von Rads Position bleibe letztlich ungeklärt. Aus dem ersten Band der «Theologie des Alten Testaments» von Rads zitiert Wildberger als ihn selbst nicht zufriedenstellende – weil zu schwammige – Formulierung: Der Glaube Israels wisse sich gegründet auf Geschichtstatsachen und wisse sich gestaltet und umgestaltet von Fakten, in denen er die Hand Jahwes wirksam *sah*.[90] Auf diesem Hintergrund entfaltet Wildberger seine eigene Position:

«Die *bruta facta*[91] der Geschichte sind als Glaubenszeugnisse stumm. Um ein neutestamentliches Gegenstück zu nennen: Das Kreuz auf Golgatha ist eine Tatsache, an welcher der Historiker zu zweifeln keinen Anlass hat. Aber die Botschaft vom Kreuz – und das ist das Entscheidende – ist aus dem, was der Historiker darüber zu sagen hat, nicht mit allgemeingültiger Evidenz abzuleiten. Zum Glauben gehört das Hören auf das Wort vom Kreuz.[92] Wir können nicht hinter das biblische Zeugnis zurück.»[93]

«Die alttestamentlichen ‹Geschichtsschreiber› (in Anführungszeichen) interpretieren Geschichte. Und zwar unter der Voraussetzung, dass die Geschichte der Raum des Sich-Enthüllens Gottes ist. Unsere These geht nun dahin, dass sie die Wirklichkeit damit nicht einfach übersprungen haben, sondern in eine tiefere Dimension des Geschehens vorgedrungen sind, als der Historiker das kann. Und eine weitere These ist die, dass das in Bezug auf die sogenannte Heilsgeschichte Israels in so beispielhafter Weise geschehen ist, dass unser Glaube sich dauernd an dieser Deutung zu orientieren hat. – Genau so wäre natürlich zu sagen, dass in den verschiedenen

88 A. a. O.

89 Typoskript Sommer 1973 (F.), § 1, S. 4.

90 Von Rad I, S. 112. Das Wort «sah» ist von Wildberger unterstrichen! Nachtrag zu Typoskript Sommer 1973 (F.), § 2, S. 4.

91 bruta facta (lat.) = nackte Tatsachen.

92 Im Original griechisch.

93 Typoskript Sommer 1973 (F.), § 2, S. 6.

Schichten des Neuen Testaments die Wirklichkeit des Christuszeugnisses in einer Tiefe ausgelotet ist, die uns [aus eigener Kraft] nicht erreichbar ist, sondern dass der Glaube dauernd an das neutestamentliche Kerygma [Botschaft] gebunden ist.»[94]
«Wir halten also fest: Theologische Interpretation, wie sie in den geschichtlichen Traditionen des Alten Testaments vorliegt, ist nicht einfach als phantasievoller Überbau über die wirkliche Geschichte anzusehen. Sie ist vielmehr dem Bemühen entsprungen, die eigentliche Wirklichkeit, die hinter den *bruta facta* liegt, die der Historiker zu beobachten und zu beschreiben vermag, zum Sprechen zu bringen. Wir bleiben dabei: Gott offenbart sich in der Geschichte, die aber erst das Kerygma dem Verstehen der Wirklichkeit, die in ihr verborgen ist, zu öffnen vermag.»[95]

In seiner Vorlesung im Sommer 1973 fragte Wildberger in einem längeren Abschnitt nach der «Mitte des Alten Testaments». Obwohl er die seinerzeit berühmte «Theologie des Alten Testaments» Walter Eichrodts[96] schätzte, war ihm dessen Konzentration auf den Begriff Bund zu eng. Mindestes so wichtig war ihm der Erwählungsbegriff. Nicht umsonst hatte er – ausgehend von Ex 19,3b–8 – das Büchlein «Jahwes Eigentumsvolk»[97] geschrieben, in dem es um den Erwählungsgedanken geht. Er wollte diesen gegenüber dem Bundesgedanken stärker akzentuieren, weil sonst der Glaube «in the prevenient grace of God» gefährdet werde.[98]

Wesentlich besser als Bund – und auch als Erwählung – gefielen Wildberger als Formulierung für die Mitte des Alten Testaments Ludwig Köhlers lapidare Sätze: «Gott heisst im Alten Testament der Herr. [...] Dass Gott der gebietende Herr ist, das ist der eine und grundlegende Satz der Theologie des Alten Testaments.»[99] Mit angeregt von Martin Buber weitete Wildberger die Formulierung aus zur: «Königsherrschaft Jahwes».[100]

«Ich ziehe [...] den Begriff König bzw. Königsherrschaft Jahwes [gegenüber ‹Herr›] vor. Er hat den grossen Vorzug, dass durch ihn die Einheit von Altem und Neuem Testament sofort sichtbar wird.[101] [...] Ich persönlich meine, in meiner Schrift ‹Jahwes Eigentumsvolk› nachgewiesen zu haben, dass [...] Israel schon in seiner

94 A. a. O. (F.), § 2, S. 7, mit handschriftlichem Zusatz.

95 Typoskript Sommer 1973 (F.), § 2, S. 8.

96 Walter Eichrodt (1890–1978): Theologie des Alten Testaments 3 Bde. Leipzig 1933–1939.

97 Vgl. Hans Wildberger: Jahwes Eigentumsvolk. Eine Studie zur Traditionsgeschichte und Theologie des Erwählungsgedankens. Zürich/Stuttgart 1960.

98 Norman W. Porteus in seiner Rezension von «Jahwes Eigentumsvolk» in: Scottish Journal of Theology, 01/1965, S. 231f., hier S. 232.

99 Ludwig Köhler: Theologie des Alten Testaments. Dritte, überarbeitete Auflage. Tübingen 1953, S. 11f.

100 Vgl. Martin Buber: Königtum Gottes. Dritte, vermehrte Auflage. Heidelberg 1956.

101 In Hinblick auf das Neue Testament denke man nur an die Rolle, die die nahe herbeigekommene Königsherrschaft Gottes in der Verkündigung Jesu spielt!

Frühzeit von Jahwe als dem *mäläk* [König] gesprochen hat – nicht von einem mäläk freilich im Sinn des alten Orients, d. h. eines an einer bestimmten Stätte thronenden Königs der Götter, sondern als eines Führergottes, der den Seinen im Sinn der Vätergötter voranzieht, sei es, sie zu neuen Weidegründen zu führen oder ihr Herzog im Kampf zu sein.»[102]

Besonders eindrücklich in Wildbergers Vorlesungen über die Theologie des Alten Testaments sind Abhandlungen über einzelne Vokabeln. Etwa über den Begriff des Glaubens, der im Buch Jesaja eine wichtige Rolle spielt (vgl. Jes 7,9 und 28,16), hatte er auch verschiedene Aufsätze publiziert.[103]

Am Ende seiner letzten Vorlesung sprach er von der Einzigartigkeit und Zukunftsträchtigkeit der alttestamentlichen Glaubensvorstellung.[104] Eine *fides quae* [objektbezogener Glaube] gebe es nach dem Alten Testament nicht – oder doch nur in später Abwandlung der ursprünglichen Bedeutung.[105] «Wichtiger als das *creditum* [das Geglaubte] ist das *credere* [das Glauben] selbst.»[106] Gen 15,6 müsse man übersetzen: «[Abraham] bewies Zuversicht, indem er sich *in* Jahwe gründete.»[107] Es sei verhängnisvoll, dass von Rad den Begriff «geschichtliches Credo» in die alttestamentliche Forschung eingeführt habe. Glaube sei primär eine existenzielle Haltung vor Gott.[108] Wichtig war Wildberger in Auseinandersetzung mit der protestantischen Tradition die Feststellung, Glaube und Werke seien im Alten Testament nicht zu trennen, «in den Glauben ist das Tun zum vornherein integriert».[109] «Man müsste in der Theologie erkennen, dass der Kampf des Paulus *und* Luthers um die Werke durchaus durch die theologische Lage

102 Typoskript Sommer 1973 (F.), § 2, S. 8f.

103 Hans Wildberger: «Glauben». Erwägungen zu האמין: Hebräische Wortforschung, Festschrift W. Baumgartner, VTSuppl 16 (1967), S. 372–386. Und: Hans Wildberger: «Glauben» im Alten Testament, ZThK 65 (1968), S. 129–159. Sowie: Hans Wildberger: Artikel אמן in: Theologisches Handwörterbuch zum Alten Testament I. München und Zürich 1971, Sp. 177–209. – Auch in diesen Studien knüpfte Wildberger implizit an Emil Brunner an. Vgl. Emil Brunner: Wahrheit als Begegnung. Berlin 1938, z. B. S. 104: «*Glaube ist nicht primär Glaube an etwas Wahres* – auch nicht an das Wahre, ‹dass› Jesus der Sohn Gottes sei; sondern *er ist* primär *Vertrauen und Gehorsam* […].» In Wildberger Handexemplar (F.) ist das Hervorgehobene unterstrichen. Der Unterschied zwischen Brunner und Wildberger besteht darin, dass Brunner abstrakt-religionsphilosophisch argumentiert, während Wildberger – ausgehend von einzelnen Bibelstellen – konkret-exegetisch vorgeht.

104 Typoskript Sommer 1973 (F.), «Glauben, Vertrauen, Hoffen», S. 1.

105 A. a. O., S. 2.

106 A. a. O., S. 4.

107 A. a. O., S. 5.

108 A. a. O., S. 6.

109 A. a. O., S. 5.

ihrer Zeit bedingt ist und also nicht verabsolutiert werden darf.»[110] Wildbergers lebenslanger Kampf gegen eine billige Gnade wird hier nochmals sichtbar.

Ein letztes Highlight aus Wildbergers Vorlesung im Sommer 1973: Im Kapitel «Offenbarung und Vernunft» findet sich ein breiter Abschnitt über die biblische Weisheit, den sein damaliger Assistent Felix Mathys besonders gelungen fand.[111] Wildberger hatte viel von der in jenen Jahren neuen Forschung in sich aufgenommen – besonders die Arbeiten Hans Heinrich Schmids[112] und Gerhard von Rads spätes Buch über die Weisheit.[113] Aber er bearbeitete und durchdachte das Thema durchaus in seiner persönlichen Art.

In einem Rückblick auf die Forschungsgeschichte stellte er fest, dass der Kurswert der Weisheit bei vielen gesunken sei, als man die ägyptische Weisheit entdeckte und deshalb in weisheitlichen Elementen im Alten Testament einen «Import» aus dem Ausland zu erblicken glaubte. Dementsprechend negativ hätten die theologischen Urteile gelautet: Die Weisheit verkündige eine utilitaristische bzw. eudämonistische Moral. Sie bleibe an der Oberfläche und oft genug am materiellen Erfolg haften, hier meine der Mensch sein Leben selbst manipulieren zu können, und mit ihrem schematischen Vergeltungsdenken verzeichne sie die Wirklichkeit.[114] «Sie sei rational, ursprünglich rein profan und geschichtslos bzw. überzeitlich.»[115]

Wildberger sagte dagegen, die Internationalität weisheitlichen Denkens und weisheitlicher Bewältigung des Lebens sei kein Unglücksfall, sondern könne theologisch nicht leicht überwertet werden, sie sei Konsequenz des Bekenntnisses zu Jahwe als Schöpfer und Herr des Kosmos. Die Weisheit sei auch keineswegs nur am Rand des Alten Testaments präsent. Es gebe schliesslich nicht nur die Sprüche Salomos, sondern auch den Prediger; und das Buch Hiob sei nicht etwa gegen die Weisheit als solche gerichtet, sondern eine Frucht weisheitlicher Auseinandersetzung mit deren eigenen Prämissen. Darüber hinaus stünden in der Bibel auch die Weisheitspsalmen, die keineswegs zu den schwachen Gliedern in der Kette der Psalmenliteratur zählen, und der weisheitliche Einfluss auf die Propheten sei unbestreitbar.

Wildberger stellte «Überlegungen über das Wesen der Weisheit» an:

---

110 A. a. O.

111 In seinen Augen «das beste Kapitel» – Felix Mathys an Hans Wildberger am 20. September 1973 (F.).

112 Vgl. oben, S. 114ff.

113 Gerhard von Rad: Weisheit in Israel. Neukirchen-Vluyn 1970.

114 Typoskript Sommer 1973 (F.), § 4, S. 6.

115 A. a. O.

> «Weisheit will Tatsachen aufzeigen, sammelt Eindrücke und versucht von Einzelphänomenen her zur Erfassung der allgemeinen Ordnung durchzudringen, die dem einzelnen eine Orientierungshilfe vor den Problemen seines Lebens bietet. [...] Die Weisheit leitet dazu an, die oft unverständliche, widersprüchliche, zum Protest reizende Vordergründigkeit der Erscheinungen zu durchstossen, und glaubt dahinter eine Ordnung erkennen zu können, die zwar immer wieder einmal fassbar ist, aber als ganze letztlich unverfügbar bleibt. Man muss sich offensichtlich bescheiden können, man muss warten lernen, bis die rechte Zeit kommt.»[116]
>
> «Der ‹Sitz im Leben› der Weisheit ist nicht leicht zu bestimmen. Aber allgemein gesehen ist zu sagen: sie wird dort ausgebildet und gehütet, wo man zur Bewältigung der Aufgaben, die das alltägliche Leben stellt, anleitet [also in der Erziehung]. Weisheit steht im Dienst der Menschenformung, und sie bietet dazu Leitbilder an, nach denen der einzelne sich richten soll, wenn er Glück sucht, zum Erfolg gelangen möchte. Aber man verstehe das nicht eudämonistisch. Es geht um das Finden des *Lebens*. Wir könnten sagen: um ein sinnerfülltes Dasein. Dass der Begriff utilitaristisch völlig daneben greift, wird klar, wenn das Menschenbild der Weisheit *inhaltlich* bestimmt wird: Es ist der Mensch, der schweigen kann, Geduld üben kann, sich zu beherrschen weiss, Grenzen zu sehen und Mass zu halten versteht. Es ist der Mensch, der Recht tut und Unrecht meidet. Gewiss ist er überzeugt, dass solches Verhalten Segen, Heil, Glück mit sich bringe. – Aber ich frage mich: Was hat denn eigentlich der Theologe für eine Interesse daran, dieses Streben nach Erfüllung zu diffamieren?»[117]

Weisheit sei – so ebenfalls Wildberger – eine zutiefst religiöse Haltung.[118] Und zwar auch dort, wo sie nicht von Gott redet. «Sie lebt im Glauben, dass das Achten auf die Weltordnung, die sie dem Verstehen zu erschliessen sucht, heilvoll sei.»[119] Wenn man sage, sie sei unreligiös, verwechsle man religiös vermutlich mit kultgebunden, in unsere Verhältnisse übersetzt: mit Kirchlichkeit. Sie sei, «wenn ich einmal dieses heute so abgewertete Wort brauchen darf», auf ihre Weise tief «fromm».[120] Sie gebrauche allerdings die Ratio. Es sei aber eine Verkennung, von einer rationalistischen Grundhaltung zu sprechen.[121] Solange die Weisheit nicht zu ihrem eigenen Zerrbild geworden sei, wisse sie wohl, dass sich die Wirklichkeit nicht in ein System einfangen lasse.

> «Wenn man [...] die Weisheit mit dem Etikett durch und durch *profan* theologisch diskreditieren will, ist man in einem Missverständnis befangen, das theologisch nur als fatal bezeichnet werden kann. Nämlich: Gegenstand weisheitlichen Bemühens um Erkenntnis ist in der Tat das profane Leben: des Fürsten, des Beamten, des Kaufmanns, des Bauern, des Handwerkers. Der Mensch ist da durchaus gesehen

116 Typoskript Sommer 1973 (F.), § 4, S. 7.
117 A. a. O, S. 6f.
118 A. a. O, § 4, S. 7.
119 A. a. O.
120 A. a. O.
121 A. a. O., gegen Walther Zimmerli: Zur Struktur der alttestamentlichen Weisheit, ZAW 51, 1933.

als Mensch in seinem Alltagsgewand: nicht als Frommer, der den Tempel besucht, nicht als Glied der Kultgemeinde, auch nicht als Einzelner, der Gott sucht, sondern schlicht als Mensch, der den Pflichten des Tages gerecht werden soll, der Konflikte mit Mitmenschen vermeiden oder beilegen möchte, der mit seinen Sorgen in Familie und Beruf fertig werden muss. Er braucht zu all dem durchaus seinen Verstand. Aber er tut das alles aus einer charakteristischen Haltung heraus, die man doch nur als *Glauben* bezeichnen kann. Ich sage ‹charakteristisch›, weil sie sich klar von der Art, wie ein dem magischen Denken verhafteter Mensch dieselben Probleme zu meistern versucht, unterscheidet – und allerdings zunächst auch klar abzugrenzen ist von *kultischer* Frömmigkeit, die so leicht in Gefahr ist, einen heiligen Bezirk auszugrenzen, jenseits dessen dann allerdings die Profanität beginnt, in der die Lebensregeln der Kultgemeinde nicht mehr präsent sind.»[122]

Es sei der *Mensch schlechthin*, der in den Bereich der potentiellen Jahweherrschaft hineingenommen werde.[123] Und ebenso werde die *menschliche Erfahrung* in den Jahweglauben eingebaut. Die Vernunft werde in der Weisheit nicht diskreditiert, wohl aber engagiert, nämlich für die Konkretisation des wahren Lebens.[124]

Wildberger schliesst sein Kapitelchen über die Weisheit, in dem er mehrfach auch Spr 1,7[125] zitiert hatte («Die Furcht des HERRN ist der Anfang der Erkenntnis, Toren verachten Weisheit und Unterweisung»), mit den Worten: Es gebe «kein Erkennen ohne ein ihm immanentes Vertrauen, kein *heilvolles* Erkennen ohne eine zugrunde liegende Steuerung der Erkenntnis*ziele*.» Das heisse aber, dass das Erkennen des Menschen zur Frage nach der Bindung an Gott zurückverwiesen werde, wenn es nicht in Hybris oder Skepsis scheitern bzw. sich zwischen diesen beiden Möglichkeiten zerreissen lassen wolle.[126] D. h., die biblische Weisheit hatte für Wildberger zutiefst und zuletzt eine theologische Tiefendimension, sie war auf Gott bezogen.

Weshalb Wildberger das Typoskript mit seinen eigenständigen Beobachtungen und Überlegungen nicht zur Druckreife brachte, sondern unvollendet liegen liess, muss sein Geheimnis bleiben.

---

122 A. a. O.
123 Typoskript Sommer 1973 (F.), § 4, S. 9.
124 Typoskript Sommer 1973 (F.), § 4, S. 11.
125 Vgl. auch Hiob 28,28 und Ps 111,10.
126 Typoskript Sommer 1973 (F.), § 4, S. 13.

Biblische Archäologie

Die Biblische Archäologie ist ein vergleichsweise junger Wissenschaftszweig. Dass man in den Orient reist, um dort mit dem Spaten zu forschen, wurde erst im Zusammenhang mit Imperialismus und Kolonialismus der europäischen Mächte in der Neuzeit möglich. Wildberger selbst nannte in einer seiner Vorlesungen den Ägyptenfeldzug Napoleons (1798–1801) als epochemachende Initialzündung.[1] Ziel der gescheiterten Expedition war, die Reise der Engländer nach Indien zu erschweren. Bereits wenige Wochen nach der Ankunft der Franzosen in Ägypten wurde ihre Flotte von derjenigen der Briten unter Admiral Nelson bei Abukir (zwanzig Kilometer nordöstlich von Alexandrien) zerstört. Auch wenn die Franzosen auf dem Festland einige militärische Erfolge erzielten, musste ihr Feldzug 1801 definitiv abgebrochen werden, nachdem Napoleon selbst bereits 1799 nach Frankreich zurückgekehrt war. Von den 30 000 französischen Soldaten überlebten nur 10 000 (von den Opfern auf der Gegenseite nicht zu reden).

Napoleons ägyptisches Abenteuer hatte dennoch nachhaltige und handgreifliche Resultate. In seinem Tross hatte der nachmalige Kaiser auch Ingenieure und Historiker mitgenommen. Das Land wurde bis nach Assuan vermessen. Was die Franzosen fanden, wurde im monumentalen Werk «Description de l'Égypte» publiziert.

Der auch für die Bibelwissenschaft wichtigste Fund war 1799 der Stein von Rosetta (im Nildelta), der es Jean-François Champollion (1790–1832) ermöglichte, die Hieroglyphen zu dechiffrieren. Das Wissen um Kultur und Religion des alten Ägyptens (in der Bibel eine wichtige Referenz) vermehrte sich von da an sprunghaft.

Im Verlauf des 19. Jahrhunderts kam es zu weiteren für die Bibelwissenschaft folgenreichen Funden (über die im Einzelnen hier nicht zu referieren ist): 1857 gelang es dem britischen Diplomaten und Gelehrten Henry Rawlinson (1810–1895) zusammen mit anderen, die Keilschrift zu entziffern. Zahllose Texte aus Mesopotamien gewährten völlig neue Einblicke in die Welt des alten Orients und damit auch der Bibel. Im 20. Jahrhundert folgten die weiteren epochemachende Entdeckungen von Ugarit (ab 1930) und Mari (ab 1933), die auch das Alte Testament besser zu verstehen lehrten. Auch wissenschaftliche Institutionen entstanden: der «Palestine Exploration Fund» (1865), die «École Biblique et Archéologique Française» (1890, von Dominikanern geführt), das «Deutsche Evangelische Institut für Altertumswissenschaft des Heiligen Landes» (1900), die «American School of Oriental Research» (ebenfalls 1900), die «Jewish Palestine Exploration Society» (1914) und andere.

---

1 Typoskript «Bibel und Archäologie», Wintersemester 1957/58, S. 2. F.

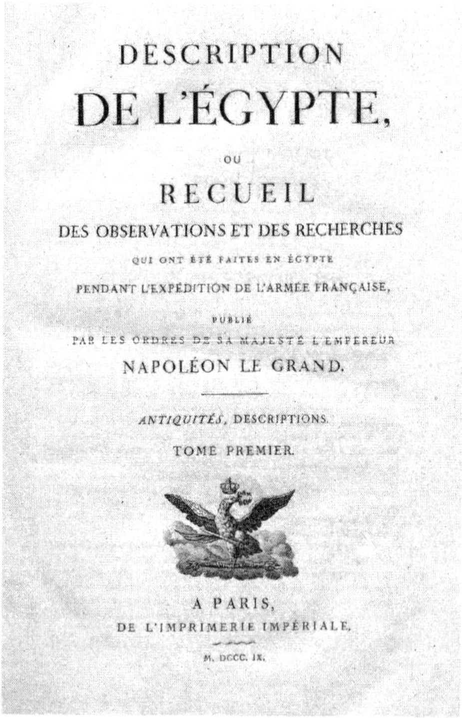
DESCRIPTION
DE L'ÉGYPTE,
OU
RECUEIL
DES OBSERVATIONS ET DES RECHERCHES
QUI ONT ÉTÉ FAITES EN ÉGYPTE
PENDANT L'EXPÉDITION DE L'ARMÉE FRANÇAISE,
PUBLIÉ
PAR LES ORDRES DE SA MAJESTÉ L'EMPEREUR
NAPOLÉON LE GRAND.

ANTIQUITÉS, DESCRIPTIONS.
TOME PREMIER.

A PARIS,
DE L'IMPRIMERIE IMPÉRIALE.
M. DCCC. IX.

Edmé François Jomard, «Description de l'Égypte», Titelblatt. (Universitätsbibliothek Heidelberg)

Wer um Wildbergers Interessen für alte Sprachen weiss,[2] ist nicht erstaunt, dass er von der archäologischen Entwicklung im Umkreis der Bibel fasziniert war. Bereits im Sommersemester 1953 hielt er eine einstündige Vorlesung mit dem schlichten Titel «Palästinakunde», die er im Sommersemester 1957 unter der Überschrift «Palästina in Vergangenheit und Gegenwart» wiederholte (ein weiteres Mal im Wintersemester 1961/62).[3] Aufgrund der ihm zugänglichen Spezialliteratur behandelte er Geologie, Klima, Botanik und Zoologie Palästinas, die Lebensweise seiner Bevölkerung sowie wichtige Ausgrabungen. Man spürt seine Begeisterung, und es versteht sich fast von selbst: Sobald sich eine Gelegenheit ergab, musste er in den Nahen Osten reisen.

Ende 1954 diskutierte er mit Walther Zimmerli über eine mögliche gemeinsame Exkursion im darauf folgenden Frühling.[4] Es kam offenbar nicht dazu. Aber dann bot sich eine noch viel verlockendere Gelegenheit: Wildberger wurde eingeladen, im Spätsommer 1956 als Gast an einem

2 Vgl. oben S. 96.
3 Typoskript in F.
4 Walther Zimmerli an Hans Wildberger am 29. Dezember 1954. F.

Stein von Rosetta (John D. Quackenbos, Illustrated History of Ancient Literature, Oriental and Classical. New York 1882, S. 120) © 2015 by the University of South Florida

Lehrkursus des Deutschen Evangelischen Instituts für Altertumswissenschaft des Heiligen Landes unter der Leitung Martin Noths teilzunehmen. Am 4. Dezember 1955 richtete Wildberger ein Gesuch an Gian Töndury, Präsident des Kuratoriums der Stiftung für wissenschaftliche Forschung an der Universität Zürich, die für damalige Begriffe hohen Kosten von 5000 Franken zu übernehmen. Er betonte, wie wichtig das Projekt für seine wissenschaftliche Entwicklung sei, und hob hervor, dass von den jüngeren Deutschschweizer Alttestamentlern (ausser Herbert Haag) keiner das Heilige Land persönlich kenne.[5] Töndury informierte er kurz über das Deutsche Evangelische Institut, das 1900 auf der Synode in Eisenach durch einen Beschluss der evangelischen Landeskirchen gegründet und durch einen kaiserlichen Hoheitsakt von Wilhelm II. bestätigt worden war.[6] Berühmte Forscher wie Gustaf Dalmann (1855–1941) und Albrecht Alt (1883–1956) hatten es geleitet. Nach kriegsbedingter Unterbrechung wurde es von Martin Noth neu aufgebaut, der 1964 endgültig von Bonn nach Jerusalem wechseln sollte (in dessen Nähe er 1968 unerwartet starb).[7] Wildbergers Gesuch wurde bewilligt. Rückblickend hielt er nach seiner Heimkehr fest: «Palästina ist ein unentbehrlicher und noch längst

5 Hans Wildberger an Gian Töndury am 4. Dezember 1955. F.

6 Vgl. die Homepage des Instituts: http://de.wikipedia.org/wiki/Deutsches_Evangelisches_Institut_f%C3%BCr_Altertumswissenschaft_des_Heiligen_Landes#Weblinks (11.01.2015).

7 Vgl. Hans Wildberger: Martin Noth †, Neue Zürcher Zeitung Nr. 375 vom 21. Juni 1968.

Martin Noth (Frontispiz zu Martin Noth: Könige. 1. Teilband. Neukirchen-Vluyn 1968)

nicht ausgeschöpfter Kommentar zur Schrift, der uns ihr Wort verständlich, lebendig und anschaulich macht.»[8]

Die Gruppe traf sich am 3. August 1956 in Genua, wo man das Schiff bestieg. Am 9. August nahm die Expedition in Beirut ihren eigentlichen Anfang.

Über Wildbergers Palästinaaufenthalt fliessen die Quellen reichlich: Einerseits blieben seine Briefe an seine in Zürich zurückgebliebene Frau teilweise erhalten.[9] Dazu kommt, dass Martin Noth selbst in der Zeitschrift des Deutschen Palästinavereins ausführlich über den Lehrkursus referierte.[10]

Zunächst zu den Teilnehmern: Martin Noth übernahm selbst die Leitung. Als Stipendiaten – d. h. nichtzahlend – wurden Arnulf Kuschke

8 Rundbrief der Schweizer Palästinagesellschaft, Ende Dezember 1956. F.

9 In F. Ein Teil der in der Folge referierten Einzelheiten stammen aus diesen Briefen. Sie werden in der Regel nicht nachgewiesen.

10 Vgl. Martin Noth: Das Deutsche Evangelische Institut für Altertumswissenschaft des Heiligen Landes. Lehrkursus 1956. ZDPV 73, 1957, S. 1–58. Einige Daten sind auch entnommen aus Herbert Schmid: Beobachtungen an Gräbern. ZDPV 73, 1957, S. 59–72. Ich danke Frau Julia Serr, Jerusalem, für ihren freundlichen Hinweis auf diese Publikationen.

(1912–1995, später Professor für biblische Archäologie in Mainz) sowie Studienrat Herbert Schmid aus Frankental in der Pfalz eingeladen. Als zahlende Gäste nahmen teil: Hans-Joachim Kraus (1918–2000), Professor für Altes Testament in Hamburg (später Professor für reformierte Theologie in Göttingen), und Wildberger selbst. Es war eine kleine Gruppe, die sich von Ali, einem freundlichen und hilfsbereiten Fahrer aus Beirut, herumchauffieren liess. Gelegentlich waren die Verhältnisse in den Unterkünften derart eng, dass Noth und Wildberger das Zimmer teilen mussten.

Die Reise stand insofern unter einem eher ungünstigen Stern, als die Suezkrise bereits ihren Schatten vorauswarf. (Der zweite Israelisch-Arabische Krieg fand vom 29. Oktober bis am 8. November 1956 statt.) Besonders in Jordanien und Syrien herrschte eine grosse Nervosität. Ein Teil der Bevölkerung war misstrauisch und hatte es nicht gern, wenn Ausländer auf archäologischen Stätten herumkraxelten und nach Scherben suchten. Überall stiess man auf Polizisten und Soldaten. Der geplante Flug von Damaskus nach Palmyra konnte nicht stattfinden, da wegen der Kriegsgefahr der Tourismus eingebrochen war. Im Jordantal waren mechanisierte Truppen in Bewegung. Oft mussten die Reisenden aus Deutschland und der Schweiz eine Amtsstelle aufsuchen, wo man sie warten liess, bis man ihnen dann doch noch einen Passierschein ausstellte. Seiner Frau berichtete Wildberger von einem Nervenkrieg. Das Gerücht gehe um, dass Israel einen Angriff auf den jordanischen Teil Jerusalems plane. Im Hotelgarten sei das Licht aus Sicherheitsgründen ausgeschaltet worden, was allerdings im Ernstfall wenig gebracht hätte, da die Nacht mondhell sei.[11] (Einzig am Schluss der Reise stellte Wildberger fest, dass man in Israel viel weniger beunruhigt war als in den übrigen Ländern: In Tel Aviv keine «lästige Polizeikontrollen»[12] und wenig Militär! Die Israelis hatten offenbar keine Angst vor einem Krieg bzw. waren siegesgewiss.) Andere Probleme waren die Hitze (in Jericho und Amman 39 Grad Celsius am Schatten) sowie gelegentliche Verdauungsstörungen. Die Forscher mussten lernen, genügend zu trinken und keinen Salat zu essen.

Wildbergers dreimonatiger Orientaufenthalt umfasste im Wesentlichen die folgenden Etappen: Beirut (9. bis 18. August), das jordanische Jerusalem (18. August bis 18. September), Amman (18. bis 30. September), Fahrt durch Syrien (30. September bis 11. Oktober), noch einmal Beirut (11. bis 15. Oktober) und nach einem Zwischenhalt im jordanischen Jerusalem (15. bis 18. Oktober) das israelische Jerusalem (18./19. Oktober) sowie Tel Aviv (19. bis 30. Oktober).

11 Hans Wildberger an Hedwig Wildberger-Kägi am 16. September 1956. F.
12 Hans Wildberger an Hedwig Wildberger-Kägi am 25. Oktober 1956. F.

Der erste Aufenthalt in Beirut war von Ausflügen im Gebiet des Staates Libanon geprägt. Besonders haften blieb die Besichtigung Baalbeks. Die Ruinen des mächtigen Tempels stammen zwar erst aus der hellenistisch-römischen Zeit. Und doch lassen sie in ihrem Ausmass etwas von den Dimensionen des salomonischen Tempels in Jerusalem ahnen.

Schwerpunkt des ganzen Lehrkursus war Jerusalem. Die fünf Forscher blieben hier einen ganzen Monat. Man pflegte regen Kontakt mit den dort angesiedelten wissenschaftlichen Instituten: mit der École Biblique, deren Leiter Roland de Vaux (1903–1971), Dominikaner und Ausgräber von Qumran, Wildberger kennen lernte, und noch intensiver mit der American School of Oriental Research, deren Direktor, der Anglikaner Robert Claude Dentan (1907–1995), die Gruppe freundlich empfing, ihr grosszügig gestattete, die reichhaltige Bibliothek der von ihm geleiteten Einrichtung zu benutzen, und sie am 2. September zum Nachtessen in seine Wohnung einlud.[13] Anlässlich der Besichtigung der neu begonnenen amerikanischen Ausgrabungen des alten Sichem schloss man auch Bekanntschaft mit deren Ausgrabungsleiter, dem berühmten presbyterianischen Bibelwissenschaftler George Ernest Wright (1909–1974), der «uns in sehr liebenswürdiger Weise mit den archäologischen und historischen Problemen bekannt machte».[14]

Der jordanische Teil von Jerusalem wurde intensiv besichtigt, nicht nur die Grabeskirche, sondern auch die teils moderne, teils alte Franziskanerkirche an der Stätte *Dominus flevit* am Ölbergwesthang.

> «Die Apsis der byzantinischen Kirche mit ihrem Mosaikfussboden sowie ein Teil des ebenfalls mit Fussbodenmosaik ausgestatteten Kirchenschiffs [...] sind eines der in und um Jerusalem nicht eben allzu häufigen noch erhaltenen Baudenkmäler der altchristlich-byzantinischen Zeit.»[15]

Man unternahm Ausflüge nach Silo und Sichem im Norden, nach Bethlehem und Hebron im Süden, nach Qumran und nach Jericho. Von besonderem Interesse war der Besuch der amerikanischen Ausgrabungen auf dem Südhügel von *ed-dschīb*.[16] Noth kam zum Schluss, dass «an der Gleichung Gibeon = *ed-dschīb* anscheinend nicht mehr gezweifelt werden kann».[17] Das Beispiel zeigt, dass die Forschung sich damals besonders für die Identifikation biblischer Ortsnamen mit archäologischen Fundstätten interessierte. Wenn irgendwie möglich, suchte man die Gegend nach Tonscherben

13 Vgl. Martin Noth: Das Deutsche Evangelische Institut für Altertumswissenschaft des Heiligen Landes. Lehrkursus 1956. ZDPV 73, 1957, S. 1f.

14 A. a. O., S. 19.

15 A. a. O., S. 2.

16 A. a. O., S. 6.

17 A. a. O., S. 8.

ab. Einmal heisst es in Noths Reisebericht: «Die argwöhnische Haltung der Bewohner [...] liess es geraten erscheinen, nach einer kurzen Orientierung über die Lage des Ortes die Rückfahrt anzutreten.»[18] In Dscherasch (dem antiken Gerasa) bewarfen «halbwüchsige[.] Jungen [sie] sogar mit Steinen».[19] Ein anderes Mal wurde die Gruppe «durch die jordanische Polizei gehindert».[20] Noth erzählt, «dass der Muchtār [Oberhaupt] des Dorfes, begleitet von zahlreichen Männern, eine überaus feindliche und drohende Haltung einnahm».[21]

> «Es handelt sich um eine beduinische Bevölkerung, die in zahlreichen Zelten in der näheren und ferneren Umgebung von *ṣubēḥi* und auch im Bereich der Häuser von *ṣubēḥi* selbst lebt, die in dieser Gegend ihre Kleinviehherden hat und die Äcker bestellt, für die die Häuser von *ṣubēḥi* im wesentlichen wohl Vorratsräume und vielleicht auch Behausungen für die winterliche Jahreszeit sind.»[22]

Das Zitat zeigt, dass Noth nach lebendigem Anschauungsmaterial für die von ihm postulierte klein- bzw. halbnomadische Lebensform in der Zeit der biblischen Patriarchen suchte. Bei einer anderen Gelegenheit besichtigte die Gruppe Beduinenzelte sowie Tomaten- und Kohlpflanzungen bei einem Grundwasserbrunnen. Eine «alte Beduinenfrau – wohl die Mutter des [...] Zeltbesitzers, der uns eingeladen hatte» –, liess sich «beim Spinnen von Ziegenhaaren mit einer ‹hängenden› Spindel» beobachten.[23]

Noth interessierte sich für das antike Verkehrswesen, sowohl in Cis- als auch in Transjordanien. Die Gruppe suchte nach römischen Meilensteinen, um mit ihrer Hilfe den Verlauf von teilweise längst verschwundenen Strassen zu rekonstruieren, wobei man feststellte, dass die gleiche Route oft während Jahrtausenden – nur in einem anderen Stand des technischen Ausbaus – verwendet worden war.

> «Die Meilensteingruppe ist ein unzweideutiges Zeugnis für das Vorhandensein einer bisher ganz unbeobachtet gebliebenen Römerstrasse im mittleren Ostjordanland.»[24]

Wie mühsam das Ganze stellenweise war, lässt sich erahnen, wenn es in Noths Bericht heisst:

---

18 A. a. O., S. 19.

19 Hans Wildberger: Die arabischen Staaten und Israel. Reformatio 1956, Heft 11/12, S. 661.

20 Martin Noth: Das Deutsche Evangelische Institut für Altertumswissenschaft des Heiligen Landes. Lehrkursus 1956. ZDPV 73, 1957, S. 20.

21 A. a. O., S. 40.

22 A. a. O.

23 A. a. O., S. 4.

24 A. a. O., S. 39.

«Der Plan, auf der neuen Strasse nach *nā'ūr* und *'ammān* zu fahren, scheiterte daran, dass der Ausbau dieser Strasse noch nicht weit genug fortgeschritten ist. Schon die Umgehung der noch nicht fertigen Brücke über das *wādi ḥesbān* etwa ½ km nördlich des *tell iktanwa* erwies sich als sehr schwierig, und der Beginn des Aufstiegs der Strasse sah so entmutigend aus, dass wir vorzogen, über *er-rāme* und *kefrēn* nach *schūne* zurückzukehren.»[25]

Immerhin «fanden wir Eisenzeitliches, auch Hellenistisches und Römisch-Byzantinisches, aber auch auf der einen Seite Arabisches und auf der anderen Seite einiges wahrscheinlich aus der Mittelbronzezeit.»[26] In dieser Formulierung wird Entdeckerfreude sichtbar. Noth erzählt auch von einem jungen Hirten im Jabboktal (östlich des Jordans), «der uns mit frischer Ziegenmilch erquickte».[27] Die Gruppe durchwatete – ähnlich und doch ganz anders als Jakob im Alten Testament (Gen 32) – «den auch am Ende der sommerlichen Jahreszeit noch wasserreichen, aber nicht sehr tiefen Jabbok».[28]

«Der Fluss ist – jedenfalls im Sommer – an vielen Stellen ohne Schwierigkeiten zu durchschreiten. Wir sahen mehrfach Kleinviehherden durch den Fluss gehen.»[29]

Während der Tage in Syrien – es wurde in Damaskus, Homs, Aleppo und Latakia übernachtet – liessen die Alttestamentler aus Europa es sich nicht nehmen, auch die «gewöhnlichen» Sehenswürdigkeiten zu besuchen, so den Crac des Chevaliers, die berühmte Kreuzfahrerburg, und die Wallfahrtskirche des Säulenheiligen Simeon. Wissenschaftlich besonders wichtig waren die Ausgrabungen von Ugarit auf dem *rās esch-schamra* ganz im Norden des Landes. «Der Lehrkursus hatte [...] den besonderen Vorzug, von dem Ausgräber Cl. F.-A. Schaeffer selbst durch das weite Ausgrabungsfeld geführt zu werden und dann noch Gast von Mr. und Mme. Schaeffer im Expeditionshaus sein zu dürfen.»[30] In den Museen von Damaskus und Aleppo hatte man vorher die entsprechenden Exponate studiert. Die schwierige politische Lage machte es jedoch leider unmöglich, «in der näheren und weiteren Umgebung des *rās esch-schamra* Umschau zu halten».[31]

Nicht nur Noth, sondern auch Wildberger erzählten später von einer abenteuerlichen Fahrt in das Gebiet des Ostabfalls des Antilibanons nörd-

25 A. a. O., S. 23.
26 A. a. O., S. 22.
27 A. a. O., S. 33.
28 A. a. O.
29 A. a. O., S. 34.
30 A. a. O., S. 54. Claude Frédéric-Armand Schaeffer (1898–1982) war ein französischer Archäologe.
31 A. a. O.

lich Damaskus.[32] Hier stiessen sie in einer bezaubernden Gegend auf Dörfer mit teilweise christlicher Bevölkerung, in denen noch Aramäisch gesprochen wurde. Allerdings: «Die Leute dieses Gebiets sprechen ihr Aramäisch nur unter sich; mit Fremden sprechen sie Arabisch.»[33] Wildberger war beeindruckt:

> «Nach einer halben Stunde sind wir durch den Engpass hindurch, und überraschend tut sich vor uns ein breites, nur durch flache Anhöhen gewelltes Hochland auf, das sich weit nach Nordosten dahinzieht. Links ist es abgeschlossen durch einen mässig hohen Hügelzug, rechts, dem Gebirge zu, durch eine zuerst sanft ansteigende Bergkette, die oben zinnenartig durch eine senkrechte, zackig und kühn in den ewig blauen Himmel des Morgenlandes hineinragende Felswand gekrönt ist. Hier, in dieser herrlichen Bergwelt, abseits vom grossen Verkehr, wo nur noch ein anspruchsloses Bergvolk seinen Lebensunterhalt findet, liegen im obersten Teil drei Dörfer, in denen noch das Aramäische, die Sprache, in der einst Jesus das Evangelium verkündet hat, gesprochen wird: *Dschub Adin*, *Malūla* und *Bacha*. [...] Üppige Gärten, in denen blüht und reift, was des Bauern Herz erfreut, sind [*Malūla*] vorgelagert, während draussen in der Ebene schon längst das letzte Kräutlein unter der Glut des Sommers erstorben ist, ein ungeahnter Reichtum in dieser dürren Welt, die im Regenschatten des Libanon- und Antilibanongebirges liegt! [...] Das Neuaramäische, das sich auf dieser Sprachinsel bis auf den heutigen Tag erhalten hat, ist zwar nicht derselbe aramäische Dialekt wie jener, den man zu Jesu Zeiten in Galiläa sprach. Jede Sprache entwickelt sich weiter, und jede Sprache ist den Einflüssen der Umwelt ausgesetzt. So verwundert es nicht, dass die Sprache von *Malūla* mit arabischen Wörtern durchsetzt ist. Aber sie ist auch so noch ein ehrwürdiges Zeugnis einer grossen Vergangenheit, und wer sie genau studiert, kann doch feststellen, dass sie gerade mit dem in Palästina einst gesprochenen Aramäisch viele Züge teilt.»[34]

An Pfingsten 1957 hielt Wildberger am Radio Beromünster über dieses Thema einen Vortrag und steuerte für die Programmzeitschrift zwei Bilder bei. Er liebte es, einem weiteren Kreis von seinen Eindrücken zu erzählen.

Nach der zweiten Ankunft in Beirut löste sich die kleine Reisegesellschaft auf. Wegen der politischen Lage war es kompliziert, die Fortsetzung der Reise zu organisieren. Wildberger setzte sich mit der Schweizer Gesandtschaft in Verbindung. Der Gesandte meinte, «dass keine unmittelbare Kriegsgefahr bestehe»,[35] und lud den Professor aus Zürich am Sonntag, dem 14. Oktober, zum Nachtessen ein. Dieser orientierte den Diplomaten «über die Anliegen der biblischen Archäologie in diesen Ländern und auch

---

32 A. a. O., S. 47.

33 A. a. O., S. 48.

34 Hans Wildberger: Dörfer, in denen heute noch die Sprache Jesu gesprochen wird. In: Der Wanderer von Land zu Land, 31. Jahrgang, Nr. 3 (1957), S. 34–36.

35 Hans Wildberger an Hedwig Wildberger-Kägi am 12. Oktober 1956. F.

Die Schlucht bei Malūla (Familienbesitz)

über die Schwierigkeiten, denen der Reisende, der nicht gerade bekannte Pilgerorte aufsucht, begegnet».[36]

Der Flug – in einem wegen der politischen Lage fast leeren Flugzeug – von Beirut nach Jerusalem verlief gut:

> «Es war herrlich! Schon um dieses Erlebnisses willen hat sich die Rückreise nach Jerusalem gelohnt. Wir hatten aber auch schönstes Wetter und vor allem: gute Sicht. Zuerst Beirut am Meer von oben, dann der Libanon, dann die grüne Oase von Damaskus, dann all die vielen Orte in Ost- und Westjordanien, die wir besucht hatten. Es war gut, dass diese Flugreise erst am Schluss kam, wo ich das Land gut kannte. Nur den See Genezareth habe ich zuerst aus der Luft gesehen. Die Reise hatte nur *einen* Fehler: es ging viel zu *rasch* [...].»[37]

In Jerusalem stellte Wildberger fest, dass der Fremdenverkehr wegen der Angst vor einem Krieg fast zum Erliegen gekommen war.

36 A. a. O.
37 Hans Wildberger an Hedwig Wildberger-Kägi am 17. Oktober 1956. F.

Dschub Adīn, eines der Dörfer, in denen noch Aramäisch gesprochen wird (Familienbesitz)

Der Übertritt vom jordanischen in den israelischen Teil der Stadt war mühsamer als erwartet. Weil am 17. Oktober der «Geburtstag des Propheten» gefeiert wurde, waren die Ämter geschlossen und Wildberger verlor einen ganzen Tag. Immerhin benutzte er die gewonnene Zeit für Besuche im archäologischen Museum und in der Bibliothek der American School of Oriental Research. Es gelang ihm, die Ausgrabungsstätte von Ramat Rachel zu besuchen, wo kurz vorher israelische Archäologen von der jordanischen Seite her erschossen worden waren. Es sah aber «sehr friedlich» aus.[38] In der École Biblique ergab sich eine weitere Gelegenheit zum Gespräch mit Pater de Vaux. Am Grenzübergang kam es zu Schwierigkeiten beim Geldwechseln, und Wildberger musste feststellen, dass ein israelischer Beamter ihn übers Ohr hauen wollte. «Schon dies Beispiel zeigt, dass Israel eben auch im Orient liegt und man sehr aufpassen muss, dass man nicht übervorteilt wird.»[39]

Basis für Wildbergers Israelaufenthalt war Tel Aviv. Die Bevölkerung erlebte er als freundlich. Man fühle sich in Israel viel freier[40] als in Syrien und Jordanien.

38 Hans Wildberger an Hedwig Wildberger-Kägi am 21. Oktober 1956. F.
39 A. a. O.
40 Hans Wildberger an Hedwig Wildberger-Kägi am 25. Oktober 1956. F.

> «[D]ie Leute freuen sich, wenn Fremde kommen, die sehen wollen, was sie geleistet haben. Man spürt überall den *Stolz*. Seht, was wir aus diesem Lande zu machen imstande sind! – Das Leben ist allerdings *sehr* teuer (viel teurer als in der Schweiz). Die Leute selbst leben einfach, und die sozialen Unterschiede sind nicht sehr gross.»[41]

Von Tel Aviv aus unternahm er zuerst einen Tagesausflug nach Cäsarea und dann eine dreitägige Tour in den Norden: nach Haifa, Akko, Tiberias, Kana, Nazareth und Kapernaum.

> «[A]uch den Tell von *Ḫazor* haben wir besucht und das alte Megiddo wenigstens aus der Nähe gesehen. Wir hatten einen sehr gut informierten Reiseleiter. Nebenbei besuchten wir die Technische Hochschule von Haifa, Kinderdörfer, landwirtschaftliche Siedelungen, Fabrikbetriebe u.s.w., es waren herrliche Tage. Ergreifend war der Gedanke, in der Gegend zu sein, die der Herr Jesus durchwanderte und wo er den Menschen predigte. Ich weiss nun nicht mehr, *was* das grössere Erlebnis war: Die Stadt Jerusalem oder diese Gegend am See Genezareth.»[42]

In seiner späteren Vorlesung für Hörer aller Fakultäten über «Bibel und Archäologie» im Wintersemester 1957/58 widmete Wildberger sich mit besonderer Ausführlichkeit den Ausgrabungen von Ḫazor, wo er von Jigael Yadin (1917–1984), dem Chefausgräber, persönlich geführt worden war. Dieser hatte einen Stab von 60 Fachleuten und 200 Arbeitern unter sich und konnte deshalb gleich an vier verschiedenen Stellen graben.[43] In seiner Vorlesung sagte Wildberger:

> «Seit 1955 haben die Juden unter der Leitung von General Yadin in *Ḫazor* gegraben. [...] Wie ich im Herbst 1956 selbst feststellen konnte: eine Grabung grössten Ausmasses, die mit vollendeter Präzision modernster Ausgrabungstechnik durchgeführt wird. Sie hat ergeben, dass [...] im 13. Jahrhundert [v. Chr.] hier eine bedeutende Stadt lag, die circa 40 000 Einwohner gehabt haben muss. Zwei kleine Tempel, die aus dieser Zeit stammen, wurden aufgedeckt. Im Allerheiligsten des einen stand eine Statue einer Person, die auf dem Throne sitzt, eine Schale in der Hand haltend, wohl keine Gottheit (auffallend). Neben der Figur eine ganze Reihe von Masseben[44] [...]. Es scheint, dass es sich bei diesem ‹Tempel› um eine Gedenkstätte der Könige von Ḫazor handelt, in welcher für jeden verstorbenen Herrscher ein Obelisk aufgestellt wurde.»[45]

---

41 Hans Wildberger an Hedwig Wildberger-Kägi am 21. Oktober 1956. F.

42 Hans Wildberger an Hedwig Wildberger-Kägi am 25. Oktober 1956. F.

43 Hans Wildberger an Martin Noth und die anderen Teilnehmer des Lehrkursus am 2. Dezember 1956. Durchschlag F.

44 Massebe = kultischer Steinpfeiler bzw. Stele.

45 Typoskript «Bibel und Archäologie», S. 26. F. Wildberger setzte sich mit verschiedenen Theorien auseinander und hielt es nicht für unmöglich – eher für wahrscheinlich –, dass die biblische Geschichte über die Eroberung von *Ḫazor* in Josua 11 einen historischen Kern hat, der durch den archäologischen Befund jedenfalls nicht widerlegt wird. Ebenfalls referierte er über *Ḫazor* in der israelitischen Zeit, besonders über die Bautätigkeit König Ahabs.

Ebenfalls von Tel Aviv aus wurde ein Tagesausflug bis nach Beerscheba im Süden unternommen.

> «Einst lag das in der Wüste, heute ist es eine ziemlich grosse Stadt, und man durchfährt eine grosse Zahl von neuen Siedelungen. Die Gegensätze sind ungeheuer! Einerseits Beduinenzelte, andererseits modernste Bauten und völlig mechanisierte Landwirtschaft. Die Archäologie kam in Askalon zur Geltung, und Gaza (das heute zu Ägypten gehört) sahen wir wenigstens von ferne.»[46]

Von Tel Aviv aus fuhr Wildberger noch ein weiteres Mal nach Jerusalem, um dort den Sabbat zu verbringen und Besuche zu machen. Auch mit dem Schwedischen Theologischen Institut in Jerusalem kam er in Kontakt. Am Dienstag, dem 30. Oktober, flog er – nachdem es wegen des Kriegsausbruchs äusserst mühsam gewesen war, den Flughafen zu erreichen[47] –, mit der Swissair zurück nach Kloten.

In einem Reisebericht zuhanden Martin Noths und der übrigen Reisegefährten schrieb er, seine Israeleindrücke zusammenfassend:

> «Ich habe viel vom heutigen Israel gesehen. Die technischen Leistungen sind imponierend. Fast immer begegnete man mir mit der grössten Freundlichkeit: Man ist stolz, Fremden seine Errungenschaften vorführen zu können. Gelegentlich musste man doch einwenden, es würden auch in den arabischen Ländern Schritte unternommen, mit der Zeit zu gehen, und es gebe auch dort allerlei zivilisatorische Errungenschaften. Auch sonst ist mir ein grosser Optimismus begegnet: Es war ja erstaunlich zu sehen, wie in derselben Schulklasse Kinder aus dem Irak und aus Jemen, aus Marokko und Indien, Bulgarien und Frankreich zusammensassen. ‹Gebt uns ein paar Jahre Zeit, dann werden wir zu einem Volk zusammengewachsen sein.› In den orthodoxen Vierteln sah es nicht viel anders aus als im jordanischen Jerusalem. Man hofft auch in dieser Hinsicht zu einem Ausgleich zu kommen. Aber die arabische Bevölkerung Israels fühlt sich fremd und will sich nicht assimilieren lassen. Am schwierigsten ist gewiss das religiöse Problem zu lösen. Die Orthodoxie wird die breite Masse des Volkes nicht gewinnen können. Was aber dann? Es ist mir auffallend wenig religiöses Leben zu Gesicht gekommen (abgesehen vom Innehalten des Sabbats). Es bleibt nur die Hoffnung, dass es doch noch zu einem religiösen Erwachen kommt, das weitere Kreise zu erfassen mag. – Es ist mir erst in Israel bewusst geworden, wie schwer der Druck der arabischen Länder auf ihm lastet. Das Leben war sehr teuer. Wenn auch nur noch wenig rationiert ist, so muss man sich sehr nach der Decke strecken. Israel kann die Abschliessung trotz aller ausländischen Hilfe nicht mehr lange ertragen. Die beständige Kriegsgefahr, die zu exorbitanten militärischen Anstrengungen zwingt, bringt unerträgliche Lasten mit sich. Die Rüstungshilfe Russlands an Ägypten wurde als existenzbedrohend empfunden. So verstehe ich es, dass Israel [mit dem Sinai-Feldzug Ende Oktober 1956] dem Gegner zuvorkommen wollte. Ich kann nur hoffen, dass seine militärische Aktion dazu führe, dass

46 Hans Wildberger an Hedwig Wildberger-Kägi am 25. Oktober 1956. F.

47 Hans Wildberger an Martin Noth und die anderen Teilnehmer des Lehrkursus am 2. Dezember 1956. Durchschlag in F.

man einsieht, dass Israel Frieden gewährt werden muss und die arabischen Staaten sich damit abzufinden haben, dass es nicht mehr ausgelöscht werden kann. Es war jedenfalls imponierend zu sehen, mit welcher Ruhe und welchem Ernst Israel den Entschluss seiner Regierung zum Kriege auf sich genommen hat.»[48]

Der Aufenthalt im Heiligen Land war ein Schlüsselereignis in Wildbergers Leben, eine Sternstunde. (In den Briefen an seine Frau kommt das Wort herrlich häufig vor.) Ein Traum war in Erfüllung gegangen, er hatte die «Biblische Welt» selbst gesehen und war in persönlichen Kontakt mit Kollegen gekommen, mit denen er sich gut verstand und die ihn schätzten. Besonders die Beziehung zu Martin Noth war von bleibender Bedeutung. Nicht umsonst schrieb er nach dessen unerwartetem Tod einen langen Nachruf in der «Neuen Zürcher Zeitung».[49] Die abschliessenden Sätze lauten:

«Es ist ein erstaunlich reiches Erbe, das Martin Noth seinen Fachgenossen hinterlässt. Er hat sich immer dagegen gewehrt, als Haupt einer Schule zu gelten. Aber eine nicht geringe Zahl von Kollegen und Schülern weit über die Grenzen Deutschlands hinaus – nicht zuletzt gerade in der Schweiz – wird ihm dankbar verbunden bleiben und seine Hinterlassenschaft nicht nur betreuen, sondern selbständig weiterführen. Es ist noch zu früh, sein Lebenswerk abschliessend beurteilen zu wollen. Aber wenn nicht alles täuscht, steht er einem Julius Wellhausen und Hermann Gunkel kaum nach. – Wie er es sich gewünscht hatte, ruht er nun auf dem deutschen Friedhof in Bethlehem.»[50]

Auf internationalem und akademischem Niveau rezensierte er Noths «Gesammelte Studien zum Alten Testament».[51] «The *Gesammelte Studien* show impressively how profound and fertile are his researches in the field of Old Testament theology und history of religion.»[52] Wildberger bewunderte Noth und hatte ihm gegenüber – besonders auch gegenüber seiner Amphiktyoniehypothese (die zwölf Stämme Israels seien durch ein gemeinsames Zentralheiligtum verbunden gewesen) – kaum eine kritische Distanz. Er schliesst seine enthusiastische Besprechung:

«[W]e can only agree with Noth's penetrating considerations and conclude with gratitude the reading of this compact und substantial volume enriched by a wealth of suggestions, regretting only that it does not contain other of Noth's essays equally indispensable for research. Thus we hope that soon a further compilation may

48 A. a. O.

49 Hans Wildberger: Martin Noth †. Neue Zürcher Zeitung Nr. 375 vom 21. Juni 1968.

50 A. a. O., S. 27.

51 Martin Noth: Gesammelte Studien zum Alten Testament. München 1957.

52 Hans Wildberger: Rezension der genannten Publikation in: Journal of Semitic Studies 4 (1959), S. 164–168, hier S. 165.

appear which may offer further scattered works of the Bonn scholar, and specially his monographs on problems of the history of Israel and on the historical geography of Palestine.»[53]

Nach seiner Rückkehr aus dem Nahen Osten schrieb Wildberger zahllose kleinere und grössere Artikel, zuerst in der «Reformatio» unmittelbar nach seiner Heimkehr «Die arabischen Staaten und Israel»,[54] wo er den bereits damals aus seiner Sicht fast unlösbaren Konflikt darstellte. Bei aller Sympathie für Israel äusserte er auch kritische Gedanken. Man könne sich «mit Recht fragen, ob die Teilung Palästinas eine gute Sache» gewesen sei. «Dass die Demarkationslinie, die so gar nicht den natürlichen Gegebenheiten des Geländes folgt, eine höchst unglückliche Grenzlinie darstellt, zeigt der erste Blick auf die Karte.»[55] Jordanien (zu dem vor dem Sechstagekrieg auch die Westbank gehörte) «müsste freier Zugang um Meer gewährt werden».[56]

«Ein Friedensschluss läge ebensosehr im Interesse Jordaniens wie Israels. Denn wenn die Befreiung von den Belastungen des Krieges für Israel eine Lebensfrage ist, so doch nicht minder für Jordanien. Dieser Kleinstaat, der jetzt allein durch die Strasse von Amman nach Damaskus Anschluss an die übrige Welt hat und um des für ihn so lebenswichtigen Fremdenverkehrs willen doch so stark von den Verbindungslinien abhängig ist, wird auf die Dauer in der jetzigen Isolierung nicht bestehen können. Warum sollten sich also die beiden Staaten, die durch den jetzigen Zustand in gleicher Weise bedroht sind, nicht finden können?»[57]

Wildberger zeigte in diesem Artikel, dass er während seines Aufenthalts auch die Gegenwart mit offenen Augen wahrgenommen hatte. Während Jahren redete und schrieb er leidenschaftlich gern über den Orient. Im Rahmen des Jüdischen Nationalfonds referierte er am 13. Dezember 1962 über das Thema «Aus der Geschichte des Negev».[58] Leben im Negev sei «ein heisser Kampf mit der Natur, der nur mit heroischer Opferbereitschaft gewonnen werden kann».[59] Einer seiner letzten Beiträge zum Heiligen Land war ein ausführlicher Artikel über Masada in der «Neuen Zürcher Zeitung» 1967.[60]

53 A. a. O., S. 168.

54 Hans Wildberger: Die arabischen Staaten und Israel. Reformatio 1956, Heft 11/12, S. 657–668.

55 A. a. O., S. 667.

56 A. a. O.

57 A. a. O.

58 Vgl. Neue Zürcher Zeitung, Nr. 5037 vom 15. Dezember 1962, Blatt 9.

59 A. a. O.

60 Hans Wildberger: Masada, in: Neue Zürcher Zeitung, Nr. 1988 (53) vom 7. Mai 1967, Blatt 4. Masada ist eine antike Festung am Südwestende des Toten Meeres,

Hans Wildberger beim Patriarchen Athenagoras in Istanbul 1969 (Familienbesitz)

Eine Frucht seines Studienaufenthalts war, dass er sich von jetzt an intensiv am Interkonfessionellen Komitee für Biblische Studienreisen beteiligte.[61] Immer neu führte er Gruppen durch die «Biblische Welt», zunächst in Libanon, Syrien, Jordanien und Israel, später auch in der Türkei, in Ägypten und im Iran.

Das Reisen wurde eine Leidenschaft für ihn. Nach seiner Pensionierung fuhr er mit der Theologischen Arbeitsgemeinschaft (dem sogenannten Brunner-Kranz)[62] auf den Spuren des Islams auch nach Spanien – und an der Jahreswende 1974/75 führte er eine grosse Studienreise nach Indien und Nepal durch.[63]

In der Erinnerung der Familie bleibt die Reise im Frühling 1963, an der auch seine Tochter Marianne teilnahm. Eine ganze Reihe von Professoren der medizinischen Fakultät der Universität Zürich mitsamt Familienmitgliedern beteiligte sich daran. Es war dies eine Weise, in der Wildberger theologische Erkenntnisse auch Nichtfachleuten zu vermitteln suchte.

ab 1955 ausgegraben, Symbol des israelischen Selbstbehauptungswillens.

61 Vgl. oben, S. 64.

62 Vgl. Frank Jehle: Emil Brunner. Theologe im 20. Jahrhundert. Zürich 2006, S. 206.

63 Vgl. unten, S. 182ff.

Hans Wildberger mit dem armenischen Bischof Karekim Sarkissian in Isfahan 1972 (Familienbesitz)

Eine andere Reise ins Heilige Land fand im Herbst 1973 statt. Die Reisegruppe wurde in Jerusalem vom Jom-Kippur-Krieg überrascht. Diesmal war Gerhard Ebeling[64] mit seiner Gemahlin dabei. «Erstaunlich waren [für Ebeling] das unerwartete Ausmass an Elend, das einem entgegentrat, die nur oberflächlich befriedete Koexistenz von Arabern und Israelis und, natürlich, die Begegnung mit Eselsreitern, wasserschöpfenden Frauen, Kamelen und der fremden, teilweise äusserst üppigen Vegetation.»[65] Auf Wildbergers Bitte hin hielt Ebeling auf dem Hirtenfeld bei Bethlehem eine biblische Andacht.[66] «Am Mittag des 6. Oktobers heulten dann plötzlich Sirenen auf. Der Ausbruch des Jom-Kippur-Krieges machte den planmässigen Fortgang der Reise zunichte. Wenige Tage verblieb die Gruppe noch in Jerusalem. Mit dem Rückflug am 10. Oktober fand die Exkursion ein bit-

64 Vgl. oben, S. 11 und S. 96f.

65 Albrecht Beutel: Gerhard Ebeling. Eine Biographie. Tübingen: Mohr Siebeck, 2012, S. 350.

66 Vgl. Gerhard Ebeling: Verfremdete Weihnacht. In: Gerhard Ebeling: Theologie in den Gegensätzen des Lebens. Wort und Glaube 4. Tübingen 1995, S. 643–645.

«Biblische Welt», Schutzumschlag

teres vorzeitiges Ende.»[67] Eine Reiseteilnehmerin, Ursula Furgler, schrieb anschliessend:

> «Ja, es ist auch für mich, wie wohl für uns alle, eine ganz besondere Reise gewesen. Ich denke, nicht nur eine Reise, wie wir vielleicht gehofft hatten, sondern ein Verweilen in einem Land, das geographisch gar nicht zu umschreiben ist. Man hat ein neues Stück seiner selbst entdeckt, wertvolle Erfahrung, mit nichts zu ersetzen. [...] Möge dieses geliebte Volk und seine Erde endlich Frieden finden!»[68]

Eine weitere – und die bis heute handgreiflichste – Frucht von Wildbergers Liebe zu Palästina ist das Buch «Biblische Welt» von 1961.[69]

Es erschien in der Reihe der Silva-Bücher und war im regulären Buchhandel nicht erhältlich. Wer ein solches Buch besitzen wollte, musste Gut-

67 Albrecht Beutel: Gerhard Ebeling. Eine Biographie. Tübingen 2012, S. 350.

68 Ursula Furgler an Hedwig und Hans Wildberger am 31. Oktober 1973. F. Ursula Furgler-Stauffenegger (*1927) war die Gattin von Bundesrat Kurt Furgler (1924–2008).

69 Hans Wildberger: Biblische Welt. Zürich 1961. Französisch: «Le monde biblique.» Italienisch: «Terra Santa.» Beide im gleichen Verlag und in der gleichen Aufmachung. Fortan abgekürzt mit «Biblische Welt».

Beduinenfrau mit Kopfschmuck, in: «Biblische Welt», S. 39
Stadtarchiv Zürich, Signatur VII.271. Michal Wolgensinger (1913–1990). Fotoarchiv

scheine sammeln, die man beim Kauf von Markenprodukten erhielt. Wenn man diese einlöste, wurden einem Bilder zugeschickt, die man in einen Band einkleben musste, den man für einen kleinen Geldbetrag erhielt. Die Bücher – ein Marketingprodukt – hatten eine hohe Auflage (im Fall von Wildbergers Buch über 100 000).[70] In den Fünfziger- und Sechzigerjahren gab es kaum einen bürgerlichen Haushalt in der Schweiz, der nicht einige Silva-Bücher besass. Alle zeichneten sich durch ihre gestalterische und inhaltliche Qualität aus.[71]

70 Gemäss Verlagsvertrag vom 5. Februar 1959 (F.) erhielt Wildberger ein Pauschalhonorar von 10 000 Franken, für jene Jahre eine hohe Summe.

71 Der Silva-Verlag in Zürich gab achtmal im Jahr eine eigene Zeitschrift heraus: «Silva», deren Auflage total (deutsch, französisch und italienisch) 1 750 401 Exemplare

Bei Wildbergers Band trugen auch die Bilder dazu bei, dass die Nachfrage gross war. Sie stammten von Michael Wolgensinger (1913–1990), einem der bedeutendsten Fotografen der Schweiz. 1965 – kurz nach Erscheinen von «Biblische Welt» – wurde er mit dem Filmpreis der Stadt Zürich ausgezeichnet. Zusammen mit Gleichgesinnten verhalf Wolgensinger «der Bildsprache der Neuen Sachlichkeit und der Ästhetik des Bauhauses in der Schweiz zum Durchbruch».[72] Die Swissair bezahlte Wolgensinger die Flüge in den Orient. Beraten von Wildberger kehrte er mit einem reichen Bilderschatz zurück. Wie die Familie sich erinnert, war Wildberger – selbst ein begeisterter Fotograf – nicht mit allen Aufnahmen zufrieden. Wolgensinger hatte eine Jahreszeit gewählt (Februar 1959), in der der Himmel im Orient oft bedeckt ist. Vielleicht hängt der Reiz des Bandes jedoch gerade damit zusammen. Auf der Aufnahme von Byblos im Libanon[73] ist das Gebirge im Hintergrund teilweise in Wolken gehüllt. Noch dramatischer ist das Bild, das die Gegend der alttestamentlichen Stadt Sichem zeigt.[74] Auch über der Ebene Jesreel ziehen Gewitterwolken auf.[75] «Anziehender Sandsturm über Damaskus» steht unter einem anderen Bild.[76] Der See von Genezareth zeigt sich bewegt wie in der biblischen Geschichte «Jesus und der Seesturm» (Mk 4,35–41).[77] Andere eindrückliche Fotografien Wolgensingers zeigen menschliche Gesichter, etwa einen Beduinen im Negev[78] oder eine Beduinenfrau mit Kopfschmuck[79] (die angehängten Münzen zeigen ihren Reichtum). Es leidet keinen Zweifel, dass Wolgensinger viel zum Erfolg des Bandes beitrug. Man mag einwenden, die Bilder seien zu ästhetisch und zeigten einen geradezu märchenhaften Orient, «Hässliches» komme nicht vor – was von einem solchen Buch aber wohl auch nicht ernsthaft erwartet werden darf.

Wildberger verfasste den Text (inklusive der teilweise ausführlichen Bildlegenden). Dieser ist im Wesentlichen nicht ein Reisebericht, sondern eine mit archäologischen Einzelheiten bereicherte Nacherzählung der biblischen Geschichte vom Erzvater Abraham bis zum Apostel Paulus.

---

umfasste. In der Weihnachtsausgabe von 1961 machte man für Wildbergers Buch kräftig Werbung.

72 Georg Sütterlin: Wolgensinger, Michael, in: Historisches Lexikon der Schweiz, http://www.hls-dhs-dss.ch/textes/ d/D27271.php (26.02.2014).

73 Biblische Welt, S. 17.

74 A. a. O., S. 11.

75 A. a. O., S. 59.

76 A. a. O., S. 73.

77 A. a. O., S. 99.

78 A. a. O., S. 67.

79 A. a. O., S. 39.

«Vorläufer und Ursprünge

Der Herr sprach zu *Abraham*: ‹Zieh hinweg aus deinem Vaterland und aus deiner Verwandtschaft und aus deines Vaters Haus in ein Land, das ich dich schauen lassen werde, so will ich dich zu einem grossen Volk machen und will dich segnen und will deinen Namen gross machen, und du sollst ein Segen sein› (1. Mose 12,1 und 2). Damit lässt die Bibel die Geschichte Israels beginnen. Der Stammvater, von der Gottheit gewiesen, kommt in ein unbekanntes Land, das seinen Nachkommen zur Heimat wird. Was zwischen ihm und seinem Gott geschehen ist, ist das Geheimnis göttlicher Inspiration und Führung eines Menschen. Der äussere Rahmen, in dem sich das vollzog, ist aber unserer Nachprüfung nicht entzogen.»[80]

So fängt das Buch an. Und es endet:

«Die Apostelgeschichte lässt uns noch seinen [des Apostels Paulus] Zug durch die Städte Kleinasiens miterleben und zeigt, wie der zündende Funke nach Europa überspringt. In Thessalonich (Saloniki) und Philippi, den Städten Makedoniens, in dem durch seine Pflege der Weisheit und Kunst hochberühmten Athen, in der Weltstadt Korinth findet das Wort des Apostels Gehör. Und als Paulus schliesslich gefangen zur Aburteilung durch den Kaiser nach *Rom* kam, war dort bereits eine christliche Gemeinde erblüht.
Von den Tagen der frühen Pharaonen an standen immer wieder die Heere der Weltmächte in Palästina, dieser schmalen Landbrücke zwischen Asien und Afrika, und heute noch liegt dieses kleine Land im Schweinwerferlicht der grossen Weltpolitik. Aber von Palästina selbst ist eine gewaltige Bewegung ausgegangen, welche die Welt mehr als alle Grossmachtpolitik geformt hat und immer noch bewegt. Wo immer die frohe Botschaft von der in Christus sich manifestierenden Königsherrschaft Gottes gehört wird, wo immer nur die Menschheit sich auf die ihr gegebenen besten Güter besinnt, da tritt auch jenes Land zwischen See Gennesaret und Sinai, Mittelmeer und arabischer Wüste in Sicht, in dem eine Gotteserkenntnis, welche unser Denken und unsere Geschichte entscheidend prägte, zum Durchbruch gekommen ist.»[81]

Das letzte Bild zeigt ein Teilstück der Römerstrasse zwischen Aleppo und Antiochien:

«Paulus mag einst über diese Strasse gezogen sein, und über ungezählte andere wurde von den Glaubensboten bis in die entferntesten Provinzen des römischen Reiches das Evangelium dessen getragen, der von sich selbst sagt, dass er der Weg und die Wahrheit und das Leben sei (Johannes 14,6).»[82]

Deutlich ist, dass der Aufriss im Prinzip heilsgeschichtlich ist, unaufdringlich, aber klar von Wildbergers persönlicher Glaubenshaltung geformt. Die historisch-kritische Exegese wird als selbstverständlich vorausgesetzt, charakteristisch für den Verfasser behutsam und relativ konservativ, wobei

80 A. a. O., S. 5.
81 A. a. O., S. 119f.
82 A. a. O.

Wolgensingers letzte Fotografie in «Biblische Welt», in: «Biblische Welt», S. 119
Stadtarchiv Zürich, Signatur VII.271. Michal Wolgensinger (1913–1990). Fotoarchiv

er aber immer wieder Bemerkungen einfliessen lässt, dass man – anders als der seinerzeit viel gelesene Bestseller Werner Kellers – nicht einfach sagen könne: «Und die Bibel hat doch recht.»[83]

Keller behauptete, archäologische Funde seien in der Lage, die «historische Wahrheit» biblischer Geschichten – wie z. B. diejenige von der Sintflut – zu beweisen, gewissermassen als historischer Gottesbeweis! Wildberger hielt nichts davon und wollte dem Publikum nicht Sand in die Augen streuen. Obwohl er die biblische Archäologie liebte und sich in

83 Vgl. Werner Keller: Und die Bibel hat doch recht. Forscher beweisen die historische Wahrheit. Düsseldorf 1955. Seither viele Neuauflagen in verschiedenen Verlagen, zuletzt 2009 bei Ullstein.

ihr auskannte, wusste er um ihre Grenzen. Manche Texte der Bibel waren für ihn «nicht einfach als historische Berichte zu werten».[84] «[...] es tut der Wahrheit des Evangeliums und der Grösse Jesu keinen Abbruch, wenn die Wissenschaft zu ergründen unternimmt, wieweit die Tradition trägt. Der Mensch von heute ist dankbar, das zu erfahren.»[85] «Wir wissen nicht genau, wann die Erzväter lebten [...].»[86]

Im Zusammenhang mit der biblischen Geschichte von der Eroberung Jerichos (Josua 6) teilt Wildberger als Resultat der Ausgrabungen mit, dass die Mauern der uralten Stadt zur Zeit des Einzugs der Israeliten ins Gelobte Land bereits als riesige Trümmerhaufen dalagen, also nicht mehr zusammenbrechen mussten. «Als Josuas Scharen in das Land fluteten, war Jericho schwach besiedelt und bewehrt, so dass ihnen hier tatsächlich ein leichter Sieg in den Schoss gefallen sein wird.»[87] D.h., dass Wildberger offenbar annahm, die Sage habe zwar einen historischen Kern – die Israeliten seien wirklich «eingeflutet» –, sei aber in den Einzelheiten (die Posaunen von Jericho!) gewaltig übertrieben.

Wenn man das ganze Buch durchgeht, nimmt man wahr, dass sich Wildberger in den das Alte Testament betreffenden Teilen stark an Martin Noths «Geschichte Israels» anlehnt.[88] Er vertrat Noths Amphiktyoniehypothese,[89] die in jenen Jahren von der Mehrzahl der Forscher – jedenfalls in der deutschsprachigen Theologie – geteilt wurde, und stellte sich wie Noth vor, dass die Vorfahren Israels eine nomadische Lebensweise geführt hätten.[90] Die Alttestamentler jener Generation machten sich «das Bild eines ‹Volkes in der Wüste› [...], das vor seiner ‹Sesshaftwerdung› ‹kulturlandhungrig› in der Steppe herumzieht und dann entweder allmählich friedlich ‹einsickert› oder in ‹Schüben› oder ‹Wellen› vom Wüstenrand aus auch militärisch organisiert erobernd ‹einbricht›.»[91] Damit, dass die Forschung

84 Hans Wildberger: Ein Bilderbuch zur Bibel. Rezension von Paul Bruin und Philipp Giegel: Hier hat Gott gelebt. Zürich und Stuttgart 1957. In: Schweizer Monatshefte, 40. Jahr, Heft 4, Juli 1960, S. 438–440, Zitat S. 439. Wildberger schrieb anerkennend über die Fotografien Giegels, kritisierte aber die fundamentalistisch-historisierende – mit dem Imprimatur des Churer Bischofs Christianus Caminada versehene – Darstellung des katholischen Exegeten Bruin.

85 A. a. O., S. 440.

86 Biblische Welt, S. 13.

87 A. a. O., S. 42.

88 Vgl. Martin Noth: Geschichte Israels. Göttingen 1950 und viele weitere Auflagen.

89 Vgl. oben, S. 138.

90 Auch Wildbergers Kollege Victor Maag vertrat diese Sicht.

91 Helmut Engel: Abschied von den frühisraelitischen Nomaden und der Jahweamphiktyonie. Bericht über den Zusammenbruch eines wissenschaftlichen Konsensus. In: «Bibel und Kirche», Organ des Katholischen Bibelwerks Stuttgart, des Schweizerischen Katholischen Bibelwerks und des Österreichischen Katholischen Bibelwerks. 38.

von diesem Bild Abschied genommen hat, hängt zusammen, dass Wildbergers Darstellung – besonders der Frühzeit Israels – heute überholt ist.

Die Abschnitte zum Neuen Testament dokumentieren, dass Wildberger von der um 1960 hohe Wellen schlagenden Diskussion über den «historischen Jesus» stark beeinflusst war. Er vertrat ein Jesusbild, wie es besonders von Günther Bornkamm (1905–1990) in seinem verbreiteten Taschenbuch «Jesus von Nazareth» gestaltet worden war.[92] Auch Gerhard Ebelings Ausführungen über Jesus als den «Zeugen des Glaubens» hatte er tief in sich aufgenommen – mit den charakteristischen Sätzen: «Nicht auf der Nähe eines spektakulären apokalyptischen Geschehens, sondern auf der Nähe Gottes selbst liegt der Akzent [der Verkündigung Jesu]. An der Nähe der Herrschaft Gottes ist das Wesentliche die Herrschaft des nahen Gottes.»[93] Bei Wildberger heisst es analog:

> «Es liegt [Jesus] nichts daran, ein bestimmtes Bild von der Welt und dem Geschichtsablauf zu lehren. Wenn er von der ‹Nähe› des Gottesreiches spricht, ist das nicht zuerst zeitlich zu verstehen, sondern meint die Dringlichkeit, mit der Gottes Ruf an Israel ergeht. Im Unterschied zu Johannes [dem Täufer] bedeutet die Ankündigung der Gottesherrschaft auch nicht in erster Linie Aufforderung zur ‹Busse›, so gewiss der Ruf zur Hinkehr zu Gott in Jesu Verkündigung des Reiches eingeschlossen ist, sondern Aufruf zur grossen *Freude*, weil der Menschheit Heil widerfahren wird.»[94]

In chronologischen Fragen schloss er sich seinem Kollegen Hans Conzelmann (1915–1989, damals Neutestamentler in Zürich, später in Göttingen) an, wenn er im Zusammenhang mit der Kreuzigung Jesu vorsichtig formulierte: «Es mag der 7. April des Jahres 30 gewesen sein.»[95]

Ältere Pfarrer und Religionslehrer sagen heute noch, dass ihnen Wildbergers Silva-Buch seinerzeit besonders im Unterricht gute Dienste leistete. Es ist sprachlich sorgfältig gestaltet, spannend geschrieben, hat instruktive Bilder und fasst gut zusammen, was man sonst in vielen verstreuten Veröffentlichungen hätte zusammensuchen müssen.

Jahrgang. 2. Quartal 1983. S. 43. Wer sich für dieses Problem interessiert, findet in dieser Broschüre weitere, vertiefende Informationen.

92 Günther Bornkamm: Jesus von Nazareth. Stuttgart 1956 und viele Neuauflagen.

93 Gerhard Ebeling: Das Wesen des christlichen Glaubens. Tübingen 1959, S. 60f.

94 Biblische Welt, S. 103f.

95 A. a. O., S. 94. Vgl. Hans Conzelmann: Artikel «Jesus Christus», RGG, 3. Auflage, Bd. 3 (1959), Sp. 619–653, hier zum Todesdatum Sp. 626.

Jesaja

Hans Wildberger widmete dem Propheten Jesaja und dem nach ihm benannten Buch – bzw. den 39 ersten Kapiteln – exakt drei Jahrzehnte, mehr als die Hälfte seines Erwachsenenlebens. «‹Mein› Jesaja ist, ohne dass ich das zu Beginn geahnt hätte, zu meinem eigentlichen Lebenswerk geworden», sagte er bei Abschluss des dritten Bandes.[1] Mitte der Fünfzigerjahre fing er mit der Arbeit an.[2] Die erste Lieferung erschien 1965, die letzte – mit einer ausführlichen Einleitung für das ganze Werk, die an den Schluss gestellt wurde – 1982, insgesamt drei Bände, 21 Lieferungen, 1787 Seiten. In den beiden Taschenbüchern «Königsherrschaft Gottes» fasste er die Resultate seiner Jesajaforschung für einen weiteren Kreis zusammen, nochmals 371 Seiten. Alle Bücher erschienen im Neukirchener Verlag. Der Kommentar ist Teil des «Biblischen Kommentars Altes Testament».

Das auf der nächsten Seite abgebildete Inserat (es gab ähnliche auch in Deutschland) zeigt, wie selbstbewusst 1955 für die Kommentarreihe geworben wurde. Gemäss dem ursprünglichen Plan sollte das Unternehmen ca. 1965 abgeschlossen sein. Wie bei anderen Reihen (man denke an das «Theologische Wörterbuch zum Neuen Testament», das 1933–1973 bzw. 1978/79 erschien), beanspruchte das ehrgeizige Projekt dann allerdings einen viel grösseren Zeitraum und ist bis heute nicht vollendet. Indem der Titel «Biblischer Kommentar» gewählt wurde, knüpfte man bei den kirchen- und theologiepolitisch konservativen Kommentaren von Carl Friedrich Keil, Franz J. Delitzsch und Theodor von Zahn an, die in der zweiten Hälfte des 19. Jahrhunderts erarbeitet wurden, sehr gelehrt, zugleich aber gegen den damals vorherrschenden theologischen Liberalismus bzw. die historisch-kritische Schule gerichtet. Auch der Neukirchener Kommentar (so wird er in der Regel genannt) wollte einerseits streng wissenschaftlich sein, anderseits der Kirche dienen. Man sollte über Texte

1 Jesaja 3, S. VII.

2 Ein genaues Datum lässt sich nicht ermitteln. «Der Plan zu diesem Gesamtwerk […] wurde 1948 von Hans-Joachim Kraus erstmals geäussert […]. […] am Reformationssonntag 1950 wurde in denkwürdiger Sitzung der endgültige Beschluss gefasst.» (Hans Bühler: Neuer Jesaja-Kommentar, Neue Zürcher Zeitung, Nr. 1619 vom 14. April 1966.) Die erste Arbeitstagung in Neukirchen fand 1952 statt, nachdem die Initianten bereits 1950 zusammengekommen waren. Damals war Wildberger noch nicht dabei, da zunächst Gerhard von Rad als Jesaja-Kommentator vorgesehen war, der den Auftrag allerdings bald zurückgab. (Vgl. Rudolf Smend: Deutsche Alttestamentler in drei Jahrhunderten. Göttingen 1989, S. 246 und S. 252.) Gemäss seinem Kassabuch (F.) nahm Wildberger das erste Mal im Oktober 1954 an einer Neukirchener Arbeitstagung teil. Den Verlagsvertrag unterschrieb er – wohl im Zusammenhang mit der Ablieferung des Typoskripts der ersten Lieferung – am 9. Dezember 1963.

Ein wichtiges Ereignis auf dem evangelischen Buchmarkt:

BIBLISCHER KOMMENTAR

ALTES TESTAMENT

Herausgeber: D. *Martin Noth*, Professor für alttestamentliche Theologie, Bonn. Unter Mitarbeit von W. Zimmerli, K. Elliger, J. J. Stamm, G. von Rad, H. J. Kraus, H. W. Wolff, K. Galling, Th. C. Vriezen

Erschienen im Verlag des Erziehungsvereins Neukirchen/Moers

Das Gesamtwerk soll die 26 alttestamentlichen Bücher in etwa 116 Lieferungen umfassen. Das erste Heft über Ezechiel 1–3 von Prof. W. Zimmerli ist soeben erschienen. Die Lieferungen folgen in monatlichen Abständen bis zirka 1965.
Um in den Genuß des vergünstigten Subskriptionspreises zu gelangen, ist eine Verpflichtung zur laufenden Abnahme von jeweils 25 Lieferungen erforderlich. *Der Subskriptionspreis ist pro Lieferung Fr. 7.–.* Einzelbezugspreis Fr. 8.40.

Verlangen Sie den ausführlichen Sonderprospekt oder die erste Lieferung zur Probe!

Christliches Verlagshaus, Bern, Nägeligasse 4

Filialen:

Christliche Buchhandlung, Aarau, Pelzgasse 15
Evangelische Buchhandlung, Thun, Bälliz 44

Inserat für den Biblischen Kommentar in «Reformatio», Nov./Dez. 1955

aus dem Alten Testament predigen können – und dies auf einer soliden wissenschaftlichen Basis.

Predigten über Texte aus dem Alten Testament waren im lutherischen Deutschland seit Jahrhunderten eher selten. Man vergleiche die kirchlichen Perikopen (d. h. die für einen bestimmten Sonntag vorgeschriebenen Predigttexte), die von der Eisenacher Kirchenkonferenz 1896 genehmigt wurden (vgl. Abbildung auf S. 151)!

Wenn man davon ausgeht, dass die Pfarrer abwechslungsweise über das Evangelium oder die Epistel predigten, war es ein vierjähriger Zyklus. Zuletzt wurde ein Text aus dem Alten Testament als Alternative vorgeschlagen. In diesem Fall handelt es sich zumeist um Stellen, die man als Hinweise auf Jesus Christus verstand, z. B. Mi 5,1–3, oder um Abschnitte aus dem Psalter. Auf diesem Hintergrund ist anzunehmen, dass das Alte Testament der durchschnittlichen Gottesdienstgemeinde nur in einer kleinen Auswahl bekannt war.

Als weiteres Hemmnis für das Alte Testament kam in neuerer Zeit hinzu, dass berühmte Theologen die Ansicht vertraten, es wäre richtig, das Alte Testament aus dem Kanon überhaupt zu streichen. Man erinnere sich an das berühmte Diktum Adolf von Harnacks:

Verzeichnis
der
kirchlichen Perikopen
(Schriftlesungen)
nach den Beschlüssen der Eisenacher
Kirchenkonferenz 1896

Am 1. Sonntag des Advents.

Ep. Röm. 13,11—14. Hebr. 10,19-25. *)
Ev. Matth. 21,1—9. Luk. 1,68—79.
Jerem. 31,31—34.

Am 2. Sonntag des Advents.

Ep. Röm. 15,4—13. 2. Petr. 1,3—11.
Ev. Luk. 21,25—36. Luk. 17,20—30.
Maleachi 3,19-24.

Am 3. Sonntag des Advents.

Ep. 1. Kor. 4,1—5. 2. Tim. 4,5—8.
Ev. Matth. 11,2—10. Matth. 3,1—11.
Jes. 40,1—8.

Am 4. Sonntag des Advents.

Ep. Phil. 4,4—7. 1. Joh. 1,1—4.
Ev. Joh. 1,19—28. Joh. 1,15—18.
5. Mose 18,15—19.

Am heiligen Christtag.

Ep. Tit. 2,11—14. 1. Joh. 3,1—5.
Ev. Luk. 2,1—14. Matth. 1,18—23.
Jes. 9,5—6 (6—7).

Am 2. Weihnachtstag (Stephanustag).

Ep Tit. 3,4—7. Hebr. 1,1—6.
(Apg. 6,8—15.) Joh. 1,1—14.
Ev. Luk. 2,15—20. Micha 5,1—3.
(Matth. 23,34—39.)

Am Sonntag nach Weihnachten.

Ep. Gal. 4,1—7. 2. Kor. 5,1—9.
Ev. Luk. 2,33—40. Luk. 2,25—32.
(Joh. 12,35-41.)
Jes. 63,7—16.

Am Neujahrstag.

Ep. Gal. 3,23—29. Röm. 8,24—32.
Ev. Luk. 2,21. Luk. 4,16—21.
Psalm 90,1—17.
(Psalm 121.)

Am Sonntag nach Neujahr.

Ep. 1. Petr. 4,12—19. Jak. 4,13—17.
Ev. Matth. 2,13—23. Matth. 16,1—4.
Psalm 73,23—28.

Am Epiphaniasfest.

Ep. Jes. 60,1—6. 2. Kor. 4,3—6.
Ev. Matth. 2,1—12. Matth. 3,13—17.
Jes. 2,2—5.

Am 1. Sonntag nach Epiphanias.

Ep. Röm. 12,1—6. 2. Kor. 6,14—7,1.
Ev. Luk. 2,41—52. Joh. 1,35—42.
Psalm 122.

Am 2. Sonntag nach Epiphanias.

Ep. Röm. 12,7—16. 1. Kor. 2,6—16.
Ev. Joh. 2,1—11. Joh. 1,43—51.
Jes. 61,1—6.

Am 3. Sonntag nach Epiphanias.

Ep. Röm. 12,17—21. Röm. 1,13—20.
Ev. Matth. 8,1—13. Joh. 4,5—14.
2. Kön. 5,1—19 a.

Am 4. Sonntag nach Epiphanias.

Ep. Röm. 13,1—10. Röm. 7,7—16.
Ev. Matth. 8,23—27. Joh. 4,31—42.
Psalm 93.

*) Mit lateinischen Buchstaben sind die Stellen der von der Generalsynode 1898 genehmigten neuen Perikopen gedruckt.

Anfang des Perikopenverzeichnisses in der Lutherbibel von 1912

«Das Alte Testament im 2. Jahrhundert zu verwerfen war ein Fehler, den die grosse Kirche mit Recht abgelehnt hat; es im 16. Jahrhundert beizubehalten war ein Schicksal, dem sich die Reformation noch nicht zu entziehen vermochte; es aber seit dem 19. Jahrhundert als kanonische Urkunde im Protestantismus noch zu konservieren, ist die Folge einer religiösen und kirchlichen Lähmung. [...] Hier reinen Tisch zu machen und der Wahrheit in Bekenntnis und Unterricht die Ehre zu geben, das ist die Grosstat, die heute – fast schon zu spät – vom Protestantismus verlangt wird.»[3]

Gesteigert wurde diese Tendenz im Dritten Reich, als die evangelischen Kirchen von der Glaubensbewegung Deutsche Christen vereinnahmt wurden. In ihrer Aggressivität nicht mehr zu überbieten ist eine Resolution von Theologiestudenten in Jena im Wintersemester 1939/40, die ausführlich zitiert werden soll, um die damalige Situation zu beleuchten:

«Unser Volk steht in diesen Tagen im Entscheidungskampf gegen den Ewigen Juden. Auf allen Gebieten des deutschen Lebens vollzieht sich die restlose Trennung vom jüdischen Ungeist. An den Universitäten, den Hochburgen des deutschen Geistes, ist kein Platz mehr für jüdische Parasiten. Aber immer noch verlangen theologische Fakultäten Prüfungskenntnisse der Sprache Kanaans. Uns deutschbewussten Studenten der Theologie an der Universität Jena ist einziger Massstab unserer Arbeit das Volk. Wir sind nicht gewillt, wider Neigung und Instinkt wertvolle Kraft an das Hebräische zu vergeuden. Das Studium der hebräischen Sprache möge allein Männern der wissenschaftlichen Laufbahn vorbehalten bleiben. Hierin sind wir uns einig mit unseren Dozenten. Wir bitten, uns durch entsprechende Massnahmen und Anordnungen den Weg frei zu machen.»[4]

Bereits ein Jahr zuvor hatte der von den Deutschen Christen beherrschte Landeskirchenrat der theologischen Fakultät in Jena offiziell mitgeteilt, «dass die Thüringer evangelische Kirche auf hebräische Sprachkenntnisse keinen Wert lege».[5] Nach den Vorstellungen der Deutschen Christen sollten sogar die Wörter Hosianna und Halleluja (weil hebräisch) im Kirchengesangbuch getilgt werden.[6]

Der junge Gerhard von Rad (1901–1971) wurde 1934 ordentlicher Professor für Altes Testament in Jena. Von Anfang an musste er feststellen, dass das Interesse der Studentenschaft an seinem Fach verschwindend klein war. 155 Theologiestudenten waren immatrikuliert. Von Rads Psalmenvorlesung im Wintersemester 1935/36 wurde nur von deren vier

3 Adolf von Harnack: Marcion, 2. Auflage, Leipzig 1924, S. 127 und S. 222. Zitiert nach: Hans-Joachim Kraus: Geschichte der historisch-kritischen Erforschung des Alten Testaments von der Reformation bis zur Gegenwart, Neukirchen 1956, S. 351.

4 Nach: Rudolf Smend: Deutsche Alttestamentler in drei Jahrhunderten, Göttingen 1989, S. 236.

5 A. a. O.

6 Vgl. Bernard M. Levinson: Reading the Bible in Nazi Germany: Gerhard von Rad's Attempt to Reclaim the Old Testament for the Church, in: Interpretation 62, 3 (Juli 2008), S. 238–253, hier: S. 241.

besucht. In seiner Jeremiavorlesung und in einem Seminar über Deuterojesaja waren es sogar nur zwei. Zwischen 1933 und 1945 wurden in Jena 45 theologische Dissertationen angenommen, keine davon im Fach Altes Testament.[7] – Aber nicht nur in Jena verhielt es sich so. In Göttingen wurde 1941 der letzte noch verbliebene Lehrstuhl für Altes Testament in einen für Forstwissenschaft umgewandelt.[8]

Wegen ihrer Verstrickung in die nationalsozialistische Ideologie verloren mehrere Alttestamentler nach dem Krieg im Zeichen der Entnazifizierung ihren Lehrstuhl, so Johannes Hempel (1891–1964). Dieser war Herausgeber der renommierten «Zeitschrift für alttestamentliche Wissenschaft» und 1935 Organisator des ersten internationalen Alttestamentlerkongresses in Göttingen. Ab 1937 wirkte er in Berlin als Leiter des Institutum Judaicum zur Erforschung des Judentums «vom Boden der nationalsozialistischen Weltanschauung aus» und 1939 zusätzlich als Mitarbeiter des Instituts zur Erforschung und Beseitigung des jüdischen Einflusses auf das deutsche kirchliche Leben.[9]

Ähnlich verhielt es sich mit dem Bonner Professor Anton Jirku (1885–1972), Deutscher Christ und ab 1933 Mitglied der Nationalsozialistischen Deutschen Arbeiterpartei. 1935 sagte er: «Wir können hier in Bonn nur Professoren gebrauchen, die ein inniges Verhältnis zum Nationalsozialismus haben.»[10] Jirkus Entlassung führte dazu, dass Martin Noth (im Zweiten Weltkrieg schwer geprüft) Professor in Bonn werden konnte.

Gerade in der akademischen Disziplin Altes Testament hatte das Dritte Reich einen grossen Flurschaden hinterlassen. Es ist dies ein wesentliches Moment, vor dessen Hintergrund sich der nach dem Zweiten Weltkrieg ins Leben gerufene Neukirchener Kommentar abhebt. Der «Biblische Kommentar Altes Testament» wollte dieses für Theologie und Kirche rehabilitieren, es neu auf den Leuchter heben. Die Herausgeber hatten den «Plan einer mit allen Mitteln der Wissenschaft gearbeiteten und zugleich auf die kirchliche Verkündigung zielenden Kommentierung des Alten Testaments».[11] Charakteristisch für den Geist, der hinter dem «Biblischen Kommentar Altes Testament» steht, sind Sätze Hans Walter Wolffs (1911–1993), die er an die Spitze seines Kommentars über das Zwölfprophetenbuch stellte:

---

7 Nach: Levinson (vgl. die vorangehende Anmerkung), S. 246.

8 Rudolf Smend: Zwischen Mose und Karl Barth. Akademische Vorträge. Tübingen 2009, S. 186.

9 Wikipedia, Artikel «Johannes Hempel» (06.03.2014).

10 Nach: Ernst Klee: Das Personenlexikon zum Dritten Reich, Frankfurt am Main 2007, S. 287.

11 Rudolf Smend: Deutsche Alttestamentler in drei Jahrhunderten. Göttingen 1989, S. 289.

«Das alte Wort sucht seinen gegenwärtigen Hörer. Als Text wartet es auf seinen künftigen Hörer. Der Kommentar kann nicht schliessen, ohne die Anrede des Textes an den heutigen Hörer zu erfragen, wenn anders diese Frage den Ausleger an die Arbeit gesetzt hat. Es hiesse aber willkürlich, nämlich ungeschichtlich, fragen, wenn dabei das weltgeschichtliche Ereignis Jesus Christus übergangen würde. Darum suchen wir die vergleichbare neutestamentliche Botschaft. Wie hat das prophetische Wort hier sein ‹Ziel› gefunden? Als Ende? Als Verwirklichung? Als neue Vollmacht? [...] Der Kommentator sucht andeutend bis an jene Stelle zu führen, an der das prophetische Wort das Ereignis Jesus Christus als Wort Gottes heute verdeutlicht.»[12]

Auch Walther Zimmerlis Bemerkung im Vorwort zu seinem Ezechielkommentar dokumentiert den auf die kirchliche Verkündigung ausgerichteten Geist des Neukirchener Projekts:

«Ezechiel, der ‹Theologe› unter den Propheten mit seiner steilen und herben Verkündigung [...] macht es auch seinem Ausleger nicht leicht. Aber eben in dieser Herbheit und Strenge führt er in Tiefen der Wirklichkeit Gottes, die kein Vordergründiges zu fürchten brauchen.»[13]

Ezechiel sei Verkündiger «der heiligen Majestät und Treue Gottes».[14]

Jesaja gehört zu den am meisten haften bleibenden Figuren im Alten Testament.

Das nach ihm benannte biblische Buch galt seit je als besonders wichtig. Für die christliche Kirche enthält es fundamentale Texte, um nur zwei Beispiele zu nennen, das Trishagion – «sanctus, sanctus, sanctus» (heilig, heilig, heilig) –, das in jeder Messfeier gesungen wird,[15] und die Vorstellung – gemäss der griechischen Übersetzung des Alten Testaments –, dass eine «Jungfrau» schwanger wird, einen Sohn gebärt und diesen «Immanuel» (Gott mit uns) nennt.[16]

Als Ganzes entfaltet das Buch Jesaja ein gewaltiges Panorama. Es beginnt im 8. Jahrhundert vor Christus, als Assyrien die dominierende Weltmacht war, blickt weiter auf die neubabylonische Zeit und auf die der Perser. Am Schluss wird die Perspektive noch einmal ausgeweitet. Gott spricht: «Denn seht, ich schaffe einen neuen Himmel und eine neue Erde.» (Jes 65,17.)

---

12 Hans Walter Wolff: Dodekapropheton 1. Hosea. Zweite, verbesserte und ergänzte Auflage. Neukirchen-Vluyn 1965. (Biblischer Kommentar, Altes Testament, XIV,1.) Aus dem Vorwort zur ersten Auflage von 1961, nicht paginiert.

13 Walther Zimmerli: Ezechiel. 1. Teilband. Ezechiel 1–24. Neukirchen-Vluyn 1969. (Biblischer Kommentar, Altes Testament, XIII,1.) S. VII.

14 A. a. O., S. VIII.

15 Jes 6,3.

16 Jes 7,14.

Das Bild Jesajas von Michelangelo in der Sixtinischen Kapelle, Rom (Herman Grimm, Michelangelo. Sein Leben in Geschichte und Kultur seiner Zeit, der Blütezeit der Kunst in Florenz und Rom, Berlin 1967, Tafel 48)

Bis in die Zeit der Aufklärung machte es denen, die das Buch Jesaja lasen, keine Mühe, dass ein Prophet um 700 vor Christus vom persischen König Kyros II. sprechen kann (und seinen Namen kennt), der 539 vor

Christus – also einige Generationen später – Babylon erobern würde.[17] «Nachdem schon [der jüdische Gelehrte] Ibn Esra (ca. 1055–1138) Jesaja 40–66 einem Propheten der Exilszeit zugesprochen hatte [...], setzte sich diese Auffassung seit J. G. Eichhorns einflussreicher ‹Einleitung in das Alte Testament› (1782) in der historisch-kritischen Exegese durch.»[18] Die dritte Auflage des Jesajakommentars von Franz J. Delitzsch (1879) ist der letzte grosse wissenschaftliche Kommentar in der deutschen evangelischen Forschung, der von der Einheit des Buches ausging. Aber selbst Delitzsch vollzog in seiner vierten Auflage (1889) den Schritt zur Anerkennung eines «Deuterojesaja».[19] Dass im Neukirchener Kommentar das Buch Jesaja aufgeteilt wurde – Wildberger musste Jesaja 1–39 kommentieren, sein Tübinger Kollege Karl Elliger (1901–1977) die folgenden Kapitel – hing mit dieser literarkritischen Sicht zusammen.[20]

Wildberger hielt sich streng an die Vorgaben Martin Noths, der die Anlage des «Biblischen Kommentars Altes Testament» zusammen mit Hans-Joachim Kraus entworfen hatte. Seine Nennung als eigentlicher Herausgeber in den ersten Jahren war nicht bloss Dekor. Bis wenige Jahre vor seinem Tod hat Noth alle Lieferungen allein betreut.[21] «Die regelmässigen Arbeitstagungen der Mitarbeiter im Verlagshaus unter [seiner] Leitung haben dem Entstehen und dem Fortgang des Kommentars sein besonderes geistiges Gepräge gegeben.»[22]

Der Jesajakommentar Wildbergers ist vergleichsweise lang. (Gemessen am Umfang des Bibeltextes sind Zimmerlis Ezechiel- und Westermanns Genesiskommentar kürzer.) Ein eher übelgelaunter Rezensent schrieb 1980: «Sehr umfangreich ist der Kommentar von Wildberger, der für die Exegese von Jes 1–12 rund 500 Seiten benötigt.»[23] Verschiedene Faktoren

17 Vgl. z. B. Jes 45,1: «So spricht der Herr zu seinem Gesalbten Kyros.»

18 Othmar Keel: Die Geschichte Jerusalems und die Entstehung des Monotheismus. Teil 1. Göttingen 2007, S. 371.

19 In Anlehnung an: Eddy Lanz: Jesaja 36–39 und ihre Bedeutung für die Komposition des Jesajabuches. Ohne Ort 2002, S. 36. Vgl. Franz J. Delitzsch: Das Buch Jesaja. 3. und 4. Auflage, Leipzig 1879 und 1889.

20 Vgl. Karl Elliger: Deuterojesaja. 1. Teilband, Jesaja 40–45,7. Neukirchen-Vluyn 1978. (Biblischer Kommentar, Altes Testament, XI,1.) Elliger konnte seinen Teil des Projekts nicht beenden, da er 1977 starb. Die Fortsetzung wurde von Hans-Jürgen Hermisson, Bonn, übernommen. Gemäss Verlagsangaben wird «Tritojesaja» (Jesaja 56–66) von Judith Gärtner vorbereitet.

21 Martin Noth: Könige. 1. Teilband. Neukirchen-Vluyn 1968. (Biblischer Kommentar, Altes Testament, IX,1.), Vorwort, unterzeichnet von Hans Walter Wolff und Werner Braselmann, nicht paginiert.

22 A. a. O.

23 Georg Fohrer: Neue Literatur zur alttestamentlichen Prophetie (1961–1970). In: Theologische Rundschau, 45. Jahrgang, Heft 1, 1980. S. 1–39, hier S. 8. Fortan abgekürzt mit: «Fohrer».

Schutzumschlag, 1. Auflage, Bd. 1

trugen dazu bei: Einerseits ist der Text des Jesajabuches vielschichtig und komplex. Die Rekonstruktion der Entstehungsgeschichte ist dornenvoll. Anderseits gab sich Wildberger viel Mühe, den Text nicht nur zu erklären, sondern auch die verwickelte Forschungsgeschichte zu referieren. Bis heute werden die reichen Literaturangaben – zurückreichend bis ins

Altertum – gerne benutzt. Das Verzeichnis «Ausgewählte neuere Literatur» am Schluss des dritten Bandes[24] umfasst 24 eng bedruckte Seiten. Dazu kommen Literaturnachträge im gleichen Band,[25] abgeschlossen 1979, noch einmal 12 Seiten, nachdem bereits die Kommentierung selbst reiche Literaturangaben – nicht nur aus dem deutschen Sprachgebiet, sondern auch aus anderen Kulturen – enthalten hatte. Auch Forscher, die eine andere Sicht als Wildberger vertraten (z. B. Otto Kaiser), haben dies gewürdigt.[26] Analoges wäre über Wildbergers Angaben zur Textkritik auszuführen (was den Rahmen dieser Publikation sprengen würde).

Inhaltlich ist es erhellend, Wildbergers Jesajakommentar mit demjenigen Bernhard Duhms zu vergleichen,[27] der als Klassiker gilt und den Rudolf Smend ein «Glanzstück [...], bis heute nicht übertroffen», nannte.[28] Wildberger bewunderte seinen ehemaligen Hebräischlehrer[29] und lobte sein «Fingerspitzengefühl».[30] In direkter Nachfolge Duhms übte auch er die Methode der Literarkritik, indem er zwischen «echten» Prophetenworten und späteren Fortschreibungen und Neuinterpretationen unterschied.

Aus heutiger Sicht immer noch zu optimistisch, meinte er, «nicht einmal ganz zwei Fünftel des gesamten Bestandes [von Jes 1–39], nämlich 304 von 765 Versen», dem ursprünglichen Jesaja zuschreiben zu können.[31] Gelegentlich spricht man heute in diesem Zusammenhang von einer «maximalisierenden» Zuweisung von Texten, im Unterschied zur «minimalisierenden» Otto Kaisers.[32] Im Unterschied zum zuletzt Genannten halten heutige Exegeten wieder mehr Jesajatexte für «echt». Der Freiburger Gelehrte Othmar Keel sagt es so:

> «Grundsätzlich gilt bei jeder Wahrheitsfindung die ‹Unschuldsvermutung›. Wenn O. Kaiser forderte, ‹dem Propheten grundsätzlich jedes Wort abzusprechen, das auch aus einer anderen Zeit erklärt werden kann› [...], stellte er ein bewährtes juristisches

24 Jesaja 3, S. 1714–1738.

25 A. a. O., S. 1496–1508.

26 Otto Kaiser, Artikel «Jesaja/Jesajabuch» in TRE 16, Berlin und New York 1987, S. 656.

27 Vgl. Bernhard Duhm: Das Buch Jesaja. 5. Auflage. Mit einem biographischen Geleitwort von Walter Baumgartner. Göttingen 1968.

28 Rudolf Smend: Deutsche Alttestamentler in drei Jahrhunderten. Göttingen 1989, S. 122f.

29 Vgl. oben, S. 20ff.

30 Hans Wildberger: Die Völkerwallfahrt zum Zion. In: Vetus Testamentum, Vol. VII, 1, Leiden 1957, S. 62–81, hier S. 71.

31 Jesaja 3, S. 1510.

32 Vgl. Konrad Schmid: Artikel «Jesaja/Jesajabuch» in RGG, 4. Auflage, Bd. 4, Tübingen 2001, Sp. 455. Zu Kaiser vgl. oben, S.13f.

Prinzip auf den Kopf und führte die (deutschsprachige) Exegese in eine Sackgasse, aus der sie zur Zeit mühsam wieder herausfindet.»[33]

Besonders in Zweifel gezogen wird von vielen die «Echtheit» von Jes 2,2–4 (Völkerwallfahrt zum Zion), Jes 8,23aβ–9,6 (Das grosse Licht) und Jes 11, 1–9 (Messias und Friedensreich), den berühmten Ausblicken auf ein zukünftiges Heil. An diesem Punkt ist es vielleicht nicht überflüssig, daran zu erinnern, dass auch der kritische Bernhard Duhm für die Echtheit der drei Abschnitte eingetreten war. Die Beurteilung dieser Texte hängt u. a. damit zusammen, ob man in Jesaja nur einen Unheils- oder auch einen Heilspropheten erblickt, ob man ihm zutraut, gewissermassen dialektisch zu reden: Gott ist Richter, aber auch Erlöser. Wildberger sah den Sachverhalt so:

«Jesaja konnte auf härteste Kritik seiner Zeitgenossen nicht verzichten, aber ebenso wenig auf die Heilsvorstellungen, die mit dem Zion verbunden waren. Dass er die Spannungen durchgehalten hat, ist der Grund mancher Nöte, die seine Hinterlassenschaft dem Ausleger bereitet, aber dass er sie durchhielt, gehört zur einmaligen Grösse seiner Verkündigung.»[34]

Wildberger war in den letzten Jahren seines Lebens allerdings dann doch der Meinung, dass er für die «Echtheit» von Jes 2,2–4 nicht durchs Feuer gehen würde.[35] Wohl meine er aber gezeigt zu haben, dass die Vorstellung von einer Völkerwallfahrt zum Zion im 8. Jahrhundert vor Christus jedenfalls nicht unmöglich gewesen sei, sofern man die Traditionsgeschichte ernst nehme. – Das Etikett «maximalisierend» dürfte Wildberger dennoch nicht wirklich treffen. Dass es «unechte» Texte im Buch Jesaja gibt und dass diese ebenfalls ernst genommen werden müssen, war für ihn immer eine Selbstverständlichkeit gewesen.

«Wenn gelegentlich von jesajanischen und nichtjesajanischen, ‹echten› und ‹unechten› Abschnitten im Jesajabuch gesprochen wird, so ist damit keinesfalls ein Werturteil gemeint. Es ist zwar unübersehbar, dass sich die jesajanischen Teile in der Regel sowohl durch die Präzision der Sprache, die Treffsicherheit der Metaphern und Bilder und erst recht durch das theologische Gewicht ihrer Botschaft deutlich von sekundären Partien abheben. Es ist nicht willkürlich, dass man Jesaja als den grossen Meister betrachtet hat, dem man die eigene Meinung unterordnen wollte. Aber grundsätzlich darf die Botschaft der sekundären Partien nicht abgewertet werden: Jesaja, der Sohn des Amoz, ist innerhalb der 66 Kapitel des Jesajabuches nur *ein*, wenn auch ein hervorragender, Zeuge des Gottes Israels; neben ihm stehen viele

33 Othmar Keel: Die Geschichte Jerusalems und die Entstehung des Monotheismus. Teil 1. Göttingen 2007, S. 373.

34 Jesaja 3, S. 1602.

35 Es ist dies wohl der Grund, weshalb Wildbergers Aufsatz «Die Völkerwallfahrt zum Zion» (vgl. unten, S. 204) nicht in «Jahwe und sein Volk» aufgenommen wurde.

andere. Es gibt auch ‹unechte› Abschnitte von grosser dichterischer Schönheit und (oder) von bedeutender theologischer Relevanz.»[36]

Wildbergers Sicht ist in diesen Sätzen klar. Die Unterstellung, dass er sie «nur mit halbem Herzen»[37] formuliert habe, ist unfair. Bereits in der Einleitung dieses Buches[38] wurde auf die Auslegung von Jes 13 hingewiesen. Das offensichtlich unechte Lied über den Sturz Babels wurde von Wildberger mit grosser Sorgfalt ausgelegt und wegen seiner dichterischen Qualität gerühmt. Instruktiv ist, wie er das Weinberglied in Jes 5 und das andere in Jes 27 in Beziehung zu einander setzt – als Beispiel dafür, wie in einer völlig anderen Situation anders als in der Zeit des historischen Jesaja geredet werden *musste*: In beiden Texten wird die Metapher Weinberg für das Volk Israel gebraucht. In Jes 5, gemäss Wildberger formuliert in einer Zeit des Wohlstands, wird das Gericht angesagt. Zur Zeit, in der Jes 27 geschrieben wurde, lag die Katastrophe bereits zurück. «Dort Gerichtsankündigung, hier Zusage des Heils mit der ausdrücklichen Versicherung, dass das Gottesvolk nicht unter dem Zorn Jahwes stehe.»[39]

Aber Wildberger blieb trotzdem von der Einmaligkeit des historischen Jesaja überzeugt, die sich ihm in seiner langjährigen Beschäftigung mit den Texten aufgedrängt hatte:

«Die *überragende Grösse der Gestalt Jesajas* ist [...] keinesfalls zu verkennen. Nur wenige Ergänzer verfügen über eine Gewandtheit im Umgang mit der Sprache, eine theologische Einsicht und Weite, eine geistige Kraft und Kompetenz, welche mit der Jesajas wenigstens vergleichbar wäre. Jesaja ist eine der ganz grossen Gestalten im alten Israel, ja eine der schöpferischsten Persönlichkeiten im weiten Bereich des menschlichen Geistes überhaupt. Wenn bei den Späteren die Ankündigung von Heil, und das heisst bei ihnen in der Regel: eines Heils ohne Bedingungen, einen so breiten Raum einnimmt, stehen sie damit immerhin insofern in den Fussstapfen des grossen Meisters, als für diesen Jahwe, der Gott Israels und Starke Jakobs, der Herr des Zion ist und bleibt. Er richtet sein Volk, aber er vernichtet es nicht. Es wäre für Jesaja ein unmöglicher Gedanke gewesen, dass Gottes Verheissungen ungültig sein könnten, also am Ende nicht zur Erfüllung kommen würden.»[40]

«[Jesaja] sucht Gehör, Verständnis und Gehorsam seines Volkes und versteht sich nicht einfach als Künder von Segen oder Fluch. So ist denn die schriftliche Fixierung

---

36 Hans Wildberger: Königsherrschaft Gottes. Jesaja 1–39. Teil 1. Das Buch. Der Prophet und seine Botschaft. Teil 2. Die Nachfahren des Propheten und ihre Verkündigung. Der Text. Neukirchen 1984, S. 6f. In der Folge abgekürzt mit: «Königsherrschaft».

37 Uwe Becker: Jesajaforschung (Jes 1–39), in: Theologische Rundschau, 64. Jahrgang, Heft 1, 1999, S. 1–37, hier S. 5. Vgl. unten, S. 169ff.

38 Vgl. oben, S. 10.

39 Jesaja 3, S. 1012.

40 A. a. O., S. 1683.

Ausdruck der Hoffnung, Israel werde doch noch einmal für seine Botschaft offener als in der Gegenwart sein.»[41]

Bernhard Duhm hatte in seinem Kommentar vor allem versucht, «in die Persönlichkeit des Schriftstellers selber so tief wie möglich einzudringen».[42] Auch Wildberger interessierte sich für diese Persönlichkeit. Geprägt durch die Dialektische Theologie und ihre Abneigung gegen jeden Psychologismus sah er in Jesaja aber weniger ein religiöses Genie, sondern in erster Linie einen genialen Theologen. Nicht umsonst ist das umfangreichste Kapitel seiner an eine breitere Öffentlichkeit adressierten späten Jesajamonographie mit «Die theologische Leistung Jesajas» überschrieben.[43]

Zusammenfassend schilderte er Jesaja im Schlussteil seines Kommentars:

> «Das Auftreten Jesajas war offensichtlich in weitem Umfang durch die weltpolitische Lage und die jeweilige Reaktion der jerusalemischen Staatsführung auf sie bestimmt. Als scharfer Wächter begleitet der Prophet die Diplomatie Jerusalems und schlägt, wo er Gefahr sieht, Alarm. Er beruft sich dabei auf Offenbarung und weiss sich zu seinem Eingreifen von Gott mandatiert. Sowenig er sich als Sozialkritiker verstand, sowenig als Politiker; seine Haltung ist nicht *actio*, sondern *re-actio*. Die Propheten entwerfen kein ökonomisch-soziales Programm, sondern nehmen ihre kritische Aufgabe von der Grundforderung von משפט[44] und צדקה[45] her wahr. Ebenso entwirft Jesaja kein *politisches* Programm, sondern begnügt sich mit dem Aufruf zum ‹Schauen auf Jahwe›, was sich allerdings sofort in entsprechendem politischem Entscheiden zu manifestieren hat.»[46]
> «Jesaja war weder Lehrer der Weisheit noch einfach Übermittler althergebrachter religiöser Glaubensinhalte, er war *Prophet*; er war nicht Gralshüter, sondern Seher, nicht Verwalter eines grossen Erbes, sondern Gesandter, der von seinem Gott auf den Weg geschickt worden ist […]. Im Brennpunkt seiner Botschaft steht *seine* persönliche Gotteserfahrung, Jahwe hat ihn gepackt und in seinen Dienst gestellt. [Man kann] mit einiger Aussicht auf Erfolg versuchen, Jesajas ‹geistige Heimat› sichtbar zu machen; *das Geheimnis der Begegnung mit seinem Gott* und des Gespräches, in das dieser mit ihm eingetreten ist, kann nur im Nachvollzug des Glaubens erahnt werden. Aber so viel lässt sich klar erkennen: dass dieser Gott für ihn eine übermächtige, ihn ganz beanspruchende, ja ihn verzehrende und doch zugleich eine ihn freisetzende, ihn zu klarster Erkenntnis führende und zur Verkündigung des Wortes in Vollmacht und Kraft in ausserordentlicher Weise befähigende Wirklichkeit gewesen ist.»[47]

---

41 A. a. O., S. 1549.
42 Bernhard Duhm: Das Buch Jesaja. 5. Auflage. Mit einem biographischen Geleitwort von Walter Baumgartner. Göttingen 1968, S. 2.
43 Königsherrschaft, S. 75–147.
44 Mischpat, Wildberger übersetzt in Jes 5, 7: «Rechtsspruch».
45 Zedaqa, Wildberger übersetzt in Jes 5,7: «Bundestreu[e]».
46 Jesaja 3, S. 1583.
47 A. a. O., S. 1633.

In seiner Dissertation über den Propheten Jeremia hatte Wildberger versucht, Gotteswort und Menschenwort zu unterscheiden.[48] Bei Jesaja sah es für ihn anders aus:

> «Es ist […] letztlich nicht möglich, bei [Jesaja] unter theologischem Aspekt Jahwe- und Prophetenwort auseinanderzuhalten: Das Jahwewort ist nur präsent in der Sprache des Propheten, und was der Prophet von sich aus zu sagen scheint, ist ohne Berücksichtigung des von ihm beanspruchten ‹Schauens Jahwes› nicht richtig einzustufen.»[49]

Jesajas Beziehung zur Tradition der Weisheit bringt Wildberger so auf den Punkt:

> «Jesaja macht von der Weisheit zwar intensiven, aber durchaus, und sicher bewusst, *selektiven* Gebrauch. Er kann *Weisheit gegen Weisheit* ausspielen, er bejaht grundsätzlich das weisheitliche Ethos und kann doch gegen solche, die sich auf ihre Klugheit berufen, sehr wohl und sehr scharf kritisch sein.»[50]

Behaltenswert ist Wildbergers Beobachtung, Jesaja verwende «nicht eine festgeprägte Begrifflichkeit, wie sie der präzisen Sprache der Theologie eignet».[51]

Wildbergers Einzelauslegungen können in diesem Rahmen nicht analysiert werden. Weil der Glaubensbegriff besonders für die evangelische Theologie eine Schlüsselfunktion hat, wenigstens dieses eine Beispiel: Wie im Kapitel «Zur Theologie des Alten Testaments» bereits ausgeführt,[52] hatte Wildberger über das das Wort «Glaube» intensiv nachgedacht, bei Jesaja ein zentraler Ausdruck: «Glaubt ihr nicht, so bleibt ihr nicht!» (Jes 7,9) – «Wer glaubt, weicht nicht.» (Jes 28,16)

Für Wildberger sind diese beiden Stellen so etwas wie eine Klammer, die die ersten 39 Kapitel des Buches Jesaja zusammenhält, bzw. eine Achse, die durch alle hindurchgeht. Glaube in diesem Sinn ist etwas anderes als ein Fürwahrhalten.

> «Mit [dem Satz ‹Glaubt ihr nicht, so bleibt ihr nicht!›] liegt eine theologische Leistung Jesajas vor, die im Alten Testament wohl einmalig ist: Glauben heisst nicht, die Israel/Jerusalem gegebenen Verheissungen für wahr halten und sich im Blick auf sie gesichert […] wähnen […]. ‹Glaube› kann nur ein sich binden-, sich verpflichtenlassendes, die Verheissung in das eigene Verhalten hineinnehmendes Vertrauen sein. Das heisst, *Verheissung und Glaube* können nur in *totaler Zusammenschau* Wirk-

---

48 Vgl. oben, S. 74f.
49 Jesaja 3, S. 1595.
50 A. a. O., S. 1626.
51 Jesaja 3, S. 1643.
52 Vgl. oben, S. 121f.

lichkeit sein. – Genau so wird in 28,16 der Glaube falschen politischen Entscheidungen entgegengestellt. Die Unüberwindlichkeit des Zion [d. h. das Vertrauen darauf, dass Gott Jerusalem nicht preisgeben werde] ist kein objektiv gültiges, zementiertes Dogma, sondern eine Verheissung, die in einem sich von ihr bestimmenlassenden Glauben aufgenommen sein will.»[53]

In seiner späten Jesajamonographie formulierte Wildberger es so:

«Glauben, hä'ᵃmin, *darf nicht* billige Vertrauensseligkeit sein. Glauben heisst auch keineswegs, dogmatische Sätze [...] für wahr halten, so gewiss der Glaube sich an ihnen aufrichtet. Glauben meint: es wagen, seine Sache ganz auf Gott zu stellen, und dann zuversichtlich einer Wirklichkeit begegnen, die durchaus Anlass zum Fürchten geben könnte. Glaubenssätze sind dementsprechend nicht einfach ewige Wahrheiten, über die man sich tiefsinnige Gedanken machen kann, sondern Wahrheiten, durch die der Mensch in konkreten Situationen zur Bewährung herausgefordert ist. Glauben ist nur möglich in Entscheidungen, welche die Verheissungen Gottes in den eigenen Lebensvollzug hineinnehmen. Von besonderer Bedeutung ist natürlich, dass Glaube und Verwirklichung von Gerechtigkeit nicht zu trennen sind.»[54]

Einmal mehr zeigt sich hier Wildbergers Beharren auf dem Sich-in-der-Praxis-Bewähren des Glaubens bzw. auf der Bedeutung der Ethik.

Wildbergers Jesajakommentar hat eine erzählenswerte Nachgeschichte: Er war und blieb ein buchhändlerischer Erfolg. Die erste Auflage (3000 Stück) von Bd. 1 war bald ausverkauft, worauf 1980 eine zweite, verbesserte erschien. Weitere Neuauflagen folgten, zuletzt 2011 eine kartonierte Studienausgabe des dritten Bandes, der wegen der zusammenfassenden Einleitung am Schluss besonders häufig nachgefragt wird.

Der an der Concordia University in Saint Paul (Minnesota) tätige amerikanische Alttestamentler Thomas H. Trapp (* 1946), ein Schüler Hans Walter Wolffs, machte sich 1987 daran, Wildbergers Kommentar ins Englische zu übersetzen, eine Arbeit, die ihn neben seiner Hauptbeschäftigung als akademischer Lehrer und Pfarrer während 15 Jahren in Anspruch nahm. Die drei amerikanischen Bände erschienen 1991, 1997 und 2002 bei Fortress Press, Minneapolis (Minnesota), im Rahmen der Reihe «A Continental Commentary».[55] Gemäss Klappentext wird das Werk von angesehenen Alttestamentlern in den USA warm empfohlen.

Im Vorwort des zweiten Bandes schrieb Trapp im August 1997:

«Hans Wildberger studied the concept of history in the book of Isaiah. He perceived that the text maintained again and again that God was at work, even though

53 Jesaja 3, S. 1663.

54 Königsherrschaft, S. 116.

55 Hans Wildberger: Isaiah 1–3. Translated by Thomas H. Trapp. Minneapolis 1991–2002.

unseen, in the events of history. Those who would shape their lives according to what God was already doing would be at peace and would be helped through rough times. Those who believed that they had to take matters into their own hands, by oppressing fellow citizens or seeking treaties with other nations to help them survive, would continue to make matters worse. Some day, God would finally gather the faithful together and celebrate a banquet, one at which all who recognized God's lordship would be at peace and all who fought God would perish. Such words continue to need to be heard. Such a framework for life continues to provide hope in this world. Wildberger has helped me to hear Isaiah and Isaiah has helped me hear God's voice. For that, I am thankful.»[56]

John Bright (1908–1995), Verfasser des einflussreichen Buches «A History of Israel» (1959), schrieb auf dem Klappentext des Kommentars:

> «This excellent commentary is certainly the most exhaustive of works available on the chapters with which it deals. I recommend it unreservedly to all serious students of the Old Testament.»

Roland E. Murphy (1917–2002), Karmeliter und Professor für Biblische Studien an der Duke University in Durham (North Carolina), fügte an derselben Stelle hinzu:

> «Wildberger's commentary has turned out to be his *Lebenswerk*, and [this translation] is itself a noble tribute to a scholar who is theologically sensitive, aware of differing opinions, and fair in dealing with them. It is the best existing commentary on the book of Isaiah.»

In den Vereinigten Staaten läuft der Jesajakommentar bis heute gut. Gemäss Verlagsangaben wurden allein 2011 über 600 Exemplare verkauft.[57] (Nur nebenbei sei vermerkt, dass Wildbergers Monographie «Königsherrschaft Gottes» ins Japanische übersetzt und 1998 in Tokyo[58] publiziert wurde.)

Ein weiterer Amerikaner, der Wildbergers Jesajakommentar schätzte, war John D. W. Watts (1921–2013), 1963–1969 Präsident des Baptist Theological Seminary in Rüschlikon bei Zürich. Sein eigener Jesajakommentar ist Wildberger gewidmet.[59]

Wenn man deutschsprachige Reaktionen auf Wildbergers Jesajakommentar durchgeht, entsteht ein zwiespältiges Bild. Besonders in Zürich war die Aufnahme herzlich. Die «Neue Zürcher Zeitung», widmete dem Werk

---

56 A. a. O., Bd. 2, S. X.

57 E-Mail von Gabriele Zimmermann vom Neukirchener Verlag an F. J. am 20. März 2014.

58 Kami-no-ōteki-shihai: Izaya-sho 1–39 shō/H. Virutoberugā cho. Ooshima Chikara; Kanai Yoshihiko yaku. Tōkyō 1998.

59 John D. W. Watts an Hans Wildberger am 6. Februar 1986 (F.). Vgl. John D. W. Watts: Isaiah 1–33. Word Biblical Commentary. Waco (Texas) 1985.

insgesamt vier Artikel. Hanno Helbling, der in der Redaktion für das Theologische federführend war und Wildberger offensichtlich schätzte, beauftragte zunächst Hans Bühler (*1928), Pfarrer in Zürich-Fluntern, einen publizistisch überaus aktiven Theologen, die erste Lieferung zu besprechen. Nachdem der erste Band vollendet war, gab es einen weiteren Artikel und noch einmal einen bei Abschluss des zweiten Bandes.[60] Die Redaktion stellte dem Rezensenten viel Raum zur Verfügung. Dieser feierte den Kommentar geradezu als ein theologiegeschichtliches Ereignis. Immer neu benutzte er das Wort meisterhaft. Schon vor Erscheinen des dritten Bandes könne man sagen, «dass Wildbergers Kommentar für lange Zeit *die* Grundlage der Jesaja-Forschung» sein werde.[61]

Als Wildbergers Werk abgeschlossen war, bat Redaktor Helbling den in Tübingen wirkenden, international hoch angesehenen katholischen Exegeten Herbert Haag um eine weitere, zusammenfassende Besprechung.[62] Seit ihrer gemeinsamen Zeit in Luzern waren Wildberger und Haag befreundet. 1969 hatte Haag im Luzerner «Vaterland» einen liebenswürdigen Artikel «Professor Hans Wildberger zum 60. Geburtstag» publiziert,[63] in dem er u. a. geschrieben hatte: «Du glaubst gar nicht, wie ungeduldig ich von einer Lieferung [des Jesajakommentars] auf die andere warte.» In seinem Artikel in der «Neuen Zürcher Zeitung» hebt er zustimmend hervor, dass der Kommentar «eine behutsame Mitte» gefunden habe. Nur äusserst zurückhaltend bzw. vorsichtig – Haag meint dies zustimmend – gehe Wildberger mit Jesajas Berufung um. Wildberger vermeide es, von Ekstase oder mystischer Vereinigung zu sprechen. Aus dem Kommentar zitiert Haag: «Was Jesaja schaut, ist nur Vorbereitung auf die Berufung, die sich im klaren, zum Dienst sendenden Wort vollzieht.»[64] Haag schliesst seinen Artikel:

> «Es trifft sich gut, dass das Erscheinen dieses grossen Werkes mit dem Jubiläum des 150-jährigen Bestehens der Universität Zürich[65] zusammenfällt. Feste und Feiern können ja nur den Sinn haben, die stille Arbeit, die an einer Universität geleistet

60 Hans Bühler: Neuer Jesaja-Kommentar, Neue Zürcher Zeitung, Nr. 1619 vom 14. April 1966. – Derselbe: Hans Wildbergers Jesaja-Kommentar, Neue Zürcher Zeitung, Nr. 405 vom 2. September 1974. – Derselbe: Wildbergers Jesaja-Kommentar, Der zweite Band, Neue Zürcher Zeitung, Nr. 228 vom 2. Oktober 1979. (Auch «Königsherrschaft Gottes» wurde in der Neuen Zürcher Zeitung breit gewürdigt: Max Schoch: Jesaja. Zu dem Werk von Hans Wildberger. Neue Zürcher Zeitung, Nr. 95 vom 25. April 1985.)

61 Schlusssatz der dritten Besprechung Bühlers.

62 Herbert Haag: «Zeuge für künftige Zeiten.» Zum Abschluss von Hans Wildbergers «Jesaja», Neue Zürcher Zeitung, Nr. 69 vom 11./12. Juni 1983.

63 Herbert Haag: Professor Hans Wildberger zum 60. Geburtstag, in Vaterland, Nr. 301 vom Mittwoch, 31. Dezember 1969, S. 3.

64 Jesaja 1, S. 244.

65 Diese wurde in ihrer heutigen Form 1833 gegründet.

wird, öffentlich anzuerkennen. Die Qualität einer Hochschule wird bestimmt durch die Qualität ihrer akademischen Forscher und Lehrer.»

Bereits zum siebzigsten Geburtstag Wildbergers hatte sein Nachfolger auf dem Lehrstuhl, Hans Heinrich Schmid, ebenfalls in der «Neuen Zürcher Zeitung» geschrieben:

«Nicht von einem fernen, metaphysischen Gott spricht Hans Wildberger, sondern von dem Gott, der sein Volk beruft, segnet und richtet – und darin in grenzenloser Zuwendung trägt. Das ist auch der Grundtenor im Hauptwerk des Jubilars, seinem unmittelbar vor der Vollendung stehenden, annähernd 1500 Seiten zählenden, monumentalen Kommentar zum Buch Jesaja. Dieser dreibändige Kommentar [...] stellt schon heute ein Standardwerk dar. In seiner umfassenden Aufarbeitung der modernen Jesaja-Forschung, in seinen gründlichen Einzelerörterungen unter Anwendung aller heute verfügbaren exegetischen Methoden sowie insbesondere in seinen neu formulierten traditions- und religionsgeschichtlichen Fragestellungen setzt das Werk für die Jesaja-Forschung neue Massstäbe. Damit dient es gleichzeitig in eminentem Masse der heutigen Verkündigung des Wortes Gottes. [...] auch für den Forscher und akademischen Lehrer Wildberger blieb die Gemeinde der Ort, wo in erster Linie von Gott und seinem Volk zu reden ist.»[66]

Nicht überall im deutschsprachigen Raum tönte es so positiv. Für Wildberger war es wohl gut, dass Otto Kaisers Artikel «Jesaja/Jesajabuch» in der «Theologischen Realenzyklopädie» erst nach seinem Tod erschien.[67] Es war bereits davon die Rede, dass Kaiser Wildbergers Literaturangaben schätzte.[68] Umso mehr muss zu denken geben, dass er im Haupttext seines umfangreichen und gründlichen Artikels Wildberger kein einziges Mal namentlich erwähnt! Schon in der Einleitung dieses Buches wurde darauf hingewiesen, dass Kaiser in seinem Jesajakommentar eine grundlegend andere Sicht als Wildberger vertrat.[69] Das ist nicht verboten. Dass er in einem Orientierungsartikel, dessen Aufgabe es war, über den Forschungsstand zu informieren, Wildberger verschwieg, war dennoch starker Tobak.

66 Hans Heinrich Schmid: Hans Wildberger. Zum 70. Geburtstag des Zürcher Alttestamentlers. In: Neue Zürcher Zeitung, Nr. 303 vom 31. Dezember 1979. – Wenn Hans Heinrich Schmid in Peter Stadler (Herausgeber): Die Universität Zürich 1933–1983. Festschrift zur 150-Jahr-Feier der Universität Zürich, Zürich 1983, S. 247, schreibt, Wildberger habe die fernöstlichen Religionen «im Zusammenhang mit einer Gastprofessur in Kyoto/Japan [...] in direktem Kontakt» kennengelernt, täuscht er sich. Wildberger hatte zwar ein Gesuch um Beurlaubung zu diesem Zweck eingereicht, das gemäss den Personalakten im Universitätsarchiv auch bewilligt wurde, konnte diese Gastprofessur aber wegen der schweren Krankheit seiner Frau nicht antreten.

67 Otto Kaiser, Artikel «Jesaja/Jesajabuch» in TRE 16, Berlin und New York 1987, S. 636–658.

68 Vgl. oben, S. 158.

69 Vgl. oben, S. 13f.

Ähnlich steht es mit dem Forschungsbericht Georg Fohrers in der «Theologischen Rundschau» von 1980. Schon in einem anderen Zusammenhang wurde seine «übelgelaunte» Aussage über die aussergewöhnliche Länge des Kommentars zitiert.[70] Fohrer selbst hatte in den Sechzigerjahren einen eigenen Jesajakommentar publiziert, der in vielem von Wildberger abweicht.[71] Auch hier war dies sein gutes Recht. Anders als Kaiser stellte er Wildberger gleich am Anfang seiner Besprechung relativ ausführlich vor. Besonders stiess er sich an dessen Auslegung von Jes 7,14, der berühmten Stelle von der jungen Frau, die einen Sohn gebärt und ihn «Immanuel» (Gott mit uns) nennt. Fohrer interpretierte dieses «Zeichen» negativ: Das Kind wird in einer Notzeit geboren, und sein Name ist ein Notschrei (Gott möge mit uns sein!). Für Wildberger dagegen ist es ambivalent: Für den König ist es ein Gerichtszeichen. *Seine* (d. h. des Königs) junge Frau (so sei der Vers zu verstehen) beschäme den König durch die Namenswahl, mit der sie ihr Gottvertrauen ausdrücke. Für das Volk insgesamt sei das neugeborene Kind ein Heilbringer (der nachmalige König Hiskia). Trotz des Versagens von König Ahas habe die Dynastie der Davididen noch ihre Zukunft.[72]

Für Fohrer war das der Dialektik zu viel. Er konnte nicht akzeptieren, dass «das von Jesaja angekündigte Zeichen ambivalenten Charakter habe [...], indem es grundsätzlich Heil, für Ahas selbst jedoch schwerstes Unheil ankündige».[73] Fohrer schliesst seinen Abschnitt über Wildberger: «In mancher Hinsicht scheint dieser Kommentar mehr neue Fragen zu wecken als bisher gestellte zu beantworten.»[74]

Mehr in die Tiefe gehen die Rezensionen in der «Theologischen Literaturzeitung». Sie stammen von Werner H. Schmidt (*1935), einem der Mitherausgeber des Neukirchener Kommentars. Schmidt rezensierte umgehend die erste Lieferung und dann speditiv auch den ganzen Bd. 1.[75] Schmidt geht mit Wildberger wesentlich behutsamer um als Kaiser und Fohrer. Sein Respekt zeigt sich bereits darin, dass seine Rezensionen aussergewöhnlich lang sind. Er leugnet auch nicht, Wildberger verschiedene wichtige Einsichten zu verdanken. Es gebe «zum Teil sehr beachtenswerte exegeti-

---

70 Vgl. oben, S. 156.

71 Georg Fohrer: Das Buch Jesaja 1–3. Zürcher Bibelkommentare. Zürich und Stuttgart 1960, 1962 und 1964.

72 Jesaja 1, S. 295.

73 Fohrer, S. 8.

74 A. a. O.

75 Werner H. Schmidt: Rezensionen in Theologische Literaturzeitung, 92. Jahrgang, 1967, Nr. 10, Sp. 754–756, und a. a. O., 98. Jahrgang, 1973, Nr. 6, Sp. 424–428. In der Folge abgekürzt mit «Schmidt 1» und «Schmidt 2».

sche Einzelargumente».[76] Und doch ist seine Position letztlich ablehnend. Besonders wirft er Wildberger vor, «die Radikalität der Gerichtsdrohung Jesajas abzuschwächen».[77] Wenn Jesaja in Kapitel 8,17 sage: «Ich will hoffen auf Jahwe, der sein Antlitz vor dem Haus Jakobs verbirgt», heisse das doch wohl – so die Meinung Schmidts –: «Jesajas Erwartung richtet sich darauf, dass Jahwe ‹die Gerichtsankündigung seinerseits durch die richterliche Tat besiegele› [Lothar Perlitt]».[78] Schmidt fährt fort:

> «Darf man die Aussage paradox als Hoffnung auf den verborgenen Gott verstehen? Wildberger resümiert sogar: ‹Das letzte Ziel seiner (Jahwes) Wege mit Israel ist trotz allem Heil. Eines Tages wird Jesajas Botschaft gehört werden›.[79] […] Jesaja [hätte] die ‹Frage, ob es für das Gottesvolk nach diesem Versagen überhaupt noch eine Zukunft geben kann,[80] gewiss mit einem eindeutigen Nein beantwortet […].›»[81]

Auch sonst wirft Schmidt Wildberger vor, Aussagen Jesajas zu entschärfen:

> «Wie lässt sich […] der Satz ‹Israel ist Jahwes Volk, und seine Geschöpfe haben als solche ihre eigene Würde›[82] angesichts des Tatbestandes halten, dass Gott in Jesaja 6,9 nicht mehr von ‹meinem Volk›, sondern nur noch von ‹diesem Volk› spricht?»[83]

Schmidt möchte in «Glaubt ihr nicht, so bleibt ihr nicht» nicht die «Mitte der jesajanischen Botschaft» sehen.[84] Ebenso wenig hält er – auch wenn dies auf einer anderen Linie liegt – von Wildbergers Hypothese der Bekanntschaft Jesajas mit einer «Bundestradition»:[85]

> «Die Terminologie ‹Bund› fehlt […], und die Bedenken, sie in die Verkündigung Jesajas einzutragen, hat Lothar Perlitt eindrucksvoll zusammenfasst.»[86]

Bereits in der ersten seiner Rezensionen hatte Schmidt geschrieben:

> «Falls man schon von der ersten Lieferung her ein gewiss stark vorgreifendes Urteil über die Tendenzen dieses Jesajakommentars wagen möchte: Ausführliche Wortexe-

---

76 Schmidt 2, Sp. 425.
77 A. a. O.
78 A. a. O. Schmidt verweist hier und in der Folge auf: Lothar Perlitt: Bundestheologie im Alten Testament, Neukirchen 1969.
79 Jesaja 1, S. 353.
80 A. a. O., S. 174.
81 Schmidt 2, Sp. 425.
82 Jesaja 1, S. 249.
83 Schmidt 2, Sp. 426.
84 A. a. O.
85 A. a. O.
86 A. a. O.

gese, Zuneigung zum Bundeskult und wohl auch eine gewisse Abneigung gegenüber literarkritischen Unechtheitserklärungen sind seine Kennzeichen.»[87]

Zusammenfassend kann man sagen, dass Wildbergers Jesajabild für Schmidt zu kirchlich, zu beschwichtigend und zu fromm war. Kurz und gut: Über diese Rezensionen konnte er sich nicht wirklich freuen.

Im Februar 1999 erschien ein weiterer Forschungsbericht in der «Theologischen Rundschau».[88] Der Autor Uwe Becker (*1961) ist ein Jesajaspezialist der damals jüngeren Generation. In seiner Habilitationsschrift «Jesaja – von der Botschaft zum Buch»[89] war er dezidiert für eine Spätdatierung der meisten jesajanischen Teste eingetreten. Gemäss der Einschätzung Beckers stammen von den 671 Versen in Jes 1–39 nur «knapp zwanzig von dem Propheten selbst.»[90] Immerhin wollte er nicht so weit gehen wie 20 Jahre früher Otto Kaiser. Dessen Jesajaauslegung werde bis heute überwiegend kritisch bewertet und als zu radikal eingestuft.[91] Beckers Forschungsbericht galt primär Jesajaliteratur, die *nach* Wildbergers Kommentar erschienen war. Und doch ging er ausführlich auf ihn ein. Fast ungekürzt seien die Abschnitte hier zitiert, da er das Wesentliche auf den Punkt bringt:

«Doch bevor wir auf die neuen Ufer zusteuern, ein nostalgischer, vielleicht sogar wehmütiger Blick zurück. Die klassische, für viele nach wie vor grundlegende Position in der Jesajaexegese wird durch den 3-bändigen, fast 1800 Seiten umfassenden Kommentar *Hans Wildbergers* repräsentiert. Er bietet mit seiner gründlichen Aufarbeitung der Forschung und seinem konservativen Grundansatz nach wie vor einen soliden Ausgangspunkt für jede exegetische Bemühung um Jes 1–39, gerade auch dort, wo man zu völlig anderen Ergebnissen gelangen muss. Nach Vollendung dieses Werkes hat Wildberger unter dem Titel ‹Königsherrschaft Gottes› (1984) noch einmal eine kleine, 2-bändige Einführung in das Protojesajabuch vorgelegt, die als Zusammenfassung seines opus magnum gedacht ist. Die beiden Taschenbücher richten sich an interessierte Laien ebenso wie an solche, die im kirchlichen und katechetischen Dienst stehen und denen eine knappe, überdies gut lesbare ‹Darstellung der Problematik von Jesaja 1–39› (X) gewiss hochwillkommen ist. Dabei ist die dem 2. Band beigegebene Übersetzung von Jes 1–39 so angelegt, dass ‹auf den ersten Blick erkennbar› ist, ‹welche Partien der Verfasser für jesajanisch hält› (X). Dass Wildberger hier einen Maximalbestand an Worten (selbst umstrittene Stücke

87 Schmidt 1, Sp. 756.

88 Uwe Becker: Jesajaforschung (Jes 1–39). In: Theologische Rundschau, 64. Jahrgang, Heft 1, 1999. S. 1–37, und Heft 2, S. 1–37. Fortan abgekürzt mit: «Becker 1» und «Becker 2».

89 Uwe Becker: Jesaja – von der Botschaft zum Buch (FRLANT 178), Göttingen 1997.

90 Walter Dietrich: Jesaja – ein Heilsprophet? In: Theologische Rundschau, 64. Jahrgang, Heft 3, 1999, S. 324–337, hier S. 324.

91 Becker 2, S. 25.

wie Jes 9,1–6 oder 11,1–9) auf Jesaja selbst zurückführt, wird keinen Kenner des grossen Kommentars überraschen. Ungewohnt ist hingegen der relativ breite Raum, der den ‹Nachfahren des Propheten und ihrer Verkündigung› – so der Untertitel des zweiten Bandes – eingeräumt wird. Diese verhaltene Akzentverschiebung zugunsten der redaktionellen Anteile im Buch, die für die neuere Forschung eine grundlegende Bedeutung gewinnt, darf freilich nicht überbewertet werden. Wildberger beteuert zwar, dass die Unterscheidung von ‹echten› und ‹unechten› Worten kein Werturteil impliziert (6), doch das ist nur mit halbem Herzen gesagt. Denn es ist für ihn ‹unübersehbar, dass sich die jesajanischen Teile in der Regel sowohl durch die Präzision der Sprache, die Treffsicherheit der Metaphern und Bilder und erst recht durch das theologische Gewicht ihrer Botschaft deutlich von sekundären Partien abheben› (6). Der Prophet ist also doch der bessere Rhetor und Theologe; die ‹Nachfahren des Propheten› sind blosse Epigonen.
Es wäre voreilig, die geistesgeschichtlichen Voraussetzungen, die hier mitschwingen, allein im persönlichkeitsorientierten Prophetenbild des vergangenen Jahrhunderts zu verorten. Denn was Wildberger an der Person Jesajas heraushebt, ist nicht eigentlich seine göttliche Vollmacht und seine sittlich-religiöse Persönlichkeit, auch wenn beides natürlich eine wichtige Rolle spielt, sondern mehr noch seine denkerische Kraft und Originalität: Jesaja ist, so betont Wildberger, ganz und gar Theologe. Seine Verkündigung beruht auf einem ausgeprägten Denksystem, in dem sich die wesentlichen Loci einer traditionellen Dogmatik wiederfinden [...]. Und es ist dieser theologische Genius, der den hohen Rang des Jesajabuches begründet und den ‹echten› Worten des Propheten von vornherein eine grössere Bedeutung zukommen lässt. Wildberger steht, und deshalb ist seine Position hier ausführlicher wiedergegeben, für einen breiten Strom innerhalb der Forschung, der in der Gegenwart zwar schmaler geworden, aber keineswegs abgeebbt ist. Auch wenn man die Kategorien ‹echt› und ‹unecht› heute mit Anführungszeichen versieht oder ganz auf sie verzichtet, ist die Sache nach wie vor präsent: Immer noch gilt das, was der Prophet verkündet und getan hat, gegenüber dem ‹nur› Redaktionellen als wertvoller, als theologisch gewichtiger. Dabei ist unübersehbar, dass sich die Gewichte schon quantitativ längst zugunsten der redaktionellen Anteile verschoben haben. Immer deutlicher tritt zudem die hohe schriftstellerische und theologische Leistung der sogenannten Redaktoren hervor, die eben weit mehr waren als blosse Sammler und Tradenten prophetischer Logien. Sie waren schöpferische Autoren im Vollsinne des Wortes, und was sie hervorgebracht haben, war keineswegs weniger originell als das prophetische Gut selbst. Bei der nach wie vor berechtigten und notwendigen, aber nicht selten allzu optimistischen Suche nach den ‹echten› Worten des Propheten ist das Buch in den Hintergrund getreten, und es ist eine kaum zu überschätzende Leistung der neueren Forschung, dass sie den Weg umgekehrt hat und nun das Buch Jesaja zum Ausgangspunkt und Gegenstand ihrer Bemühungen macht.»[92]

Es sind dies behaltenswerte Zeilen, auch wenn keineswegs alles das letzte Wort in der Causa Jesaja ist! Bereits oben wurde gesagt, dass es unfair sei, wenn Becker Wildberger bezichtige, die sekundären Texte im Jesajabuch «nur mit halbem Herzen» zu schätzen.[93] Zutreffend ist jedoch, dass Wildberger – in diesem Sinn nach wie vor ein treuer Schüler Duhms – von

92 Becker 1, S. 4f.
93 Vgl. oben, S. 160.

der einmaligen Persönlichkeit Jesajas überzeugt war. Beckers Besprechung macht aber überaus deutlich, weshalb die Zeit von Wildbergers Jesajakommentar jedenfalls für den Mainstream der deutschsprachigen Forschung am Ende des 20. Jahrhunderts offenbar vorbei war.

Eine charakteristische biographische Anekdote mag hier eingeschoben werden: Bis zu Wildbergers Tod am 25. Juni 1986 hatte er immer noch sein Arbeitszimmer im Theologischen Seminar neben dem Grossmünster in Zürich. Hier entstanden grosse Teile des Jesajakommentars. Danach wurde der Raum von Odil Hannes Steck übernommen, der hier – womit er schon früher angefangen hatte – über das ganze biblische Buch Jesaja in seinem Zusammenhang forschte und Weiterführendes dazu publizierte.[94] – So ändern sich die Zeiten!

Lange war die Diskussion über den Propheten Jesaja polarisiert. Auf der einen Seite standen Exegeten wie Wildberger, auf der anderen solche wie Otto Kaiser, Uwe Becker oder Odil Hannes Steck. In der Zwischenzeit hat sich die Situation in der alttestamentlichen Wissenschaft bis zu einem gewissen Grad beruhigt. Wildbergers – wenn man so will – «Nachnachfolger» oder «Nachnachnachfolger» Konrad Schmid (*1965) ist zur Zeit im Begriff, einen weiteren Jesajakommentar zu erarbeiten.[95] Und hier wird das berühmte Kapitel Jesaja 7 mit seinem «Glaubt ihr nicht, so bleibt ihr nicht!» wieder dem historischen Jesaja zugeschrieben! Es bestehe «kein Grund, daran zu zweifeln, dass die Substanz dieser biblisch berichteten Begebenheit zeitgenössisch ist.»[96]

Rudolf Smend (*1932), Alttestamentler in Göttingen, äusserte sich in einem Brief an den Verfasser so:

> «Es hat mich bewegt, an Hans Wildberger erinnert zu werden. Wir sind uns einige Male aufs freundlichste begegnet, zuletzt wohl beim Begräbnis Walther Zimmerlis im Dezember 1983, und ich habe das Meiste von ihm mit Gewinn gelesen. Der Jesajakommentar ist von bleibendem Wert als die grosse und gründliche Summe der Forschung des 19. und 20. Jahrhunderts, die in meinen Augen durch die gegenwärtige Kritik noch nicht ausser Kraft gesetzt ist.»[97]

Ähnlich steht es mit dem bereits oben zitierten katholischen Exegeten Othmar Keel (*1937).[98] Dieser ist kein Wildberger-Schüler, steht in einer anderen Tradition und wendet teilweise andere Methoden an. In seinem

94 Vgl. z. B. Odil Hannes Steck: Bereitete Heimkehr. Jesaja 35 als redaktionelle Brücke zwischen dem Ersten und Zweiten Jesaja (SBS 121). Stuttgart 1985.

95 Konrad Schmid: Jesaja, Band I: Jes 1–23. Zürich 2011 (Zürcher Bibelkommentar AT 19.1.).

96 A. a. O., S. 23.

97 Rudolf Smend an Frank Jehle am 11. Mai 2014.

98 Vgl. oben, S. 158f.

monumentalen Werk «Die Geschichte Jerusalems und die Entstehung des Monotheismus»[99] kann er aber ungeniert auf Wildbergers Jesajakommentar hinweisen, wenn es ihm als hilfreich erscheint, z. B. bei der Erklärung des Namens Tabal (Jes 7,6).[100] Wildbergers Kommentar ist an dieser Stelle schlicht ein Arbeitsinstrument, ebenso bei der äusserst schwierigen, wenn nicht sogar unmöglichen Übersetzung von Jes 30,7: «[Ägypten:] Ein zur Untätigkeit verurteiltes Ungeheuer (rahab) ist es!»[101]

Auch in eigentlichen theologischen Interpretationsaufgaben sucht Keel gelegentlich Rat in Wildbergers Kommentar. Wie dieser spricht er von der «alternativische[n] Ambivalenz» mancher prophetischen Aussage (z. B.: ist der Name des Prophetensohnes «Ein-Rest-kehrt-um» positiv oder negativ zu verstehen, als Zusage von Heil oder von Unheil, oder eben beides?). Es sei dies eine Ambivalenz – so Keel –, die von Wildberger mit Recht als für die Verkündigung Jesajas besonders typisch hervorgehoben worden sei.[102] In Anlehnung an Wildbergers Jesajakommentar, in dem das Königsein Gottes eine wichtige Rolle spielt, formuliert Keel: «Jesajas Theologie hängt engstens mit der Vision von dem in Jerusalem thronenden König zusammen. Wer sich ihm anvertraut, bleibt heil; wer sich gegen ihn auflehnt wird zerstört.»[103] – In diesem Sinn lebt Wildbergers Jesajakommentar auch heute weiter.

---

99 Othmar Keel: Die Geschichte Jerusalems und die Entstehung des Monotheismus 1 und 2. Göttingen 2007.

100 A. a. O., S. 395.

101 A. a. O., S. 441. Dazu Jesaja 3, S. 1157–1159. Vgl. die Zürcher Bibel von 2007: «Vergeblich und nichtig wird Ägyptens Hilfe sein. Darum nenne ich es: Rahab sind sie! Untätigkeit!» Oder die «Bibel in gerechter Sprache» (2006): «Ägypten: Hauch und Leere sollen helfen. Darum nenne ich es: Ungeheuer, das still ist.»

102 A. a. O., S. 399. Vgl. Jesaja 3, S. 1062, wo Wildberger von der «Ambivalenz im Erwählungsgedanken» spricht, oder S. 1103, wo Wildberger schreibt, dass die Ambivalenz «geradezu zu den Grundkategorien jesajanischer Theologie» gehöre.

103 A. a. O.

Allgemeine Religionsgeschichte

Bis und mit Victor Maag und Hans Wildberger gehörte es zu den Aufgaben der Zürcher Alttestamentler, auch religionsgeschichtliche Lehrveranstaltungen anzubieten. Erst seit dem Stellenantritt von Fritz Stolz (1942–2001) im Jahr 1980 gibt es an der theologischen Fakultät der Universität Zürich einen Lehrstuhl ausschliesslich für allgemeine Religionsgeschichte und Religionswissenschaft. Seither sind die Bibelwissenschaftler von dieser Pflicht befreit. Gelegentlich stösst man in den Quellen auf Klagen der Alttestamentler, dass die Religionsgeschichte eine übergrosse Belastung sei. Walther Zimmerli war dankbar dafür, dass er sich in Göttingen auf sein Kerngebiet konzentrieren durfte.[1] Es wurde bereits erwähnt, dass Wildberger sich ähnlich äusserte, als er im Spätherbst 1962 nach Kiel berufen werden sollte.[2] Er unterlag hier wohl einer Selbsttäuschung. Die allgemeine Religionsgeschichte entsprach ihm und machte sein Leben spürbar reicher. Er wurde offener und toleranter. Sein Horizont wurde durch die Begegnung mit der nichtbiblischen Welt geweitet.

Als Victor Maag im Jahr 2002 mit über 92 Jahren starb, schrieb Hans Heinrich Schmid einen Nachruf auf ihn, den er mit «Religionsgeschichte und Theologie – Victor Maag zum Gedenken» überschrieb.[3] Maag habe Studierenden verschiedener Fachgebiete und vielen Gasthörern seine breiten Kenntnisse der alttestamentlichen und vorderorientalischen Kulturen, Religionen und Sprachen vermittelt. Er habe gezeigt, «wie sehr Religionsgeschichte und Theologie in einer unausweichlichen Komplementarität zu sehen sind». Mutatis mutandis hätte man über Wildberger dasselbe schreiben können. In seinen alttestamentlichen Arbeiten werden religionsgeschichtliche Erkenntnisse immer neu fruchtbar gemacht, besonders unmittelbar handgreiflich in seinen Aufsätzen «Die Thronnamen des Messias» und «Das Abbild Gottes», die beide in den Sammelband zu Wildbergers siebzigstem Geburtstag aufgenommen wurden.[4] In beiden versuchte er nachzuweisen, dass wichtige biblische Begriffe nur verstanden werden können, wenn man ägyptische und mesopotamische Parallelen zum Vergleich heranzieht.

Grundsätzlich äusserte sich Wildberger zu dieser Frage in seinem Bericht über den Deutschen Orientalistentag im Göttingen im Sommer

1 Vgl. oben, S. 80.

2 Vgl. oben, S. 95f.

3 Hans Heinrich Schmid: Religionsgeschichte und Theologie. Victor Maag zum Gedenken. Neue Zürcher Zeitung vom 14. Oktober 2002, Nr. 238, S. 35.

4 «Jahwe und sein Volk», S. 56–74 und S. 110–145.

1961.[5] So unerlässlich eine weitgehende Spezialisierung für die Forschung sei, umso wichtiger sei es, «einer *weiteren Forschungsgemeinschaft* von den Ergebnissen – und auch Problemen – der eigenen Arbeit Kenntnis zu geben». *Grenzüberschreitungen* seien nötig. Nur so könne man vermeiden, einer anderen Welt – dem Alten Orient – «mit *unsern* Denkkategorien [und deshalb inadäquat] beikommen zu wollen».[6]

Ein Jahr später doppelte Wildberger nach, diesmal in seinem Bericht über die Tagung der International Organization for the Study of the Old Testament im Sommer 1962 in Bonn.[7] Dezidiert formulierte er, man habe lernen müssen, «dass das Alte Testament in seiner Umwelt [...] nicht so isoliert dastand, wie man das bis in die neueste Zeit hinein geglaubt hatte», sondern man habe erkannt, «dass es in lebendigem Austausch des Nehmens und Gebens, in einem Prozess der Adaption und Rezeption anderer Riten, Kulte und Ideen wie der entschiedenen Abgrenzung gegen fremde, nicht assimilierbare Gebräuche und Anschauungen stand».

Drei Jahre später heisst es, ebenfalls in einem Kongressbericht, es sei «hoch erfreulich, dass es heute möglich ist, dass Juden, Katholiken und Protestanten, Linguisten, Historiker, Religionsgeschichtler und Archäologen zusammensitzen können, um in einmütiger Bereitschaft aufeinander zu hören».[8] – 1977 betonte Wildberger:

> «Es ist für alle, die sich um das Verständnis des Alten Testamentes bemühen, längst selbstverständlich, dass ausserbiblische Texte aus Ägypten, Mesopotamien, Syrien und Arabien beigezogen werden müssen; das alte Israel war in seinem Land keineswegs unberührt von den geistigen Strömungen seiner Umwelt.»[9]

Dass die alttestamentliche Wissenschaft das Gespräch mit der Religionsgeschichte führen und sich darin auskennen muss, war für Wildberger selbstverständlich. Nicht umsonst beschäftigte er sich auch mit klassischem Arabisch, Akkadisch und Hethitisch.[10]

---

5 Hans Wildberger: XV. Deutscher Orientalistentag. Neue Zürcher Zeitung vom 16. August 1961, Nr. 2994, Blatt 3.

6 Hervorhebungen von F. J.

7 Hans Wildberger: Wissenschaftliche Erforschung des Alten Testaments. Von einer Tagung in Bonn. Neue Zürcher Zeitung vom 7. September 1962, Nr. 3385, Blatt 5.

8 Hans Wildberger: Alttestamentlerkongress in Genf. Neue Zürcher Zeitung vom 14. September 1965, Nr. 3778.

9 Hans Wildberger: Internationaler Kongress der Alttestamentler in Göttingen. Neue Zürcher Zeitung vom 23. September 1977, Nr. 223, S. 43.

10 In F. liegt ein Konvolut – teilweise handschriftlich, teilweise als Typoskript –, das mit «Hethitisch» überschrieben ist. Wildbergers akkadische Wörterbücher und Grammatiken wurden nach seinem Tod dem Theologischen Seminar der Universität Zürich überlassen.

Im Lauf der Jahre ergab sich im Fach Religionsgeschichte eine gewisse Arbeitsteilung zwischen Wildberger und seinem Kollegen Maag: Beide lasen abwechslungsweise über den Islam. Maag spezialisierte sich auf die Religion der schriftlosen Kulturen sowie auf Kanaan, Syrien und Mesopotamien, während er Wildberger Iran und Indien überliess. (Ägyptologie wurde in Zürich an der Philosophischen Fakultät gelehrt.) Man war sich darin einig, dass einer allein nicht für alles zuständig sein kann.

Wildbergers frühestes religionsgeschichtliches Spezialgebiet war der *Islam*. Sein Nachlass enthält Aufzeichnungen zur kursorischen Koranlektüre bei Professor Johann Jakob Hess-von-Wyss (1866–1949) im Wintersemester 1931/32, also noch in seiner Studienzeit. In einem grossformatigen Heft stehen seine eigenen Übersetzungen ausgewählter Suren.[11] Dazu legte er ein Vokabelverzeichnis an.[12] Auf diesem Weg erwarb er sich solide Kenntnisse über den Koran. Im Sommersemester 1934 besuchte er von Wilchingen aus eine Übung bei Professor Jakob Hausheer (1865–1943), in der man die Makamen[13] des Hariri auf Arabisch las.

Hausheer war Vorvorgänger Wildbergers auf dem Lehrstuhl. «Sein Hauptgebiet [als Orientalist] war die arabische Literatur, wo er auch die schwersten Texte spielend beherrschte.»[14]

Wildbergers erste Vorlesung über den Islam fand im Wintersemester 1957/58 statt, die letzte im Wintersemester 1973/74. Vom Juni 1978 – also aus der Zeit nach seiner Pensionierung – stammt ein Typoskript zu Vorträgen im Ökumenisch-kulturellen Forum Mutschellen im Kanton Aargau «Der Islam in Geschichte und Gegenwart».[15] Besonders in seinen späten Jahren öffnete Wildberger den Rahmen weit, indem er sich z. B. auch mit der Bahai-Bewegung, einer Abspaltung des Islams, auseinandersetzte. Es ist instruktiv, seine früheren und späteren Äusserungen zum Thema Islam nebeneinanderzustellen. Aus seiner Luzerner Zeit stammt ein nicht datiertes Typoskript (wohl 1949) «Christentum und Islam heute».[16] Hier tritt er noch uneingeschränkt für das Anliegen der – wie man damals sagte –

11 Suren 1, 112, 109, 6, 14, 2,255, 17, 74,1–30, 111, 101, 81, 55, 93, 113, 12 und 66, Manuskript in F.

12 F.

13 «Die Makame […] ist eine Gattung der arabischen Prosa. Sie zeichnet sich durch die Verwendung von Reim im Prosatext aus.» (Wikipedia am 09.04.2014) Die Makamen des Hariri sind ein herausragendes Dokument der islamischen Hochkultur. Ihr bedeutender Verfasser, Al-Hariri, lebte 1054–1122 in der Nähe Basras im heutigen Irak. Im deutschen Kulturraum wurden sie berühmt dank der kongenialen Übersetzung Friedrich Rückerts (1788–1866).

14 Walter Baumgartner: Jakob Hausherr 1865–1943. Nachruf in Neue Zürcher Zeitung von 12. Mai 1943 Nr. 761.

15 F.

16 Typoskript «Christentum und Islam heute» (F.).

Jakob Hausheer (Foto «Neue Zürcher Zeitung»)

«Mohammedanermission» ein. Zugleich offenbart bereits dieser Text eine hohe Achtung vor dem Islam. Es sei damit zu rechnen, dass dieser «immer mehr versuchen wird, auch im christlichen Abendland Boden zu fassen».[17] Hauptverantwortung für den Misserfolg der «Mohammedanermission» trage der Kolonialismus, die Verquickung von christlichen, politischen und wirtschaftlichen Interessen. Der Islam sei «zweifellos wandlungsfähiger, als man unter dem Eindruck jahrhundertelanger Stagnation noch vor einem Menschenalter meinte urteilen zu müssen».[18]

«Dabei muss uns allerdings die Frage auf dem Herzen brennen: Was haben wir dem Mohammedaner zu bringen? Sie ist besonders dringend, da der Synkretismus, die Verwischung aller religiösen Gegensätze, sichtlich an Boden gewinnt [...]. Die erste

17 A. a. O., S. 4.
18 A. a. O., S. 3.

> Forderung, die wir zu erheben haben, ist darum die Besinnung der Christenheit auf ihren eigenen Glauben.»[19]

Die Christen sind am Misserfolg der «Mohammedanermission» also selbst schuld!

Auf dem Mutschellen sprach Wildberger 1978 nicht mehr (oder kaum mehr) als christlicher Theologe, sondern als Historiker und Zeitzeuge. Der informative und präzise Text ist von einem bemerkenswerten Respekt gegenüber dem Islam geprägt. Das Stichwort Mohammedanermission ist verschwunden (und natürlich auch der Ausdruck Mohammedaner!). Sorgfältig analysiert Wildberger den Lebenslauf des Propheten. In einem zentralen Abschnitt versucht er, den auffallenden Wandel der Verkündigung in Medina (gegenüber der Frühphase in Mekka) zu beurteilen. Dieser Wandel sei ein rätselhaftes und faszinierendes Problem.[20] In Mekka war Muhammad[21] «der unerbittliche Warner im Blick auf das Endgericht», in Medina «der anpassungsfähige politische Führer und der weitblickende Organisator der Gemeinde».

> «Dort der Bussprediger, der unter seiner Erfolglosigkeit leidet, hier das Oberhaupt einer religiös-politischen Gemeinschaft, der Erfolg auf Erfolg in den Schoss fiel. Dort ein Mann, der so von seiner Sendung erfüllt ist, dass man ihn als Schwärmer betrachtet, hier ein Politiker und ‹Lehrer der Kirche› zugleich, der geschickt heikle Fragen des Alltags meistert und weltklug und in weitem Rahmen planend seine Entscheidungen fällt. Liegt hier nicht ein harter Bruch in der Persönlichkeit Muhammads vor? Hat er gar – das meinen manche tatsächlich – seine religiöse Sendung verraten? Vieles erklärt die neue Situation. Es sind zwei Dinge: In Opposition gegen eine Gemeinschaft stehen. Oder selbst die Verantwortung für ihr Gedeihen tragen müssen. Es ist auch heute zweierlei: Religiöse oder auch politisch-soziale Programme aufstellen, oder sie in der harten Wirklichkeit des Alltags durchsetzen müssen. Ohne Flexibilität und ohne Kompromisse geht es nicht, und es ist ungerecht, allzu rasch von Verrat zu reden. Die Kirche hat sich gewaltig gewandelt, als sie unter Konstantin dem Grossen nicht mehr eine verfolgte Glaubensgemeinschaft, sondern anerkannte Staatsreligion[22] war. Dass da Kompromisse und Konzessionen nötig wurden, ist bekannt genug. Aber erklärt das alles? Vielleicht doch nicht: Politische Macht ist für eine Glaubensgemeinde und ihre Träger immer auch eine Gefahr.»
> «Die vielen Reformen rechtlicher und sozialer Art, die Muhammad durchsetzte, bedeuteten für Arabien einen grossen und wichtigen Fortschritt. Eine Erziehungsarbeit hat ihren Anfang genommen, die das Antlitz eines grossen Teils der Mensch-

19 A. a. O., S. 4.

20 Dieses und die folgenden Zitate aus dem Typoskript «Der Islam in Geschichte und Gegenwart» (F.), das nicht durchlaufend paginiert ist.

21 Wildberger bezeichnete den Propheten des Islams stets als Muhammad.

22 Im strengen Sinn trifft der Ausdruck «Staatsreligion» erst nach Theodosius dem Grossen (Regierungszeit 370–394) zu. Wildberger hat hier vereinfacht.

> heit bis zum heutigen Tag prägt. Weit mehr als in irgendeiner andern Religion ist der Islam die Schöpfung eines einzelnen, der ungeheure Impulse zu vermitteln vermochte – umso erstaunlicher, als das alles in zwanzig Jahren erreicht worden ist. – Letztlich ist dieses Geheimnis des Werdens und Aufstiegs nicht zu lüften. Man darf vermuten, dass die Zeit erfüllt war.»
> «[...] wir sind nicht hier, um Polemik zu treiben, sondern um zu erkennen: Der Islam ist eine lebendige geistige Macht, angesichts deren wir gut daran tun, uns fragen zu lassen, was wir denn an Besserem, Lebendigerem, zu bieten haben.»

In diesen Ausführungen des 68-Jährigen verdichtet sich seine Lebenserfahrung, und seine Hochachtung vor dem Propheten kommt zum Ausdruck.

Im letzten Teil seiner Vorträge auf dem Mutschellen referierte Wildberger über «Die Konfrontation des Islams mit der Moderne». Bevor er auf einige neue muslimische Denker einging, sprach er über die islamische Mystik, den sogenannten Sufismus. Mit spürbarer Liebe würdigte er den seinerzeit als «Ketzer» hingerichteten Manṣūr al-Ḥallāǧ (gestorben 922 in Bagdad). Dieser habe sich wegen des Satzes «Ich bin die Wahrheit» (was bedeutet, dass er sich mit dem Göttlichen identifizierte) den Hass der Orthodoxie zugezogen. Da man dies nur als unerhörte Gotteslästerung empfinden konnte, sei er gekreuzigt worden.

Wildberger beschäftigte sich auch mit der Muslimbruderschaft, die sich bereits damals in Ägypten bemerkbar machte und zu Bedenken Anlass gab. Über diese sagte er:

> «Man kann nicht verkennen, dass gerade die Muslimbrüder der ursprünglichen Konzeption des Islams recht nahe stehen. Sie sind zwar keineswegs eine Mehrheit, aber eine starke, vitale Minderheit, mit der man rechnen muss. Sie mögen uns nicht in jeder Hinsicht sympathisch sein, und manchen Politikern islamischer Länder bereiten sie Sorge. Aber sie sind ernst zu nehmen als Zeichen dafür, dass der Islam nicht gewillt ist, in der religiösen Gleichgültigkeit einer säkularen Welt unterzugehen, ebenso wenig auch, sich abzukapseln und in kleinen privaten Kreisen ein Ghetto zu bauen. – Der alte Islam sucht in der neuen Welt seine Identität. Er wird sich ändern müssen, aber er wird Kraft genug haben, seine Grundlinien zu bewahren. Man darf nicht vergessen, dass die islamische Welt einmal kulturell und politisch ein erster Faktor in der Weltgeschichte war. Er hat mit dem schweren Trauma zu ringen, dass ihn die westliche Welt überrundet hat, und ist darum so empfindlich und selbstbewusst zugleich. Er wird darum noch auf lange Zeit ein schwieriger Gesprächspartner sein. Das ändert nichts daran, dass wir ihm wünschen möchten, dass er die Krise, welche die Konfrontation mit der modernen Welt für ihn heraufgeführt hat, überwinden möge, um seinen Beitrag zum Wohl vieler Menschen und zum Frieden der Völker zu leisten.»

Ein anderes Spezialgebiet, über das Wildberger ab dem Sommersemester 1957 ebenfalls einstündig alle zwei Jahre las, war «Zarathustra und die Religion der Iranier», später waren auch der Manichäismus und der Mandäismus miteinbezogen (zuletzt im Wintersemester 1975/76, also noch nach Wildbergers Pensionierung). Gelernt hatte er das Avestische – die älteste erhaltene Sprache Persiens – und weitere Formen des Persischen von Emil Abegg,[23] mit dem er oft zusammenarbeitete, der auch Vorlesungen Wildbergers besuchte und dessen Abdankungsgottesdienst im Februar 1962 er übernahm. Abegg hatte an seinem Schreibtisch gesessen, gebeugt über das indische Epos Mahabarata, als – wie Wildberger sich ausdrückt[24] – «der Tod seine Hand auf ihn legte». Seiner Predigt legte Wildberger Spr 20,12 zugrunde: «Ein hörendes Ohr und ein sehendes Auge, die macht beide der Herr.»[25] Wildberger hatte Abegg – wie bereits erwähnt – den Aufsatz «Der Dualismus in den Qumrānschriften» gewidmet, in dem er möglichen altpersischen Einflüssen auf das Judentum nachgegangen war. Abegg, heisst es hier, sei «je und dann mit vollendeter Sorgfalt den Beziehungen zwischen der Welt der indischen und iranischen Religionen und der des vorderasiatischen und europäischen Westens nachgegangen».[26] Auch hatte Wildberger die zweite Auflage von Abeggs Habilitationsschrift (ursprünglich 1921) «Der Pretakalpa des Garuḍa-Purāṇa. Eine Darstellung des hinduistischen Totenkultes und Jenseitsglaubens» rezensiert.[27] – Als Iranexperte wurde Wildberger beauftragt, für das Evangelische Kirchenlexikon die Artikel «Perser, Parsismus» und «Zarathustra» zu schreiben (erschienen 1959).[28] Im April 1972 leitete er im Auftrag des Interkonfessionellen Komitees für biblische Studienreisen eine ausgedehnte Fahrt durch Persien.

Für seine letzte Iran-Vorlesung – ein halbes Jahr nach seinem offiziellen Rücktritt am 15. April 1975 – liess er Arbeitsblätter mit Begriffserklärungen, Literaturangaben und Quellentexten vervielfältigen.[29] Aus ihnen geht hervor, dass die Lehrveranstaltung viele Facetten hatte. Auf dem ersten Blatt musste er auf Wunsch der Studierenden (die 68er-Bewegung lässt grüssen) seine Motivation offen legen: «Die Beziehungen zwischen der iranischen Religion und dem Alten Testament gehören zu meinem besonderen Forschungsgebiet.» Weiter heisst es: «Die Religionen des Irans haben auf das Alte und Neue Testament, sowie (über Augustin und die Katharer) auf die Kirchengeschichte eingewirkt. Der Einfluss auf die Geistesgeschichte des Abendlandes darf nicht übersehen werden.» In Aussicht genommen sei ein Besuch der Abeggstiftung in Riggisberg (Bern) mit Führung durch die dortige iranische Abteilung. Bemerkenswert ist der Satz: «Von den Teilneh-

23 Vgl. oben, S. 90.

24 Hans Wildberger: Abdankung für Prof. Dr. Emil Abegg. Typoskript in F.

25 Revidierte Lutherbibel.

26 Vgl. oben, S. 90, Zitat im genannten Aufsatz, S. 163.

27 Theologische Zeitschrift, Jahrgang 14, 1958, S. 137f. Vgl. dazu auch den an eine breitere Öffentlichkeit gerichteten Artikel «Der Pretakalpa des Garuda-Purana» in Neue Zürcher Zeitung vom 1. November 1957, Nr. 3130, Blatt 1.

28 Vgl. die Bibliographie unten, S. 205.

29 In F.

Prospekt Persienreise (Familienbesitz)

mern wird Bereitschaft zum Mitdenken erwartet. Beliebiger Zeitaufwand zu begleitender Lektüre.» Als Ziel gibt Wildberger an: «Exemplarische Kenntnis einer dualistischen Religion. Schwerpunkte: Zarathustra als prophetische Gestalt. Der Zoroastrismus als durchgeformter Dualismus. Der Manichäismus als Synkretismus und Form der Gnosis.»

Zu den Quellentexten, die Wildberger austeilte, gehörte in der ersten Vorlesung der Anfang einer von ihm sorgfältig redigierten Inschrift am Grab des Grosskönigs Darius I., das sich in Naqš-i Rustam (sechs Kilometer nördlich von Persepolis) befindet. Das Beispiel belegt, wie intensiv er sich in die iranischen Quellen eingearbeitet hatte und wie eigenständig er mit ihnen umging:

> «Ein grosser Gott ist Ahuramazda, der diese Erde schuf, der jenen Himmel schuf, der den Menschen schuf, der die Segensfülle schuf für den Menschen, der den Darius zum König machte, den einen zum König von vielen, den einen zum Gebieter von vielen. – Ich bin Darius, der grosse König, König der Könige, König der Länder aller Stämme, König dieser grossen Erde auch fernhin, des Hystaspes Sohn, der Achämenide, ein Perser, Sohn eines Persers, ein Arier, von arischem Stamm.»[30]

Aus dem Avesta, dem heiligen Buch des Zoroastrismus, wurde eine ganze Reihe von Texten gelesen und besprochen. Zuletzt ging es – wie bereits gesagt – um Manichäismus und Mandäismus.

Alles in allem wird man aber sagen müssen, dass Wildbergers Herz noch leidenschaftlicher für die indischen Religionen – Hinduismus, Jainismus und Buddhismus – brannte. Es dürfte kein Zufall sein, dass seine erste religionsgeschichtliche Vorlesung im Wintersemester 1953/54 – also noch vor seiner Beförderung zum Ordinarius – der indischen Religionsgeschichte galt. Diese Vorlesung wurde zwei Jahre später wiederholt. Im Sommersemester 1956 las er über den Buddhismus, zwei Jahre später wieder über Indien allgemein. Zuletzt las er über dasselbe Thema im Wintersemester 1976/77, also noch nach seiner Pensionierung. Im Rahmen dieser, seiner allerletzten Vorlesung lud er am 10. Februar 1977 seinen Lausanner Kollegen Carl-Albert Keller[31] als Gast ein, der über «Die Theologie des südindischen Shivaismus» referierte. Auch sonst organisierte er gelegentlich Gastvorträge, im Sommersemester 1970 mit dem damals an der Kirchlichen Hochschule in Berlin tätigen Werner Kohler (1920–1984), der 1954–1959 im Auftrag der Ostasienmission das Haus der Begegnung in Kyoto geleitet

30 Redigiert und von Wildberger teilweise neu übersetzt nach: Franz H. Weissbach: Die Keilinschriften am Grabe des Darius Hystaspis. Leipzig 1911.

31 Vgl. oben, S. 18f.

hatte.[32] Kohler sprach über das Thema «Japanischer Buddhismus in Auseinandersetzung mit Gegenwartsproblemen».

Die religionsgeschichtlichen Vorlesungen Wildbergers wirkten während der ersten Jahre seiner Professur eher trocken. Es wimmelte von Namen, Jahreszahlen und Fachausdrücken. Er war gewissenhaft und wollte nichts simplifizieren. (Er beschäftigte sich auch mit Sanskrit und Pali, den klassischen Sprachen von Hinduismus und Buddhismus.) Im Lauf der Jahre wurde sein Stil lockerer. Ab 1970 heisst es im Vorlesungsverzeichnis regelmässig «mit Besprechung von Texten». Die Exkursion in die Abegg-Stiftung in Riggisberg wurde bereits erwähnt, wo iranische Kostbarkeiten bewundert wurden.[33] In den 1970er Jahren besuchte er mit den Hörerinnen und Hörern seiner Vorlesungen regelmässig das Rietbergmuseum in Zürich. Dessen seinerzeitiger Leiter, Eberhard Fischer, sieht Wildberger heute noch vor sich, wie er mit seinen Studenten in den Ausstellungsräumen vor allem beim indischen Gott Shiva Nataraja längere Zeit verharrte und über den Sinn dieser weltberühmten Bronzefigur dozierte.[34]

Gemäss Eberhard Fischer war Wildberger gar nicht doktrinär. Er habe auch in den asiatischen Religionen Positives sehen können, «was damals in keiner Weise selbstverständlich war». Wildberger sei im Museum Rietberg stets ein sehr willkommener Gast und religionskundlicher Lehrer gewesen, ein freundlicher, ja liebenswerter Mann, mit dem Fischer sich gern unterhielt.

Der Verfasser erinnert sich selbst an einen von ihm geleiteten Besuch des Rietbergmuseums mit Schülerinnen und Schülern der Kantonsschule Sargans (wo er selbst Religionslehrer war). Er bat Wildberger, die jungen Leute durch die Ausstellungssäle zu führen. Vor einem ganz schlichten Buddhabild blieb dieser lange stehen und machte auf das versunkene Lächeln des Gesichtes aufmerksam. Wenn er auswählen dürfte, würde er dieses Bild manch prunkvollerem vorziehen und es nach Hause nehmen. Von der asiatischen Spiritualität, die hier ihren Ausdruck gefunden habe, könne er nur mit Bewunderung sprechen, beinahe mit einem gewissen Neid, da er selbst als Abendländer von einer viel hektischeren Mentalität geprägt und leider etwas deformiert sei.

Kulminationspunkt von Wildbergers Auseinandersetzung mit Indien war eine gründliche Studienreise, die auch Nepal miteinbezog, über Weihnach-

32 Vgl. Pfarrerinnen und Pfarrer der Evangelisch-reformierten Landeskirche beider Appenzell, herausgegeben vom Evangelisch-reformierten Kirchenrat beider Appenzell, Herisau 2013. S. 62.

33 Vgl. oben, S. 179.

34 Brief von Eberhard Fischer an den Verfasser vom 6. April 2014. Hier auch die folgenden Zitate.

Shiva Nataraja im Museum Rietberg in Zürich (Foto Museum Rietberg)

ten und Neujahr 1974/75. Auch sie führte er im Namen des Interkonfessionellen Komitees für biblische Studienreisen durch. Der Verfasser dieses Buches konnte selbst dabei sein, weshalb er sich in den folgenden Ausführungen in erster Linie auf seine eigenes Gedächtnis stützt.

Die Reise dauerte drei Wochen, und das Programm war intensiv. Zuerst besuchten wir die Hafenstadt Mumbai mit dem eindrücklichen Gateway of India als Denkmal des britischen Imperialismus und den berühmten «Türmen des Schweigens». Es folgte eine lange Fahrt durch Südindien bis nach Kap Komorin. Einen Schwerpunkt bildete Madras mit seiner Umgebung, besonders eindrücklich die Tempelanlage von Madurai. Die Gruppe flog sodann nach Kolkata weiter. Von dort aus kam es zu einem ausgiebigen Abstecher nach Kathmandu. Weiter ging es durch das Gangestal in die vom Islam geprägte Provinzen der Grossmoguln – mit dem Taj Mahal

Mutter Teresa (Foto Hannes Wildberger)

in Agra als spektakulärem Höhepunkt,[35] bevor wir wieder in Mumbai die Rückreise in die Schweiz antraten. Wildberger hatte sich minutiös auf die Reise vorbereitet und zehrte ausgiebig von seinen Vorlesungen. In der Regel machte er die Führungen an den jeweiligen Sehenswürdigkeiten selbst. Am Abend im Hotel bereitete er die Reisegesellschaft auf die Besichtigungen des kommenden Tages vor.

Wie bei einer Reise des Interkonfessionellen Komitees nicht anders zu erwarten, wurde auch der Kontakt mit dem christlichen Indien gepflegt, auch wenn die Angehörigen der verschiedenen christlichen Konfessionen in jener Weltgegend nur eine verschwindende Minderheit darstellen. In Mangalore besichtigten wir ein katholisches Spital für Leprakranke und besuchten den Weihnachtsgottesdienst in der englischen Kirche (Church of South India), der vom damals jungen Schweizer Theologen Jürg Maurer (*1943) im hochkirchlichen Stil geleitet wurde. Mit Zweigstationen der Basler Mission (u. a. Udipi) und der Menzinger Schwestern kamen wir ebenfalls in Kontakt. Eigentlicher Höhepunkt war eine ausgiebige und eindrückliche Begegnung mit Mutter Teresa (1910–1997) in Kolkata, nach-

35 Auch Fatehpur-Sikri, Delhi (alt und neu) und Jaipur wurden besucht.

Taj Mahal in Agra (Foto Hannes Wildberger)

dem wir natürlich auch mit den südindischen, bis in die Antike zurückgehenden Thomaschristen in Madras in Berührung gekommen waren.

Auch das Judentum in Indien war ein Thema. Wir bestaunten die Paradesi-Synagoge von Cochin in Kerala. Diese wurde im Jahr 1568 erbaut und gilt als die älteste noch existierende Synagoge im britischen Commonwealth. Die Juden an der Malabarküste kontrollierten in der frühen Neuzeit einen grossen Teil des internationalen Handels mit Gewürzen.

Der Taj Mahal in Agra wurde bereits erwähnt, dieses ästhetisch unübertreffliche Grabmal, das der Grossmogul Shah Jahan für seine im Jahr 1631 verstorbene Gemahlin – Mumtaz Mahal, d. h. «Perle des Palasts» – erbauen liess. Wildberger erklärte, dass die architektonische Schönheit und Harmonie tief mit der islamischen Mystik zusammenhangen. Einer der Söhne Shah Jahans war der auf Persisch schreibende Schriftsteller Dara Schikoh (1615–1659), der u. a. die Upanishaden (eine Sammlung philosophischer Schriften des Hinduismus) ins Persische übersetzte. «Er verfasste zahlreiche persische Werke über die grossen Sufis der früheren Jahrhunderte und über die Verbindung von Islam und Hinduismus, kennzeichnend ist der Titel eines seiner Werke […] ‹Der Zusammenfluss der beiden Meere›.»[36] Unter der Führung Wildbergers lernten wir, im Taj Mahal mehr als nur

36 Annemarie Schimmel: Liebe zu dem Einen. Texte aus der mystischen Tradition des indischen Islam. Zürich-Einsiedeln-Köln 1986, S. 105.

eine touristische Sehenswürdigkeit zu bestaunen. Er ist ein Bau, der aus der Spiritualität des Islams herausgewachsen ist.

Besonders wichtig auf dieser Studienreise waren Stätten des Jainismus, Hinduismus und Buddhismus. Durch die Begegnung mit Architektur und Kunst versuchte Wildberger, die Spiritualität Indiens uns Europäern zu erklären.

Besonders eindrücklich ist die Gomateshvara-Statue in Shravanabelagola im Staat Karnataka. Sie ist 17 Meter hoch, aus einem einzigen Felsblock gehauen und stellt einen Heiligen des Jainismus dar, einer Bewegung, die von Mahavira (um 599–527 v. Chr.) gegründet wurde. Es geht, wie Wildberger erklärte, um den Sieg des Geistes über die Materie. Der Heilige steht unbekleidet, der Witterung ausgesetzt, da und meditiert in totaler Versunkenheit, bis Schlingpflanzen um seinen Körper wachsen und Ameisen um seine Füsse krabbeln. Auf Griechisch nannte man solche Männer Gymnosophen, d. h. nackte Weise. Ihre Anhänger zeichnen sich bis heute durch eine besonders asketische Lebensweise aus. Das Standbild illustriert den Satz: «Mag geschehen, was will, mich kann nichts anfechten!» Heute zählen in Indien gut vier Millionen Menschen zum Jainismus, fast immer Angehörige der Oberschicht. Sie nehmen im Wirtschaftsleben des heutigen Indiens eine führende Stellung ein. Die Ausstrahlung des Jainismus reichte in der Antike bis in den Vorderen Orient. Eine Figur wie den Säulenheiligen Simeon[37] könnte man ohne derartige Einflüsse kaum verstehen.

Ähnlich Eindrückliches sahen wir an einer historischen Stätte des Hinduismus, in Mahabalipuram bzw. Mamallapuram im Staat Tamil Nadu, 55 Kilometer südlich von Madras.

Das Relief ist 12 Meter hoch und 33 Meter breit und stellt verschiedene Episoden aus der indischen Mythologie dar. Die Legende erzählt, dass Agastya, der Schutzheilige Südindiens, das Weltmeer verschluckte. «Seine Absichten waren gut und das Ganze eine edle Tat [da das Meer lebensbedrohlich ist]. Doch hatten sie den beiläufigen Effekt, die Erde und alle Geschöpfe des notwendigen, lebenserhaltenden Wassers zu berauben.»[38] Doch nun kommt ein weiterer Heiliger des Hinduismus ins Spiel: König Bhagīratha. Vergleichbar mit dem vorhin beschriebenen Heiligen des Jainismus ist auch er ein Meisterasket. Links oben neben dem Wasserfall erkennt man ihn, wie er, «fastend mit dürren Blättern und endlich nur mit Wasser und Luft als einziger Nahrung und dabei fortwährend auf einem

37 Vgl. oben, S. 132.

38 Heinrich Zimmer: Indische Mythen und Symbole. Düsseldorf-Köln 1972, S. 128. Hier und auf den anschliessenden Seiten auch die folgenden Zitate. (Originalfassung: Myths and Symbols in Indian Art and Civilization. New York 1946. Erste deutsche Edition: Zürich: Rascher Verlag, 1951.) Fortan abgekürzt mit: «Zimmer».

Gomateshvara-Statue in Shravanabelagola (Foto Vijayakumarblathur, Wikimedia Commons)

Fuss stehend, beide Arme erhoben und seine Willenskraft auf den Gott [Shiva] gesammelt», es fertig bringt, dass dieser sich erbarmt. Einerseits erlaubt Shiva, dass sich die Milchstrasse vom Himmel auf die Erde ergiesst, um neues Leben zu spenden. Anderseits setzt sich der Gott persönlich unter

«Die Herabkunft des Ganges» in Mahabalipuram bzw. Mamallapuram (Foto Hannes Wildberger)

den Wasserfall. Er bremst damit den Sturzbach, damit dieser nicht alles mit sich reisst. Das Wasser ist ein sanfter Strom – der Ganges – geworden, der Indien bewässert.

In seinen Vorlesungen pflegte Wildberger einen Text Pandit Nehrus (1889–1964), des ersten Ministerpräsidenten Indiens, vorzulesen:

> «Die Ganga ist der Fluss Indiens, geliebt von seinem Volk, mit dem seine Stammeserinnerungen, seine Hoffnungen, seine Furcht, seine Triumphgesänge, seine Siege und seine Niederlagen verflochten sind. Sie ist das Symbol von Indiens jahrtausendealter Kultur und Zivilisation gewesen, immer sich ändernd, immer fliessend und doch immer dieselbe Ganga. Sie erinnert mich an die schneebedeckten Gipfel und tiefen Täler des Himalaya, die ich so sehr geliebt habe, und an die reichen und weiten Ebenen in der Tiefe, wo mein Leben und mein Werk geprägt worden sind: lächelnd und tanzend im morgendlichen Sonnenlicht und dunkel und düster und voll von Geheimnissen, wenn die Abendschatten fallen. Ein schmaler, langsamer Strom, voll von Anmut im Winter, und ein breites, brüllendes Ding während des Monsuns, mit weiten Buchten fast wie das Meer und der Zerstörungsgewalt des Meeres nicht

unähnlich, ist die Ganga für mich ein Symbol gewesen und ein Mahnzeichen an Indiens Vergangenheit, sich hinziehend bis in die Gegenwart, und fortfliessend zum grossen Ozean der Zukunft.»[39]

Sinn des Mythos von der Herabkunft des Ganges ist, dass es auf das Mass ankommt. Zu viel ist schädlich, und zu wenig auch. Damit wir Menschen und alle Geschöpfe leben können, braucht es Ausgewogenheit. Alles ist ambivalent. Auch das Allerbeste ist im Übermass kontraproduktiv, man muss es kanalisieren und dosieren.

Wildberger stand tief bewegt vor dem Relief in Mahabalipuram. Für ihn war es der vollkommene Ausdruck des Wesens des Hinduismus. Der von Wildberger geschätzte Indologe Heinrich Zimmer (1890–1943) hatte das gigantische Kunstwerk folgendermassen beschrieben, und Wildberger schloss sich inhaltlich diesen Worten an:

«In einem kühnen und herrlich belebten Stil, der zugleich breit und delikat in seinen Effekten ist, erscheinen die verschiedenen Formen des Lebens, göttliche, titanische, menschliche, tierische in vollendeter Form von einander geschieden und charakterisiert. Unter Auslassung kleiner Einzelzüge und Details möchte dieses Kunstwerk die Gebärde, nämlich die typischen Bewegungen oder Ruhestellungen der betreffenden Wesen wiedergeben. Es besteht auf der Grundverwandtschaft aller Geschöpfe; alle entstammen dem einen Lebensreservoir und werden auf ihren verschiedenen Ebenen, ob himmlisch oder erdgebunden, von der einen Lebenskraft erhalten. Diese Kunst ist von der monistischen Lebensanschauung inspiriert, die überall in Hinduphilosophie und -kunst erscheint. Alles ist lebendig. Das ganze All lebt, nur die Grade der Lebendigkeit wechseln. Alles und jedes entschreitet der göttlichen Lebenssubstanz und -energie als deren zeitweilige Verwandlung; alles ist ein Teil der universalen Entfaltung von Gottes Māyā [des trügerischen Schleiers].»[40]

Analoge Gedanken entfaltete Wildberger im Höhlentempel auf der Insel Elephanta in der Nähe Mumbais: Reliefs des schlafenden Gottes Vishnu und der kämpfenden Göttin Kali stehen sich dort gegenüber. Für ein gelingendes Leben brauche es beides – kommentierte Wildberger die Darstellungen –: sowohl die Ruhe als auch den Kampf. Das Wesen der Weisheit bestehe darin, zu erkennen, was im Augenblick an der Zeit ist.

Der Buddhismus ist im heutigen Indien nicht mehr dominierend. Es war dies der Grund, weshalb Wildberger auf seiner Studienreise auch Nepal miteinbezog, wo der Stupa von Bodhnat in der Nähe Kathmandus aufgesucht wurde, ein auch heute vielbesuchter Wallfahrtsort.

Immerhin besuchten wir in Indien selbst Sarnath, eine – jedenfalls im Januar 1975 – stille Parkanlage bei Varanasi, der heiligen Stadt am Ganges.

39 Vervielfältigtes Blatt in F.
40 Zimmer, S. 134.

Bodhnat (Foto Hannes Wildberger)

Predigender Buddha im Museum in Sarnath (Dhammajak Mutra), Gupta-Periode (Foto Tevaprapas Makklay, Wikimedia Commons)

Hier soll der historische Buddha das Rad der Lehre in Bewegung gesetzt haben. Im kleinen Museum von Sarnath steht eine Buddhafigur von grosser Ausstrahlung. Für mich selbst war es das faszinierendste Kunstwerk, das ich auf jener Indienreise sah. Wildberger selbst empfand es ähnlich. Wenn er nicht Christ wäre, würde er am ehesten den Buddhismus als Alternative zum Christsein wählen.

Ausklang

Die letzte Wegstrecke von Hans Wildbergers Biographie, die auf zwei Wochen genau zehn Jahre umfasst, begann mit dem Tod seiner Frau am 13. Juni 1976. Die Trauerfeier am 17. Juni wurde von Pfarrer Hans-Rudolf von Grebel (1909–1982), einem Freund der Familie, im Grossmünster gestaltet. Gemäss dem Wunsch der Verstorbenen sang die Gemeinde das Lied des barocken Dichters Johannes Matthäus Meyfart (1590–1642) «Jerusalem, du hoch gebaute Stadt, wollt Gott, ich wäre in dir».[1] Jerusalem ist in diesem Lied Symbol von Heil, Befreiung und Erlösung. Wenn Hedwig Wildberger dieses Lied wünschte, schwang aber ohne Zweifel die Erinnerung an das irdische Jerusalem mit, das sie zusammen mit ihrem Mann oft besucht und wo sie sich wohl gefühlt hatte, zuletzt 1973.

Hedwig Wildberger hatte oft gesundheitliche Probleme, bereits in Wilchingen. Während der Luzerner Zeit ging es ihr eher besser – mit der Ausnahme, dass sie bei einem Ausflug auf den Pilatus von der Höhenkrankheit überfallen wurde. Auch die Geburt des Sohnes Hannes war schwer verlaufen. Vom Umzug nach Zürich im Herbst 1951 an nahmen die gesundheitlichen Schwierigkeiten zu. Vor allem entwickelte sich ein Rückenleiden, das Hedwig Wildberger mehrfach wochenlang ins Bett warf. Die befreundete Pfarrfamilie Sutz, die in der Nähe wohnte, «lieh» ihr die Hausangestellte «aus». Auf das geliebte Klavier- und Orgelspiel musste sie verzichten, ebenso auf das Malen. Sie konnte nichts Schweres in die Hand nehmen.

Bereits in den 60er Jahren meldete sich ein Krebsleiden. Ein Knoten an einer ihrer Brüste wurde operativ entfernt. Vorübergehend ging es wieder besser. Aber dann kam es zu Rezidiven und Metastasen. Auf die Reise nach Indien um die Jahreswende 1974/1975[2] konnte sie ihren Mann nicht mehr begleiten, genoss es aber, dass sie Weihnachten zusammen mit ihren beiden Töchtern (alle Männer in der Familie befanden sich in Indien) in Trübbach im St. Galler Rheintal, dem damaligen Wohnort ihrer Tochter Marianne, feiern konnte. Monatelang war sie bettlägerig, litt oft grosse Schmerzen und wurde, wenn immer möglich, von ihrem Mann zu Hause gepflegt. Mehrmals lag sie auch im Universitätsspital. Ein berührender Moment war, als Kometa Ebeling, die Frau von Wildbergers Kollegen Gerhard Ebeling, ihr einen Krankenbesuch machte. Die ausgebildete Geigerin hatte ihr Instrument mitgebracht und spielte ihr darauf vor. Zuletzt war ein Spital-

1 Vgl. Lied 851 im Gesangbuch der Evangelisch-reformierten Kirchen der deutschsprachigen Schweiz, Basel und Zürich 1998.

2 Vgl. oben, S. 182ff.

aufenthalt in der nahe gelegenen Schweizerischen Pfegerinnenschule nicht mehr zu vermeiden.

Wildberger empörte sich über die schwere Krankheit und das langsame Sterben seiner Frau.[3] Er setzte sich mit dem biblischen Buch Hiob auseinander und hielt sich dabei nicht an den Hiob der Rahmenerzählung in Prosa, in der der von Gott Geprüfte das Leiden geduldig annimmt, sondern an den Hiob der Versdichtung ab Kapitel 3, wo Hiob sich gegen das Leiden aufbäumt und Gott selbst als Zeugen dafür anruft, dass er keine Schuld daran trägt:

> «Warum verbirgst du dein Angesicht
> und behandelst mich wie deinen Feind?»[4]
> «Sein [Gottes] Zorn zerreisst und verfolgt mich,
> er fletscht die Zähne gegen mich,
> mit Blicken durchbohrt mich mein Feind. [...]
> Ich lebte ruhig, da hat er mich erschüttert
> und hat mich beim Nacken gepackt und zerschmettert,
> und als seine Zielscheibe hat er mich hingestellt.
> Seine Geschosse umschwirren mich,
> erbarmungslos durchbohrt er meine Nieren,
> lässt meine Galle auf die Erde fliessen. [...]
> Mein Gesicht ist rot vom Weinen,
> und tiefes Dunkel liegt auf meinen Lidern.»[5]

Für Wildberger war es überaus wichtig und hilfreich, dass das von ihm geliebte Alte Testament rebellischen Fragen Raum gewährt und sie nicht zensuriert. Er tröstete sich zugleich mit Jes 33,17, in seiner eigenen Übersetzung:

> «Den König in seiner Herrlichkeit werden deine Augen schauen,
> sie werden hinblicken über ein weites Land.»[6]

Es war gut, dass der Jesajakommentar zum Zeitpunkt, als seine Frau starb, erst ungefähr zur Hälfte vorlag. Er stürzte sich umso intensiver in die Arbeit, die ihn bis 1981 (wenn man die «Königsherrschaft Gottes» miteinbezieht, bis 1984) in Anspruch nahm. Im Lauf der Zeit fand er die innere Freiheit zu zwei neuen Beziehungen, zuerst (um 1980) mit einer Frau, die ihm offenbar viel bedeutete (seinen Kindern hat er sie nicht vorgestellt), leider aber innerhalb weniger Monate ebenfalls an einem Krebsleiden starb, und dann mit der Berlinerin Else Scheunemann (1908–2005), die er bei

3 Der Verfasser erinnert sich an viele Gespräche zu diesem Thema.
4 Hiob 13,24.
5 Hiob 16,9–16.
6 Jesaja 3, S. 1309. Vgl. Jesaja 2, S. VIII, geschrieben im Februar 1978.

einem Ferienaufenthalt in Flims kennengelernt hatte. Sie war Mitarbeiterin am Grimm'schen Wörterbuch in dessen Schlussphase (bis 1971) gewesen, literarisch hoch gebildet und vielseitig interessiert. Die beiden behielten ihre Wohnungen in Berlin und Zürich bei, besuchten sich aber häufig und verbrachten Urlaubstage miteinander, immer wieder in Flims, aber auch in Bad Gastein und anderswo, zuletzt im Kurhotel Sonnmatt in Luzern.

Dass es zuletzt ein Kurhotel war, zeigt, dass um die Jahreswende 1984/85 auch Wildberger selbst von einem Krebsleiden überfallen worden war. (Vorher hatte er bereits an einer sehr schmerzhaften Gürtelrose gelitten.) Er musste sich einer Prostataoperation unterziehen, die allerdings Metastasenbildung nicht verhindern konnte. Seinen siebzigsten und noch einmal seinen fünfundsiebzigsten Geburtstag hatte er noch bei relativ guter Gesundheit feiern können, den siebzigsten in grösserem Kreis im unweit seiner Wohnung gelegenen Hotel Sonnenberg (auch seine schaffhausische Verwandtschaft war eingeladen), den fünfundsiebzigsten, bereits leise von der Krankheit gezeichnet, nur noch im Kreis der engeren Familie in einem Restaurant in Meilen (in der Nähe seines Sohnes). Freude bereitete es ihm, dass einer seiner Schwiegersöhne, der Verfasser dieser Biographie, den Enkeln in einer Tischrede die Bücher zeigte, die der Grossvater geschrieben hatte, angefangen mit der Dissertation von 1942. Am Leben seiner Kinder und Kindeskinder nahm Hans Wildberger besonders in den letzten Jahren seines Lebens intensiv und liebenswürdig Anteil.[7]

Längere Spitalaufenthalte blieben Wildberger bis fast zuletzt erspart, auch wenn er – letztlich erfolglos – Chemo- und Radiotherapien über sich ergehen lassen musste. Nach Ostern 1986 verschlimmerten sich seine Schmerzen. Ende Mai begab er sich ins Neumünsterspital auf dem Zollikerberg, wo Chefarzt Hans Zollikofer (*1922) ihn persönlich betreute – wie 20 Jahre vorher seinen Lehrer Emil Brunner.[8] Unerwartet schnell verschlechterte sich sein Zustand. Er starb am Abend des 25. Juni.

Die Trauerfeier fand am 30. Juni im Grossmünster statt – wie bei seiner Frau zehn Jahre früher. Diesmal wurde der Gottesdienst von seinem ehemaligen Assistenten Felix Mathys, damals Pfarrer in Dielsdorf, gestaltet. Es gab viel Musik. Grossmünsterorganist Hans Vollenweider begleitete die amerikanische Sopranistin Sharon Gross u. a. zur Arie aus der Johannespassion Johann Sebastian Bachs: «Ich folge dir gleichfalls mit freudigen

7 Die Tochter Veronika (*1934), eine Primar- und Musiklehrerin, ist mit dem Industriellen Hermann Gericke (*1931) verheiratet und hat vier Kinder. Der Sohn, Hannes (*1941), wurde Augenarzt und ist mit Gertrud, geb. Märki (*1951), verheiratet, mit der er drei Kinder hat. Der Schreibende (*1939) und seine Frau Marianne (*1937), eine Historikerin, sind Eltern von zwei Söhnen. Vgl. die Widmung dieses Buches.

8 Vgl. Frank Jehle: Emil Brunner. Theologe im 20. Jahrhundert. Zürich 2006, S. 546.

Schritten.»[9] Besonders in den letzten Jahren seines Lebens hatte Wildberger oft klassische Musik gehört, und die Johannespassion bedeutete ihm viel. Die Lieder, die im Grossmünster gesungen wurden, hatte er mit Felix Mathys abgesprochen. Zuerst abermals «Jerusalem, du hoch gebaute Stadt».[10] Dann: «Jesus lebt, mit ihm auch ich» von Christian Fürchtegott Gellert (1715–1769).[11] Dieser Liedwunsch zeigt, wie tief Wildberger in der religiösen Atmosphäre seines pietistisch gefärbten Elternhauses in Neunkirch bis zuletzt verankert geblieben war. Ganz am Schluss kam noch einmal die geliebte Johannespassion mit ihrem Schlusschoral zum Zug:

> «Ach Herr lass dein' lieb' Engelein
> an meinem End die Seele mein
> in Abrahams Schoss tragen.
> Der Leib in sei'm Schlafkämmerlein
> gar sanft ohne alle Qual und Pein
> ruh bis zum Jüngsten Tage.
> Alsdann vom Tod erwecke mich,
> dass meine Augen sehen dich
> in aller Freud, o Gottes Sohn,
> mein Heiland und mein Gnadenthron.
> Herr Jesu Christ,
> erhöre mich, erhöre mich.
> Ich will dich preisen ewiglich.»[12]

Wildbergers Sehnsucht, vom Glauben zum Schauen zu gelangen, kommt auch hier zum Ausdruck. Man vergleiche auch die für Wildberger seit seinen Wilchinger Predigten ebenfalls wichtige Bibelstelle 1Kor 13,12: «Denn jetzt sehen wir alles in einem Spiegel, in rätselhafter Gestalt, dann aber von Angesicht zu Angesicht. Jetzt ist mein Erkennen Stückwerk, dann aber werde ich ganz erkennen, wie ich auch ganz erkannt worden bin.»

Auf derselben Linie liegt folgerichtig der Text, den Felix Mathys seiner Predigt zu Grunde legte, der bereits im Zusammenhang mit dem Tod Hedwig Wildbergers zitierte Vers Jes 33,17: «Den König in seiner Herrlichkeit werden deine Augen schauen, sie werden hinblicken über ein weites Land.»[13] Wildberger sehnte sich danach, zu «schauen».

Im Namen der Universität und der Theologischen Fakultät sprach Wildbergers Nachfolger Hans Heinrich Schmid. Er zitierte aus dem Jesaja-

9 Diese und die folgenden Angaben nach: Trauergottesdienst für Hans Wildberger am 30. Juni 1986 in Zürich, Privatdruck F.

10 Vgl. oben, S. 193.

11 Vgl. Lied 482 im Gesangbuch der Evangelisch-reformierten Kirchen der deutschsprachigen Schweiz, Basel und Zürich 1998.

12 Vgl. Lied 651,3 a. a. O. Der Text stammt von Martin Schalling (1532–1608).

13 Vgl. oben, S. 194.

kommentar Wildbergers eigene Ausführungen zu Jes 25,8, gemäss Wildbergers eigener Übersetzung:

> «Und er vernichtet für immer den Tod.
> Und abwischen wird der Herr Jahwe die Tränen von jedem Angesicht […].»[14]

Wildberger hatte den Passus folgendermassen kommentiert:

> «Wenn Jahwe in der Endzeit auf dem Gottesberg König ist, dann kennt sein Machtbereich keine Einschränkung mehr. Dann hat der Tod als lebenbedrohende und lebeninfragestellende Macht ausgespielt.»[15]

Schmid verkürzte leicht und sagte:

> «Wenn Gott seine Königsherrschaft angetreten hat, dann hat der Tod als lebensbedrohende und lebensinfragestellende Macht ausgespielt.»

In der Folge redete er davon, dass Wildbergers grosser Ernst wissenschaftlichen Fragens in theologischer Verantwortung seine Schüler und Kollegen beeindruckt habe. Für die wissenschaftliche Welt werde «der Name Hans Wildberger […] in erster Linie mit seiner ebenso eingehenden wie umfangreichen Auslegung des Jesajabuches verknüpft bleiben». Diese repräsentiere «den Abschluss, den Ertrag und in ihrer Weise die Krönung einer rund achtzigjährigen Geschichte der Jesaja-Forschung». Schmid stellte sich mit dieser Gewichtung – wenn auch in äusserst höflichen Worten – auf die Seite Otto Kaisers, der ein neues Paradigma der Jesaja-Forschung eingeleitet hatte, das über Wildberger hinwegschritt.[16]

Doch auch Schmid kam nicht umhin zu sagen:

> «An diesem Kommentar kommt die weitere Jesaja-Forschung nicht vorbei – weder da, wo sie sich ihrer eigenen Geschichte bewusst bleiben will, noch auch da, wo sie meint, nochmals andere Hinsichten ins Gespräch bringen zu müssen. – An diesem Kommentar kommt aber auch eine heutige Predigt nicht vorbei – jedenfalls da nicht, wo sie exegetisch verantwortet sein will.»

Der Grund dafür liege in der inneren Einheit von Hans Wildbergers Lebenswerk.

> «Die Kirche, der Glaube, die Predigt, darauf war und blieb die wissenschaftliche Arbeit Hans Wildbergers auch in seinem ‹Jesaja› ausgerichtet; die einzelexegetischen Fragen nach der Form und nach dem Ort dienten immer der Frage nach dem Wort und dem Ziel.»

---

14 Jesaja 2, S. 959.
15 A. a. O., S. 967.
16 Vgl. oben, S. 13f.

«Hans Wildberger war treu, er war seiner Aufgabe, seinem Text gegenüber treu, er war und blieb sich selber treu – und dies ausgehend von und im Blick auf jene Treue Gottes, auf die wir gerade in dieser Stunde gemeinsam bauen. – Die Theologische Fakultät und die Universität Zürich werden Hans Wildberger nicht vergessen.»

Der Neukirchener Verlag hatte Hans Walter Wolff, den damaligen Vorsitzenden der Herausgeberkommission des Biblischen Kommentars, von Heidelberg nach Zürich geschickt, um in der Trauerfeier ein Grusswort sprechen. Abschliessend sei daraus zitiert:

«Als Mitarbeiter am Neukirchener Biblischen Kommentar danken wir Hans Wildberger für seine rege und anregende Teilnahme an unseren Arbeitskonferenzen durch drei Jahrzehnte. Er litt aber nicht selten unter den Umwegen und Irrwegen exegetischer Arbeit, unter dem Stückwerk und dem Streit der Meinungen auch in der Bibelwissenschaft. – Jedoch erinnerte er – zuletzt noch im Vorwort des dritten Bandes zum Jesaja-Kommentar im Rückblick auf sein Lebenswerk – gerne an die Verheissung Jesaja 29,18: ‹An jenem Tage werden auch die Tauben die Worte der Schrift hören und, befreit von Dunkel und Finsternis, werden die Augen der Blinden sehen.›[17] Daran wollen auch wir uns heute durch sein Gedrucktes erinnern lassen und mit unserem heimgegangenen Freund der Erfüllung dieses Zuspruchs entgegengehen. Dazu helfe uns der allmächtige und barmherzige Herr. Amen.»

17 Vgl. Jesaja 3, S. VIII.

Anhang

Dank

Ich hätte dieses Buch nicht schreiben können, wenn mir nicht viele in grösserem oder kleinerem Umfang liebenswürdig geholfen hätten.

In alphabetischer Reihenfolge nenne ich:

Nicola Behrens
Sivia Bolliger
Lisa Briner
Eberhard Fischer
Walter Fritschi
Veronika Gericke-Wildberger
Fritz Gloor
Karl Graf
Alfred Hedinger
Alfred Jäger †
Marianne Jehle-Wildberger
Ernst Jenni
Stephan Landis
Felix Mathys
Alfred Meier
Dorothee Meyer
Harry Nussbaumer
Hans Ulrich Pfister
Adrian Schenker
Konrad Schmid
Rudolf Smend
David Weiss
Hannes Wildberger
Walter Wolf

und viele Ungenannte, besonders in den verschiedenen Bibliotheken und Archiven – man ist froh, wenn man bei der Beschaffung von ausgefallener Literatur unkompliziert unterstützt wird!

St. Gallen, im Frühjahr 2015 Frank Jehle

Zeittafel

2. Januar 1910	Hans Wildberger wird in Neunkirch geboren
	Kindheit und Jugend in Neunkirch
Frühling 1925	Konfirmation in Neunkirch (Pfarrer Jakob Hallauer)
Frühling 1925 bis Frühling 1929	Humanistisches Gymnasium in Basel, erster Hebräischunterricht bei Bernhard Duhm, Berührung mit dem religiösen Sozialismus (Familie Mattmüller)
1929 bis 1933	Studium der evangelischen Theologie in Zürich, Marburg, Bonn und Zürich, wichtigste Lehrer: Jakob Hausheer, Ludwig Köhler, Emil Brunner, Rudolf Bultmann und Karl Barth
20. April 1933	Theologische Abschlussprüfung
Frühling bis Herbst 1933	Vikariat in Osterfingen
31. Oktober/1. November 1933	Praktische Schlussprüfung
5. November 1933	Ordination in Neunkirch
1933 bis 1939	Pfarrer von Wilchingen-Trasadingen
12. November 1933	Installation als Pfarrer von Wilchingen
26. November 1933	Installation als Pfarrer von Trasadingen
25. Januar 1934	Vermählung mit Hedwig Kägi
30. Dezember 1934	Geburt der Tochter Veronika
25. Mai 1937	Geburt der Tochter Marianne
20. November 1938	«Seuchenpredigt» in Wilchingen
1939 bis 1951	Pfarrer an der Matthäuskirche in Luzern und bis Ende September 1948 auch in Malters
5. März 1939	Antrittspredigt in Luzern
3. September 1939	Predigt zum Ausbruch des Zweiten Weltkriegs
26. Juli 1941	Geburt des Sohnes Hannes
Oktober 1941	Promotion zum Dr. theol. in Zürich, Dissertation «Jahwewort und prophetische Rede bei Jeremia» (erschienen 1942)
1951 bis 1975	Professor für alttestamentliche Wissenschaft und Allgemeine Religionsgeschichte an der Universität Zürich
Herbst 1951	Extraordinarius
Frühling 1955	Ordinarius
14. Juni 1952	Antrittsvorlesung «Die Bedeutung der neu gefundenen Jesaja-Handschrift»

1956 bis 1958	Dekan der Theologischen Fakultät
1959 bis 1979	Abgeordneter der Zürcher Kirche in der Konkordatsprüfungsbehörde
28. August 1959	Präsident der Konkordatsprüfungsbehörde bis Ende 1977
Oktober 1954	Erstmals Mitwirkung an einer Arbeitstagung der Mitarbeiter am Biblischen Kommentar in Neukirchen
1956	Broschüre «Die Handschriftenfunde beim Toten Meer und ihre Bedeutung für die Erforschung der Heiligen Schrift»
3. August bis 30. Oktober 1956	Lehrkursus des Deutschen Evangelischen Instituts für Altertumswissenschaft des Heiligen Landes in Jerusalem unter der Leitung Martin Noths, Exkursionen in Libanon, Jordanien, Syrien und Israel
ab 1957	Regelmässig Reiseleitung im Auftrag des Interkonfessionellen Komitees für Biblische Studienreisen in verschiedene Länder im Vorderen Orient, zuletzt (1974/75) auch nach Indien und Nepal
1960	Buch «Jahwes Eigentumsvolk»
1961	Silvabuch «Biblische Welt» (auch französisch und italienisch, Auflage über 100 000)
1965 bis 1982	Erscheinen des dreibändigen Jesajakommentars (21 Lieferungen) im Neukirchener Verlag
1972 bis 1974	Dekan der Theologischen Fakultät
Frühling 1975	Emeritierung und Ernennung zum Honorarprofessor
13. Juni 1976	Tod Hedwig Wildbergers
3. Januar 1980	70. Geburtstag, Festschrift «Jahwe und sein Volk» mit Aufsätzen Wildbergers
1980er Jahre	Freundschaft mit Else Scheunemann
1982	Vollendung des Jesajakommentars
1984	Taschenbücher «Königsherrschaft Gottes. Jesaja 1–39.
1984/85	Ausbruch eines Krebsleidens
3. Januar 1985	75. Geburtstag im Kreis der Familie
25. Juni 1986	Tod im Neumünsterspital auf dem Zollikerberg
1991 bis 2002	Jesajakommentar erscheint in Amerika
1998	«Königsherrschaft Gottes» auf Japanisch
19. September 2010	Familie feiert Wildbergers 100. Geburtstag

Bibliographie Hans Wildberger[1]

I. Bücher

Jahwewort und prophetische Rede bei Jeremia. Zürich: Zwingli-Verlag, 1942

Die Handschriftenfunde beim Toten Meer und ihre Bedeutung für die Erforschung der Heiligen Schrift. Calwer Hefte 5. Stuttgart: Calwer Verlag, 1956

Jahwes Eigentumsvolk. Eine Studie zur Traditionsgeschichte und Theologie des Erwählungsgedankens. Zürich/Stuttgart: Zwingli-Verlag, 1960

Biblische Welt / Le monde biblique / Terra Santa. Zürich: Silva Verlag, 1961

Jesaja. 1. Teilband, Jesaja 1–12. Neukirchen-Vluyn: Neukirchener Verlag, 1972.
2. Teilband, Jesaja 13–27. Neukirchen-Vluyn: Neukirchener Verlag, 1978.
3. Teilband, Jesaja 28–39. Neukirchen-Vluyn: Neukirchener Verlag, 1982 (Biblischer Kommentar, Altes Testament, IX,1–3.)

Jahwe und sein Volk. Gesammelte Aufsätze zum Alten Testament. Zu seinem 70. Geburtstag am 2. Januar 1980 herausgegeben von Hans Heinrich Schmid und Odil Hannes Steck. (Theologische Bücherei 66.) München: Christian Kaiser, 1979

Königsherrschaft Gottes. Jesaja 1–39. Teil 1. Das Buch. Der Prophet und seine Botschaft. Teil 2. Die Nachfahren des Propheten und ihre Verkündigung. Der Text. Neukirchen: Neukirchener Verlag, 1984

Isaiah 1–3. Translated by Thomas H. Trapp. Minneapolis: Fortress Press, 1991–2002

Kami-no-ōteki-shihai: Izaya-sho 1–39 shō/H. Virutoberugā cho. Ooshima Chikara; Kanai Yoshihiko yaku. Tōkyō 1998 («Königsherrschaft Gottes» auf Japanisch)

II. Kleine Texte (in Auswahl)

Brief an einen Konfirmanden, Evangelisches Gemeindeblatt für schweizerische Diasporagemeinden 24, Nr. 5 (1940), S. 33f.

Die Aufgabe der Kirche in der Gegenwart, Kirchenblatt für die Reformierte Schweiz, 97. Jahrgang, Nr. 6 (1941), S. 82–85

Der Christ im Wirtschaftskampf, Evangelisch-soziale Warte, Obligatorisches Organ des Schweizerischen Verbandes evangelischer Arbeiter und Angestellter 23, Nr. 19, vom 1. Oktober 1942, S. 1 und 3, und Nr. 22, vom 15. November 1942, S. 1 und 3

Rezension von J. J. Stamm, Das Leiden des Unschuldigen in Babylon und Israel, Judaica 4 (1948), S. 145f.

Rezension von M. [A.] Schmidt, Prophet und Tempel, Judaica 5 (1949), S. 66f.

---

1 Diese Bibliographie wurde im wesentlichen der Festschrift zu Wildbergers 70. Geburtstag «Jahwe und sein Volk» entnommen, dort S. 298–302. Für diese Biographie wurde sie von F. J. chronologisch geordnet und ergänzt. Bei den kleineren Texten erscheinen innerhalb eines Jahres zuerst die Aufsätze wissenschaftlichen Charakters, in der Folge die Lexikon-Artikel, dann Predigtmeditationen, darauf Rezensionen sowie allgemeinverständliche Publikationen und zuletzt Artikel über Kongresse sowie Nachrufe.

Rezension von M. Noth, Überlieferungsgeschichte des Pentateuch, Judaica 7 (1951), S. 68–71
Rezension von P. Kahle, Die hebräischen Handschriften aus der Höhle, Judaica 7, S. 302–304
Rezension von W. Eichrodt, Israel in der Weissagung des Alten Testaments, Judaica 7, S. 305f.
Die Bedeutung der neugefundenen Jesaja-Handschrift, Neue Zürcher Zeitung Nr. 1505, 1510, 1511 vom 9. Juli 1952
Rezension von G. v. Rad, Der Heilige Krieg im alten Israel, Judaica 8 (1952), S. 124–126
Weihnachten, Neue Zürcher Zeitung Nr. 2957 vom 25. Dez. 1952
Die «Sektenrolle» vom Toten Meer, Evangelische Theologie 13 (1953), S. 25–43
Der Dualismus der Qumranschriften, Asiatische Studien, Zeitschrift der Schweizerischen Gesellschaft für Asienkunde (1954), S. 163–177
Das Hiobproblem und seine neueste Deutung, Reformatio 3 (1954), S. 355–363 und S. 439–448 (= «Jahwe und sein Volk» S. 9–27)
Die Bedeutung der Handschriften vom Toten Meer, Reformatio 4 (1955), S. 227–243
Die Bibel als Zeugnis der geschichtlichen Offenbarung, Reformatio 4, S. 621–636
Israel und sein Land, Evangelische Theologie 16 (1956), S. 404–422
Rezension von Fridolin Stier, Das Buch Ijjob: hebräisch und deutsch, Zeitschrift für Religions- und Geistesgeschichte 8 (1956), S. 75f.
Die arabischen Staaten und Israel, Reformatio 5 (1956), S. 657–668
Die Handschriften am Toten Meer, Kirchenbote für den Kanton Zürich 42 (1956), Nr. 2, S. 14–16
Die Völkerwallfahrt zum Zion, Jes 2,1–5, Vetus Testamentum 7 (1957), S. 62–81
Samuel und die Entstehung des israelitischen Königtums, Theologische Zeitschrift 13 (1957), S. 442–469 (= «Jahwe und sein Volk» S. 28–55)
Rezension von E. Kellerhals, Der Islam, Kirchenbote für den Kanton Zürich 43 (1957), Nr. 6, S. 66
Dörfer, in denen heute noch die Sprache Jesu gesprochen wird, Der Wanderer von Land zu Land 31, Nr. 3 (1957), S. 34–36
Rezension von E. Abegg, Der Pretakalpa des Garuḍā-Purāna, Neue Zürcher Zeitung Nr. 3130 vom 1. Nov. 1957
Der heutige Stand der alttestamentlichen Wissenschaft, Kirchenblatt für die Reformierte Schweiz 114, Nr. 13 (1958), S. 194–198 und Nr. 14 (1958), S. 210–215
Rezension von F. F. Bruce, Die Handschriften vom Toten Meer, Kirchenbote für den Kanton Zürich 44, Nr. 4 (1958), S. 42
Rezension von E. Abegg, Der Pretakalpa des Garuḍā-Purāna, Theologische Zeitschrift 14 (1958), S. 137f.
Rezension von M. Noth, Gesammelte Studien zum Alten Testament, Journal of Semitic Studies 4 (1959), S. 164–168
Der neue Präsident zeigt die Aufgaben des Volksbundes, Kirche und Volk, Mitteilungsblatt des Schweizerischen Protestantischen Volksbundes, Zehnter Jahrgang, Zürich, Ende September 1958, S. 33 f.

Auf dem Wege zu einer biblischen Theologie, Evangelische Theologie 19 (1959), S. 70–90

Artikel Perser, Parsismus, Evangelisches Kirchenlexikon 3 (1959), Sp. 122–128

Artikel Zarathustra, Evangelisches Kirchenlexikon 3 (1959), Sp. 1884–1886

Artikel Jeremia, Die Religion in Geschichte und Gegenwart, 3. Auflage, Bd. 3 (1959), Sp. 581–584

Artikel Jeremiabuch, Die Religion in Geschichte und Gegenwart, 3. Auflage, Bd. 3 (1959), Sp. 584–590

Probleme der alttestamentlichen Wissenschaft. Zum dritten internationalen Alttestamentlerkongress (IOSOT-Kongress Oxford 1959), Neue Zürcher Zeitung Nr. 2899 vom 27. Sept. 1959

Die Thronnamen des Messias, Jes 9,5b, Theologische Zeitschrift 16 (1960), S. 314–332 (= «Jahwe und sein Volk» S. 56–74)

Das Verhältnis des Menschen zu den kosmischen Mächten im alten Orient und in Israel. In: Mensch und Kosmos, eine Ringvorlesung der Theologischen Fakultät Zürich, Fritz Blanke zum sechzigsten Geburtstag, Zürich: Zwingli-Verlag, 1960, S. 27–38

Ein Bilderbuch zur Bibel. Rezension von Paul Bruin und Philipp Giegel: Hier hat Gott gelebt. Zürich und Stuttgart: Artemis-Verlag, 1957. Schweizer Monatshefte 40 (1960), S. 438–440

Theologenmangel und Studienreform. Schweizerische Theologische Umschau 30, Nr. 3 (1960), Walter Gut zum 75. Geburtstag, S. 159–179

Artikel Samuel, Die Religion in Geschichte und Gegenwart, 3. Auflage, Bd. 5 (1961), Sp. 1357f.

Jes 2,2–5, in: Herr, tue meine Lippen auf, eine Predigthilfe, hg. v. Eichholz, G., Bd. 5, 2. Auflage, Essen 1961, S. 97–105

Jes 6,1–8, in: Herr, tue meine Lippen auf, eine Predigthilfe, hg. v. Eichholz, G., Bd. 5, 2. Auflage, Essen 1961, S. 346–355

Jes 12, Herr, tue meine Lippen auf, eine Predigthilfe, hg. v. Eichholz, G., Bd. 5, 2. Auflage, Essen 1961, S. 369–375

Jes 35,3–10, Herr, tue meine Lippen auf, eine Predigthilfe, hg. v. Eichholz, G., Bd. 5, 2. Auflage, Essen 1961, S. 577–585

Wovon wir leben, Gedanken zum Eidgenössischen Bettag, Tages-Anzeiger Nr. 218 vom 16. September 1961 (und Der Genossenschafter Nr. 37 vom 18. September 1970!)

Deutscher Orientalistentag, Neue Zürcher Zeitung Nr. 2994 vom 16. Aug. 1961

Artikel Blutrache, Biblisch-historisches Handwörterbuch 1 (1962), Sp. 261

Artikel Elia, Biblisch-historisches Handwörterbuch 1 (1962), Sp. 396f.

Artikel Elisa 2, Biblisch-historisches Handwörterbuch 1 (1962), Sp. 399–401

Artikel Endor, Biblisch-historisches Handwörterbuch 1 (1962), Sp. 409

Rezension von G. W. Ahlström, Psalm 89, Theologische Zeitschrift 18 (1962), S. 55–59

Rezension von G. A. F. Knight, A Christian Theology of the Old Testament, Theologische Literaturzeitung 87 (1962), Sp. 346–348

Rezension von Die Religionen der Menschheit (ed. Schröder), Bd. 1: F. Heiler, Erscheinungsformen und Wesen der Religion, Neue Zürcher Zeitung Nr. 4715, 4717 vom 28. November 1962

Pfingsten, Neue Zürcher Zeitung Nr. 2309 von 10. Juni 1962

Wissenschaftliche Erforschung des Alten Testaments (IOSOT-Kongress Bonn), Neue Zürcher Zeitung Nr. 3385 vom 7. Sept. 1962

Jesajas Verständnis der Geschichte, Vetus Testamentum, Supplements, 9 (1963) S. 83–117 (= «Jahwe und sein Volk» S. 75–109)

Die grossen Weltreligionen: Die indische Religion 1, Volkshochschule 32 (1963), Heft 5, S. 129–137; Die indische Religion 2, Volkshochschule 32 (1963), Heft 6, S. 161–167

Rezension von J. Gonda, Die Religionen Indiens, Neue Zürcher Zeitung Nr. 1629 vom 24. April 1963

Konkordat und Pfarrerausbildung, Protokoll der Kirchensynode des Kantons Zürich, 21. Amtsdauer, Verhandlungen der konstituierenden Versammlung vom 25. Juni 1963, S. 28–44

Rezension von H. Ringgren, Israelitische Religion, Neue Zürcher Zeitung Nr. 4879 vom 15. Nov. 1964

Das Abbild Gottes, Gen 1, 26–30, Theologische Zeitschrift 21 (1965) S. 245–259 und S. 481–501(= «Jahwe und sein Volk» S. 110–145)

Rezension von S. Morenz, Ägyptische Religion, Neue Zürcher Zeitung Nr. 1232 vom 22. März 1964

Gedanken zur Reform des Theologiestudiums, Reformatio 14 (1965), S. 4–12, S. 97–104

Das biblische Menschenbild, Reformatio 14 (1965), S. 339–356

Alttestamentlerkongress in Genf, Neue Zürcher Zeitung Nr. 3778 vom 14. September 1965

Artikel Sage und Legende, Biblisch-historisches Handwörterbuch 3 (1966), Sp. 1641–1645

Artikel Schlinge, Biblisch-historisches Handwörterbuch 3 (1966), Sp. 1702f.

Die theologische Bedeutung des Alten Testaments, Reformatio 16 (1967), S. 79–99

Erwägungen zu «Glauben». In: Hebräische Wortforschung, Festschrift W. Baumgartner, Vetus Testamentum Supplementum 16 (1967), S. 372–386 (= «Jahwe und sein Volk» S. 146–160)

Jes 11,1–5.9, hören und fragen, eine Predigthilfe, hg. v. Eichholz, G. u. Falkenroth, A., Bd. 5, Wuppertal-Bremen 1967, S. 58–67

Ez 2,3–8a; 3,17–19, hören und fragen, eine Predigthilfe, hg. v. Eichholz, G. u. Falkenroth, A., Bd. 5, Wuppertal-Bremen 1967, S. 351–360

Massada, Neue Zürcher Zeitung Nr. 1988 vom 7. Mai 1967

«Glauben» im Alten Testament, Zeitschrift für Theologie und Kirche 65 (1968), S. 129–159

Internationaler Alttestamentlerkongress in Rom, Neue Zürcher Zeitung Nr. 349 vom 10. Juni 1968

Martin Noth †, Neue Zürcher Zeitung Nr. 375 vom 21. Juni 1968

Die Neuinterpretation des Erwählungsglaubens Israels in der Krise der Exilszeit, Wort – Gebot – Glaube, Festschrift W. Eichrodt, Abhandlungen zur Theologie des Alten und Neuen Testaments 59 (1970), S. 307–324 (= «Jahwe und sein Volk» S. 192–209)

Artikel אמן ’mn, fest, sicher, Theologisches Handwörterbuch zum Alten Testament 1(1971), Sp. 177–209

Artikel בחר bḥr, erwählen, Theologisches Handwörterbuch zum Alten Testament 1(1971), Sp. 275–300

Artikel מאס m’s, verwerfen, Theologisches Handwörterbuch zum Alten Testament 1(1971), Sp. 879–892

Jos 24,1–2a.13–25, hören und fragen, eine Predigthilfe, hg. v. Eichholz, G. u. Falkenroth, A., Bd. 6, Neukirchen-Vluyn, 1971, S. 372–381

2. Mos 34,4b–10, hören und fragen, eine Predigthilfe, hg. v. Eichholz, G. u. Falkenroth, A., Bd. 6, Neukirchen-Vluyn, 1971, S. 456–464 (= «Jahwe und sein Volk» S. 210–218)

Kongress der Alttestamentler in Uppsala, Neue Zürcher Zeitung Nr. 409 vom 3. Sept. 1971

Rezension von H. Seidel, Das Erlebnis der Einsamkeit im Alten Testament, Theologische Literaturzeitung 97 (1972), Sp. 501–503

Rezension von S. Erlandsson, The Burden of Babylon, Islam Studies 17 (1972), S. 151–153

Gottesnamen und Gottesepitheta bei Jesaja, Zer li’gevurot, The Zalman Shazar Jubilee Volume 1973, S. 728–699 (sic, da hebräisches Buch) (= «Jahwe und sein Volk» S. 219–248)

Altes Testament und Alter Orient. Rezension von H. H. Schmid, Altorientalische Welt in der alttestamentlichen Theologie, Zürich: TVZ, 1974. Neue Zürcher Zeitung Nr. 101 vom 3. Mai 1974

Kämid el-Löz, Neues Licht auf die Geschichte des zweiten vorchristlichen Jahrtausends, Neue Zürcher Zeitung Nr. 505 vom 30. November/1. Dezember 1974

Artikel נאץ n’ṣ, verachten, Theologisches Handwörterbuch zum Alten Testament 2 (1975), Sp. 3–6

Artikel סְגֻלָּה sᵉgullā, Eigentum, Theologisches Handwörterbuch zum Alten Testament 2 (1975), Sp. 142–144

Artikel צֶלֶם ṣaelaem, Abbild, Theologisches Handwörterbuch zum Alten Testament 2 (1975), Sp. 556–563

Artikel שׁאר š’r, übrig sein, Theologisches Handwörterbuch zum Alten Testament 2 (1975), Sp. 844–855

Jes 5,1–7, hören und fragen, eine Predigthilfe, hg. v. Eichholz, G. u. Falkenroth, A., Bd. 4/2, Neukirchen-Vluyn 1976, S. 263–269

Der Gottesknecht, sein Leiden, seine Herrlichkeit, Zwingli-Kalender 58 (1976), S. 94–97

Der Monotheismus Deuterojesajas, Beiträge zur Alttestamentlichen Theologie, Festschrift W. Zimmerli, Göttingen: Vandenhoeck & Ruprecht, 1977, S. 506–530 (= «Jahwe und sein Volk» S. 249–273)
Das Freudenmahl auf dem Zion, Erwägungen zu Jes 25,6–8, Theologische Zeitschrift 33 (1977), S. 373–383 (= «Jahwe und sein Volk» S. 274–284)
Liebeskräfte mobil machen, Leben und Glauben, Nr. 52 (1977), S. 197
Internationaler Kongress der Alttestamentler in Göttingen, Neue Zürcher Zeitung Nr. 223 vom 23. September 1977
Sonne, steh still zu Gibeon und Mond im Tale Ajalon, Leben und Glauben, Nr. 34 (1978), S. 3
Die Rede des Rabsake von Jerusalem, Festschrift H. J. Stoebe, Theologische Zeitschrift 35 (1979), S. 35–47 (= «Jahwe und sein Volk» S. 285–297)
Artikel über L. Köhler in: Neue Deutsche Biographie, hg. von der Bayrischen Akademie der Wissenschaften, 1979

Literaturverzeichnis (in Auswahl)

I. Bücher

Algner, Caren: Kirchliche Dogmatik im Vollzug. Karl Barths Kampf um die Kirche im Spiegel von seiner und Charlotte von Kirschbaums Korrespondenz mit Eduard Thurneysen 1930–1935. Neukirchen-Vluyn: Neukirchener Verlag, 2004

Barth, Karl: Die Auferstehung der Toten. Eine akademische Vorlesung über I. Kor. 15. München: Chr. Kaiser, 1924, seither viele Auflagen

Barth, Karl: Die Kirchliche Dogmatik I/1, Zollikon-Zürich: Evangelischer Verlag, 7. Auflage, 1955

Barth, Karl: Die Kirchliche Dogmatik I/2, Zollikon-Zürich: Evangelischer Verlag, 1. Auflage, 1938

Barth, Karl: Homiletik. Wesen und Vorbereitung der Predigt. Zürich: Theologischer Verlag, 1970

Barth, Karl: Nein!: Antwort an Emil Brunner. Theologische Existenz heute; Heft 14. München: Chr. Kaiser, 1934. Abgedruckt in: Fürst, Walther (Herausgeber): «Dialektische Theologie» in Scheidung und Bewährung 1933–1936. (Theologische Bücherei 34.) München: Chr. Kaiser, 1966, S. 208ff.

Barth, Karl: Der Römerbrief (Zweite Fassung) 1922. Herausgegeben von Cornelis van der Kooi und Katja Tolstaja. (Gesamtausgabe 47) Zürich: Theologischer Verlag, 2010

Beutel, Albrecht: Gerhard Ebeling. Eine Biographie. Tübingen: Mohr Siebeck, 2012

Bonhoeffer, Dietrich: Nachfolge. Herausgegeben von Martin Kuske und Ilse Tödt. (Gesamtausgabe 4) München: Christian Kaiser Verlag, 1989.

Bonhoeffer, Dietrich: Widerstand und Ergebung. Briefe und Aufzeichnungen aus der Haft. Herausgegeben von Christian Gremmels, Eberhard Bethge und Renate Bethge in Zusammenarbeit mit Ilse Tödt. (Gesamtausgabe 8) Gütersloh: Christian Kaiser Verlag, 1998.

Brunner, Emil: Das Gebot und die Ordnungen. Entwurf einer protestantisch-theologischen Ethik. Tübingen: Verlag J. C. B. Mohr (Paul Siebeck), 1932

Brunner, Emil: Der Mittler. Zur Besinnung über den Christusglauben. 2. Auflage. Tübingen: Verlag J. C. B. Mohr (Paul Siebeck), 1930

Brunner. Emil: Wahrheit als Begegnung. Berlin: Furche Verlag, 1938

Bultmann, Rudolf: Theologie des Neuen Testaments. Tübingen: Verlag J. C. B. Mohr (Paul Siebeck), 1953

Busch, Eberhard: Karl Barths Lebenslauf. Nach seinen Briefen und autobiographischen Texten. 2., durchgesehene Auflage. München: Chr. Kaiser Verlag, 1976

Duhm, Bernhard: Das Buch Jesaja. 5. Auflage. Göttingen: Vandenhoeck & Ruprecht, 1968

Eissfeldt, Otto: Einleitung in das Alte Testament. 2., völlig neubearbeitete Auflage. Tübingen: Verlag J. C. B. Mohr (Paul Siebeck), 1956

Festschrift für Ludwig Köhler zu dessen 70. Geburtstag [...]. Bern: Büchler, 1950

Die Finkenwalder Rundbriefe. Briefe und Texte von Dietrich Bonhoeffer und seinen Predigerseminaristen 1935–1946. Gesammelt von Eberhard Bethge. Zum Druck vorbereitet durch Otto Berendts. Herausgegeben von Ilse Tödt. Gütersloh: Gütersloher Verlagshaus, 2013

Fohrer, Georg: Das Buch Jesaja 1–3 (Zürcher Bibelkommentare). Zürich und Stuttgart: Zwingli-Verlag, 1960, 1962 und 1964

Fohrer, Georg: Einleitung in das Alte Testament. Begründet von Ernst Sellin, völlig neu bearbeitet von Georg Fohrer. 10. Auflage. Heidelberg: Quelle & Meyer, 1965

Gesangbuch der Evangelisch-reformierten Kirchen der deutschsprachigen Schweiz, Basel: Reinhardt, und Zürich: Theologischer Verlag, 1998

Gunkel, Hermann: Die Psalmen übersetzt und erklärt (Göttinger Handkommentar zum Alten Testament; Abt. 2, Bd. 2). 4. Auflage. Göttingen: Vandenhoeck & Ruprecht, 1926

Herrmann. Siegfried: Jeremia. 1. Lieferung (Biblischer Kommentar, Altes Testament, XII,1). Neukirchen-Vluyn: Neukirchener Verlag, 1986

Jehle, Frank: Emil Brunner. Theologe im 20. Jahrhundert. Zürich: Theologischer Verlag, 2006

Jehle, Frank: Lieber unangenehm laut als angenehm leise. Der Theologe Karl Barth und die Politik 1906–1968. 2., revidierte Auflage. Zürich: Theologischer Verlag, 2002

Jehle-Wildberger, Marianne: Das Gewissen sprechen lassen. Die Haltung der Evangelisch-reformierten Kirche des Kantons St. Gallen zum Kirchenkampf, zur Flüchtlingsnot und zur Flüchtlingspolitik 1933-1945. Zürich: Theologischer Verlag, 2001

Jong, Matthijs J. de: Isaiah among the Ancient Near Eastern Prophets. A Comparative Study of the Earliest Stages of the Isaiah Tradition and the Neo-Assyrian Prophecies (Vetus Testamentum, Supplements, 117). Leiden: Brill, 2007.

Kahle, Paul: Die hebräischen Handschriften aus der Höhle. Stuttgart: Kohlhammer Verlag, 1951

Kaiser, Otto: Das Buch das Propheten Jesaja. Kapitel 1–12 (Altes Testament Deutsch 17). 5., völlig neubearbeitete Auflage. Göttingen: Vandenhoeck & Ruprecht, 1981.

Kaiser, Otto: Einleitung in das Alte Testament. Gütersloh: Gütersloher Verlagshaus Gerd Mohn, 1969

Keel, Othmar: Die Geschichte Jerusalems und die Entstehung des Monotheismus 1 und 2. Göttingen: Vandenhoeck & Ruprecht, 2007

Klee, Ernst: Das Personenlexikon zum Dritten Reich. Frankfurt am Main: Fischer, 2007

Kneubühler, Theo: Georges Einbeck oder Die Idee des irdischen Paradieses. Luzern: Edition Galerie Raeber, 1976

Köhler, Ludwig: Theologie des Alten Testaments. 3., überarbeitete Auflage. Tübingen: J. C. B. Mohr (Paul Siebeck), 1953

Kraus, Hans-Joachim: Geschichte der historisch-kritischen Erforschung des Alten Testaments von der Reformation bis zur Gegenwart. Neukirchen Kreis Moers: Verlag der Buchhandlung des Erziehungsvereins, 1956

Lüdemann, Uwe: Denken – Glauben – Predigen. Eine kritische Auseinandersetzung mit Emil Brunners Lehre vom Menschen im Widerspruch. Frankfurt am Main und andere Orte: Peter Lang, 1998

Noth, Martin: Geschichte Israels. Göttingen: Vandenhoeck & Ruprecht, 1950 und viele weitere Auflagen

Noth, Martin: Das System der zwölf Stämme Israels. (Beiträge zur Wissenschaft vom Alten und Neuen Testament, Heft 6). Stuttgart: Kohlhammer Verlag, 1930

Noth, Martin: Überlieferungsgeschichte des Pentateuch. Stuttgart: Kohlhammer Verlag, 1948

Poly Liederbuch, herausgegeben vom Verband der Studierenden an der ETH Zürich. 9. Auflage. Zürich: Buchdruckerei Prokop & Co. AG, 1967

Rad, Gerhard von: Das formgeschichtliche Problem des Hexateuchs (Beiträge zur Wissenschaft vom Alten und Neuen Testament, Heft 78 bzw. 4,26). Stuttgart: Kohlhammer Verlag, 1938

Rad, Gerhard von: Theologie des Alten Testaments, Band I. Die Theologie der geschichtlichen Überlieferungen Israels. (1. Auflage 1957) 3. Auflage. München: Christian Kaiser Verlag, 1961. / Band II. Die Theologie der prophetischen Überlieferungen Israels. (1. Auflage 1960) 2. Auflage. München: Christian Kaiser Verlag, 1961

Rad, Gerhard von: Weisheit in Israel. Neukirchen-Vluyn: Neukirchener Verlag, 1970

Ritschl, Albrecht: Die christliche Vollkommenheit. Ein Vortrag. [Und:] Unterricht in der christlichen Religion. Kritische Ausgabe von D. Cajus Fabricius, Professor in Berlin. Leipzig: J. C. Hinrichs'sche Buchhandlung, 1924

Ritzmann, Hans: Tuusig Johr. E Jugend im Schatte vom Zwäite Wältchrieg. Schaffhausen: Meier, 2011

Schimmel, Annemarie: Liebe zu dem Einen. Texte aus der mystischen Tradition des indischen Islam. Zürich-Einsiedeln-Köln: Benziger, 1986

Schmid, Hans Heinrich: Altorientalische Welt in der alttestamentlichen Theologie. Sechs Aufsätze. Zürich: Theologischer Verlag, 1974

Schmid, Hans Heinrich: Der sogenannte Jahwist. Beobachtungen und Fragen zur Pentateuchforschung. Zürich: TVZ, 1976

Schmid, Konrad: Jesaja, Band I: Jes 1–23 (Zürcher Bibelkommentar AT 19.1). Zürich: Theologischer Verlag, 2011

Smend, Rudolf: Deutsche Alttestamentler in drei Jahrhunderten. Göttingen: Vandenhoeck & Ruprecht, 1989

Smend, Rudolf: Zwischen Mose und Karl Barth. Akademische Vorträge. Tübingen: Mohr Siebeck, 2009

Stadler, Peter (Herausgeber): Die Universität Zürich 1933–1983. Festschrift zur 150-Jahr-Feier der Universität Zürich. Zürich: Universität Zürich, 1983

Theissen, Gerd / Merz, Annette: Der historische Jesus. Ein Lehrbuch. Göttingen: Vandenhoeck & Ruprecht, 1996

Weiser, Artur: Einleitung in das Alte Testamen. 4. neubearbeitete und vermehrte Auflage. Göttingen: Vandenhoeck & Ruprecht, 1957

Wildberger, Wilhelm: Geschichte der Stadt Neunkirch. Schaffhausen: Buckdruckerei H. Meier & Cie. A.G., 1917

Wolff, Hans Walter: Dodekapropheton 1. Hosea (Biblischer Kommentar, Altes Testament, XIV,1). 2., verbesserte und ergänzte Auflage. Neukirchen-Vluyn: Neukirchener Verlag, 1965

Zimmer, Heinrich: Indische Mythen und Symbole. Düsseldorf-Köln: Eugen Diedrichs Verlag, 1972

Zimmerli, Walther: Ezechiel. 1. Teilband. Ezechiel 1–24 (Biblischer Kommentar, Altes Testament, XIII,1). Neukirchen-Vluyn: Neukirchener Verlag, 1969

II. Kleine Texte

Aerne, Peter: «Wehe der Christenheit ..., Wehe der Judenschaft ....» Der Weihnachtsbrief an die Juden in der Schweiz von 1942 (Teil I), in: Judaica 58 (2002), S. 234–260

Baumgartner, Walter: Jakob Hausherr 1865–1943. Nachruf in Neue Zürcher Zeitung Nr. 761 vom 12. Mai 1943

Baumgartner, Walter: Der palästinische Handschriftenfund, in: Theologische Rundschau – N. F. 17 (1949), S. 329–346

Becker, Uwe: Jesajaforschung (Jes 1-39), in: Theologische Rundschau – N. F. 64 (1999), S. 1–37

Bühler, Hans: Hans Wildbergers Jesaja-Kommentar, Neue Zürcher Zeitung Nr. 405 vom 2. September 1974

Bühler, Hans: Neuer Jesaja-Kommentar, Neue Zürcher Zeitung Nr. 1619 vom 14. April 1966

Bühler, Hans: Wildbergers Jesaja-Kommentar, Der zweite Band, Neue Zürcher Zeitung Nr. 228 vom 2. Oktober 1979

Cerutti, Mauro: Abwertung 1936, in: Historisches Lexikon der Schweiz, http://www.hls-dhs-dss.ch/textes/d/D45078.php

Conzemius, Victor: Haag, Herbert, in: Historisches Lexikon der Schweiz, http://www.hls-dhs-dss.ch/textes/d/D9859.php

Conzemius, Victor: Karrer, Otto, in: Historisches Lexikon der Schweiz, http://www.hls-dhs-dss.ch/textes/d/D9895.php

Conzemius, Victor: Vogt, Eugen, in: Historisches Lexikon der Schweiz, http://www.hls-dhs-dss.ch/textes/d/D10050.php

De Pizzol, Eric: Neunkirch (Gemeinde), in: Historisches Lexikon der Schweiz, http://www.hls-dhs-dss.ch/textes/d/D1262.php

Degen, Bernard: Arbeitslosigkeit, in: Historisches Lexikon der Schweiz, http://www.hls-dhs-dss.ch/textes/d/D13924.php

Degen, Bernard: Mattmüller, Georg, in: Historisches Lexikon der Schweiz, http://www.hls-dhs-dss.ch/textes/d/D23026.php

Degen, Bernhard: Wehranleihe 1936, in: Historisches Lexikon der Schweiz, http://www.hls-dhs-dss.ch/textes/d/D47223.php

Eissfeldt, Otto: Der gegenwärtige Stand der Erforschung der in Palästina neu gefundenen hebräischen Handschriften. Leipzig: Theologische Literaturzeitung 1949, Nr. 2 und in späteren Nummern

Engel, Helmut: Abschied von den frühisraelitischen Nomaden und der Jahweamphiktyonie. Bericht über den Zusammenbruch eines wissenschaftlichen Konsensus, in: «Bibel und Kirche», Organ des Katholischen Bibelwerks Stuttgart, des Schweizerischen Katholischen Bibelwerks und des Österreichischen Katholischen Bibelwerks. 38. Jahrgang. 2. Quartal 1983, S. 43–46

Fohrer, Georg: Neue Literatur zur alttestamentlichen Prophetie (1961-1970), in: Theologische Rundschau – N. F. 45 (1980), S. 1–39

Haag, Herbert: Professor Hans Wildberger Zürich, zum 60. Geburtstag, in: Vaterland vom 31. Dezember 1969, S. 3

Haag, Herbert: «Zeuge für künftige Zeiten.» Zum Abschluss von Hans Wildbergers «Jesaja», Neue Zürcher Zeitung Nr. 69 vom 11./12. Juni 1983

Kaiser, Otto, Artikel «Jesaja/Jesajabuch» in: Theologische Realenzyklopädie 16, Berlin und New York: Walter de Gruyter, 1987, S. 535–658

Keller, Carl-Albert: Von Karl Barth zu Dionysius Areopagita. Mein theologisches Werden. Vortrag gehalten vor den liberalen Schaffhauser Pfarrern, 11. März 2004

Köckert, Matthias / Becker, Uwe / Barthel, Jörg: Das Problem des historischen Jesaja, in: Fischer, Irmtraud (und andere Herausgeber): Prophetie in Israel. Beiträge des Symposiums «Das Alte Testament und die Kultur der Moderne» anlässlich des 100. Geburtstags Gerhard von Rads (1901–1971), Heidelberg, 18.–21. Oktober 2001. Münster: Altes Testament und Moderne 11, 2003, S. 105–135

Levinson, Bernard M.: Reading the Bible in Nazi Germany: Gerhard von Rad's Attempt to Reclaim the Old Testament fort the Church, in: Interpretation 62, 3 (Juli 2008), S. 238–253

Maass, Fritz: Artikel «Ludwig Köhler» in: Die Religion in Geschichte und Gegenwart, 3. Auflage, Band 3, Tübingen: J. C. B. Mohr (Paul Siebeck), 1959, Sp. 1690

Noth, Martin: Das Deutsche Evangelische Institut für Altertumswissenschaft des Heiligen Landes. Lehrkursus 1956. Zeitschrift des Deutschen Palästina-Vereins 73, 1957, S. 1–58

[Portmann, Fritz]: Universität Zürich: Antrittsrede von Herrn Prof. Dr. H. Wildberger. Evangelisches Gemeindeblatt für die Diaspora der Zentralschweiz und des Kantons Tessin, 40. Jahrgang, Nr. 1, Ausgabe für die Kirchgemeinde Luzern, Luzern, Juli 1952, S. 6f. gezeichnet mit «po.»

Schmid, Hans Heinrich: Hans Wildberger. Zum 70. Geburtstag des Zürcher Alttestamentlers. In: Neue Zürcher Zeitung Nr. 303 vom 31. Dezember 1979

Schmid, Hans Heinrich: Religionsgeschichte und Theologie. Victor Maag zum Gedenken. Neue Zürcher Zeitung Nr. 238, S. 35, vom 14. Oktober 2002

Schmid, Herbert: Beobachtungen an Gräbern. Zeitschrift des Deutschen Palästina-Vereins 73, 1957, S. 59–72

Schmid, Konrad: Artikel «Jesaja/Jesajabuch» in: Religion in Geschichte und Gegenwart, 4. Auflage, Band 4, Tübingen: Mohr Siebeck, 2001, Sp. 451–456

Schmidt, Werner H.: Rezensionen von Wildbergers Jesajakommentar in: Theologische Literaturzeitung, 92. Jahrgang, 1967, Nr. 10, Sp. 754–756, und a. a. O., 98. Jahrgang, 1973, Nr. 6, Sp. 424–428

Schoch, Max: Jesaja. Zu dem Werk von Hans Wildberger. Neue Zürcher Zeitung Nr. 95 vom 25. April 1985

Strebi-Erni, Maria: Vorwort zu: Paul Sacher – Serenaden am Löwendenkmal in Luzern, 1944–1985. Luzern: Walter und Maria Strebi-Erni Stiftung, 1986

Sütterlin, Georg: Wolgensinger, Michael, in: Historisches Lexikon der Schweiz, http://www.hls-dhs-dss.ch/textes/ d/D27271.php

Personenregister (in Auswahl)